砥砺十年 星火燎原

——国家大学生创新创业训练计划十周年

（创业篇）

国家大学生创新创业
训练计划专家工作组 组编

高等教育出版社·北京

图书在版编目（CIP）数据

砥砺十年　星火燎原：国家大学生创新创业训练计划十周年．创业篇 / 国家大学生创新创业训练计划专家工作组组编．-- 北京：高等教育出版社，2018.11
ISBN 978-7-04-050687-7

Ⅰ．①砥…　Ⅱ．①国…　Ⅲ．①大学生－创业－研究
Ⅳ．①G647.38

中国版本图书馆CIP数据核字（2018）第229485号

策划编辑　张　龙　　责任编辑　许怀镕　　封面设计　王　鹏
插图绘制　杜晓丹　　版式设计　高海钰　　责任印制　尤　静

出版发行　高等教育出版社
社　　址　北京市西城区德外大街4号
邮政编码　100120
印　　刷　廊坊十环印刷有限公司
开　　本　787mm×1092mm　1/16
印　　张　16.25
字　　数　324千字
购书热线　010-58581118
咨询电话　400-810-0598
网　　址　http://www.hep.edu.cn
　　　　　http://www.hep.com.cn
网上订购　http://www.hepmall.com.cn
　　　　　http://www.hepmall.com
　　　　　http://www.hepmall.cn
版　　次　2018年11月第1版
印　　次　2018年11月第1次印刷
定　　价　39.00元

本书如有缺页、倒页、脱页等质量问题，请到所购图书销售部门联系调换

物 料 号　50687-00

本篇编写组

主　编：王兴元　吕永康
参　编：孙宏斌　平　力　李　军　王　蔚　王　浩

序　言

创新关系国家命运、关系民族未来，是世界大势所趋、全球发展的动力之源。创新创业教育就是要激发大学生的创造力，为国家创新发展培养源源不断的有理想、有本领、有担当的青春力量。近年来，中国创新创业教育改革呈现出星火燎原之势，大学毕业生创业率已达到 3%，超过发达国家 1.6% 水平近一倍。可以说，创新创业教育已经成为新时期大学生素质教育的新突破，高校人才培养模式的新探索，当代大学生绽放自我、展现风采、服务国家的新平台，中国为国际高等教育改革和发展贡献的新经验。

国家大学生创新创业训练计划（“国创计划”）是深化高校创新创业教育改革的重要载体。十年来，“国创计划”一直坚持“兴趣驱动、自主实践、重在过程”的原则，倡导以学生为主体开展创新性实践，并推动高校深化教育教学改革，形成了校内外结合、创新创业教育与专业教育有机融合、理论与实践紧密结合的创新创业教育模式。目前，1000余所高校参与“国创计划”，累计有18万个国家级项目获得了资助，内容覆盖全部学科门类，参与学生近70万人；各地各高校也开展了省级、校级大学生创新创业训练计划，计划实施的三级管理体系不断完善，累计有近千万大学生直接参与大学生创新创业实践活动。“国创计划”已成为覆盖所有高校和全体大学生的一项创新创业人才基础培育工程，培育了一支敢闯会创的创新创业生力军。

为全面总结“国创计划”取得的成果和经验，教育部高教司组织“国创计划”专家工作组编写了“国创计划”十周年纪念丛书，包括管理篇、回眸篇、改革篇（上下）、创新篇、创业篇和成长篇等7部。专家们为丛书的编写付出了大量辛勤的努力，对十年来“国创计划”的政策制度、改革经验、学生创新创业典型案例进行梳理和汇编，希望能为高校持续深化创新创业教育改革提供参考。

我们要学习贯彻习近平新时代中国特色社会主义思想和党的十九大精神，深入落实习近平总书记给第三届中国“互联网+”大学生创新创业大赛“青年红色筑梦之旅”大学生重要回信精神，持续深化创新创业教育改革，助力打造“双创”升级版，推动高校实现从就业从业教育到创新创业教育的战略转型，最大程度释放我国人才红利，促进新产业蓬勃发展、新动能持续壮大、新人才不断涌现，支撑国家创新发展。希望高校能够承担主责，从课程体系建设、教学方法改革、教师能力提升、管理制度创新等方面下大功夫，把创新创业教育融入人才培养的全过程各环节。希望教师能够成为主力，增强培养创新创业人才的责任感、使命感，挖掘和充实各类课程的创新创业教育资源，努力成为大学生创新创业的引路人。希望行业企业和投资机构能够提供助力，为大学生创新创业教育提供资金、技术支持和实践指导，为青年实践创新、建功立业搭建更广阔的舞台。希望青年学生能够把激昂的青春梦融入伟大的中国梦，勇立时代潮头敢闯会创，扎根中国大地书写人生华章！

吴 岩

2018 年 3 月 12 日

前　言

从教育部2007年启动国家大学生创新性实验计划开始，到2017年恰逢十年。十年来，“国创计划”发展成为高校培养大学生创新创业能力的重要载体，在激发学生的创新思维和创新意识中发挥了重大作用。回眸这十年，是奋斗的十年，更是收获的十年。

中国正在经历着可能是历史上最重要的经济转型。当人口红利难以为继，当传统行业产能过剩，唯有创新和创业将成为经济最重要的支柱。对于大学生创业者来说，这是最好的时代。这是一个属于梦想、属于创新的时代。

创新创业时代意味着机会风险并存，但很多人往往低估了风险——没有足够的用户基础，没有明晰的商业模式，面对竞争异常残酷的市场环境，创业者该如何生存下来，找到自己的未来之路？如同很多冲浪的弄潮儿，只有把握浪潮的走势，才能成为真正的胜利者！大学生创业，十有八九是经过磨难的，可见其艰难和凶险。不过，过来人也会这样说：其实只要找准了行业，找对了方向，大学生创业的成功概率就会高很多。所有种种的困惑与不解，都可在“国创计划”中得到帮助。从项目立项到培训指导，再到商业实践及反馈评估等，“国创计划”用系统的思维、科学的方法指导着众多创业学子实现他们的创业梦想。

通过编撰“国创计划”创业训练项目参与者的征文，我们发现，大学生创业不仅是一种尝试，也是一种趋势；它不仅有利于大学生个人的成长，也有利于整个社会的进步。我们为守护童心有限责任公司经历一次次失败的打击而揪心，我们为灵动传媒工作室同学们从感兴趣到实践的创业路而鼓舞，我们为大地呢喃地学科普训练营的一步步成长而骄傲……不管失败还是成功，“国创计划”都塑造了大学生坚韧拼搏、永不言弃的个人品质，培养了大学生敏锐的市场洞察力与商业实战素养。所有的这一切都为大学生创业者的后续创业之路打下了坚实的基础。

回眸十年，移动生活，科技社区，智能城市…… 创新创业让这些梦想照进了现实，广泛而深刻地影响着衣、食、住、行等人们生活的方方面面。国创梦想，一个个大学生因为“国创计划”走上了创新创业之路，把兴趣与专业结合，用行动践行梦想。

展望十年，创新意识是决定一个国家、民族创新能力最直接的精神力量，是一个国家和民族解决自身生存、发展问题能力大小的最客观和最重要的标志。感恩过去的十年，“国创计划”照亮万千大学生的创业之路；愿未来的十年，拥有“国创计划”的陪伴，广大学子俱怀逸兴壮思飞，可上九天揽明月！

王兴元 吕永康

2017 年 9 月

目　录

跨界创新，乘势而为

项目名称：soshine 前沿科技教育

完成者：臧腾进

完成时间：2017 年

推荐学校：北京航空航天大学

1 学生参与“国创计划”项目情况

2016 年 4 月“soshine 前沿科技教育”项目申请参加第十届大学生创新创业训练计划中的创业实践项目。项目经过学校审核批准立项，获得了 5 万元的经费资助。在参与“国创计划”的一年中，我们得到了学校众多支持，助力了项目快速发展。

说起“soshine 前沿科技教育”项目，要从它的灵感谈起。我是一名来自河北省农村的学生，在上大学之前从来没听说过无人机。来到北航后，我接触了许多的新鲜事物，开拓了眼界，大一的生活是在不断学习新事物的过程中度过的。大二的时候，我的室友跟着学长参加了“国创计划”中的创新训练计划，他经常谈及参与“国创计划”的紧张。在他的影响之下，我逐渐关注“国创计划”，发现“国创计划”旨在培养创新创业能力。我想在以后的工作中肯定是离不开创新的，故一直寻找机会参与“国创计划”。

进入大三之后，我感觉大学时光不应该按部就班地度过，应该去寻求更有价值的事情。在一次和几位学长的交谈中，谈到国家和学校对于创新创业的支持，我们决定要干一番“事业”。我们一开始打算研发一款“高大上”的无人机，于是从一个简单的想法开始了自己的“事业”。首先，我们进行了近一个月的市场调研，发现无人机市场非常广阔，细分领域也多种多样。单从无人机产品来说，生产消费级无人机有大疆创新、零度智控等公司，生产工业级无人机有易瓦特等公司。无人机产品的研发周期长、资金投入大，短期内很难见效。于是我们设想：为什么不把无人机和教育相结合呢？结合自身的经历我们想把无人机的相关知识传递给青少年，让他们提前了解科技知识，激发创新思维。

在确定这一方向之后，我们又进行了详细的市场调研，市场上把这一领域统称为创客教育。创客教育发源于美国，2015 年也正值中国创客教育的逐步兴起时期。2015 年 10 月，我们正式注册公司，开始运营“soshine 前沿科技教育”项目。校团委的张所鹏老师给予了我们很多支持与帮助。

在项目的发展过程中，北京市教委准备进行初中素质教育改革，向社会采购科技课程。于是我们与另一家公司合作，由该公司负责申报，我们提供课程内容与平时的授课。就这样，我们进入政府采购的名单。2015年秋季学期我们授课达到了4500人，取得了相当不错的成绩。但是，在项目的发展过程中，我们也遇到了一些问题，比如：如何进一步扩大授课的规模，如何进行团队管理，如何发展新的业务，等等。

为了学习创业技能、提升创业能力，在得知第十届“国创计划”开始申报项目的时候，我们积极报名参加。经过了材料审核、专家评审等多个环节，我们成功申报了第十届“国创计划”。张老师作为我们的指导老师，为我们的项目提供指导。

“国创计划”提供的5万元项目经费主要用来进行教具研制和课程开发。在这5万元经费的支持下，我们成功地研发了四门科技课程。同时，我们每周记录项目进展，并向指导老师汇报。指导老师督促我们尽快落实项目的目标，同时也悉心指导项目发展中的问题。教育业务迫切需要解决的问题是授课实践场地，学校把一间周末空余的教室借给我们，解决了项目发展中的重大难题，加快了项目的发展进度。

在这一年中，我们也积极参加了北航孵化器和北航投资有限公司联合举办的创业培训类课程。这类课程让我们更加深入地了解创业环境、公司运营、团队管理、市场拓展等相关知识。此外，还参加了校外投资人、企业家的项目孵化与培育。

在参与“国创计划”的过程中，学校给予了我们舞台去展示自己的项目，并促进各项目之间的交流。学校推荐我们参加2016年“创青春”全国大学生创业大赛、第二届中国“互联网+”大学生创新创业大赛、第九届大学生创新创业年会等。在这些竞赛中，我们的项目也取得了不错的成绩，既使自己的项目得到了宣传与推广，又为学校赢得了荣誉。这些既是竞赛又是平台。在这些平台上，我们有更多的机会与企业家、投资人及其他的创业团队进行交流，弥补自己项目的不足，更好地瞄准未来的发展方向。

经过一年的辛勤努力，项目从2015年秋的授课人数4500人提升到了上万人，并同时为20余所中学提供课外科技课程和实验室的装备方案，还利用寒暑假的时间开展无人机训练营。我们也积极向北京市外发展，认真探索在其他省市的发展模式。2017年的4月，“国创计划”中期答辩之时，我们完成了当初预定的目标，项目提前结题。

总之，参与“国创计划”的这一年中，我们感受到了创业的辛酸苦楚，但更多的是收获了能力的增长和项目的发展。经过“国创计划”的训练，我们能够跳出原有的思想禁锢，更加大胆地扩展规模；我们能够根据公司的规模状况及时调整管理制度，极大程度上提高员工的积极性；我们能够快速迭代新课程，使产品保持领先，占有市场份额。这一切都要感谢“国创计划”的支持与帮助。

2 学生后续创业发展情况

目前“soshine 前沿科技教育”项目的后续发展状况良好，公司从原来 6 个人团队发展为现在拥有近百名员工的教育公司，每年可以为几十名毕业生解决就业问题。公司的授课量不断增大，并向其他省市积极扩展，年收入额超过千万元。同时公司积极开展“航空科普西部计划”，让西部贫困地区的孩子也能接受到先进的科技知识。现在业务范围可以分为以下几块。

2.1 中小学前沿科技类选修课

中小学前沿科技类选修课包括北京市开放性科学实践活动和初高中科技选修课。

（1）北京市教委开放性科学实践活动。北京市教委于 2015 年开展初中生开放性科学实践活动，向社会购买课外科技课程。2015 年 11 月起，soshine 参与无人机创新实践课程，经过“国创计划”一年的培训孵化，现在每学期授课达万人左右，形成了一套“课程开发—课程试讲—问题修正—正式授课—反馈总结”的课程开发优化流程。课程采用理论教学和动手实践相结合的方式进行教学，在学生掌握了基本的理论知识后，再亲自动手实践操作，实践时间占课程三分之二以上，使学生能够学以致用。课程设计为每门课程设置 1 名教师和 3 ~ 4 名助教，对学生分小组进行指导。

我们研发了一系列课程相关的教具，一方面，增强了项目的核心竞争力；另一方面，使得课程本身更适合初中学生的好奇心强、爱玩的特点，课程收到了学生良好的反馈。

（2）初高中学校科技类选修课。我们与北师大附中、清华大学附中、顺义 ISB 国际学校等几所初高中学校展开合作，为其提供科技类选修课，以无人机、智能制造方向为主，采用公司自主研发的教材和教具，教授学生无人机的相关理论知识、制作及操作实践等课程。

2.2 留学背景提升项目

留学背景提升项目是我们与新东方、金吉列、顺顺、新通等留学机构合作开展的。利用学生假期时间，举办国际无人机•智能制造创新大赛，为即将出国留学的学生提供科技实践项目。本项目采用科研实验室与教授导师制相结合，分为个人比赛与团队比赛，课程内容包括无人机领域的理论教学、设计制作、航拍与视频制作、操作教学、飞行比赛和智能制造领域的三维数字化教学设计与仿真建模应用、3D 打印设备的组装与结构学习、3D 打印机的操作与实践等，让学员在短时间内掌握无人机和智能制造的相关知识。

通过参加此项目，学生可以获得一架自己拼装的无人机、3D 打印成品，此外还有无人机培训结业证书、无人机创新大赛获奖证书、实验室科研实习证明和航空领域知名教授的亲笔推荐信，对于欲出国留学的中学生和大学生具有较高的含金量。

2.3 前沿科技实验室

前沿科技实验室分为固定基地实验室和流动实验室。公司为北京通州梨园学校搭建了航空航天主题实验室，并以宁夏泾源县、甘肃会宁县为试点，开展流动基地实验室项目。

（1）固定基地实验室。据相关资料显示，北京市 67% 的中学建立了相关科普教育实验室，但是由于实验室设备陈杂不成体系、缺少具有相关教育背景的教师，导致实验室利用率低，既达不到科普教育的目的，又浪费了资源。首欣教育科技中小学生科普实践基地定位于“大学科学实验室 + 学生兴趣活动基地”。此外，我们结合各中小学特点，整合相关资源，为各校设计出独特的科普实践基地，并提供相关师资力量的培训，使各校教师能够合理高效使用实验室科普基地。

公司现已与清华大学终身实验室建立合作关系，主要合作内容涉及共同探索全新的创新学习和教育模式，推动中国从学前教育到大学教育的创新学习活动，联合研发终身学习方案，推广实验室研发成果，推动虚拟现实、航空航天技术等前沿科技与中小学教育的融合应用等。

（2）流动基地实验室。为配合团中央西部支教计划，我们特推出“首欣教育科技航空科普西部计划”，以宁夏泾源县、甘肃会宁县为试点，为其免费提供科普课程和教具，取得了良好效果。为更好地开展科普教育工作，将精品课程推向全国，缓解中西部地区的教育不公平现象，我们特推出前沿科技流动实验室项目。项目以中型汽车为载体，搭载前沿科技的课程内容，在有需求的地方展开科普教学活动。

2.4 前沿科技体验中心

公司与深圳新通国际教育、上海迪士尼、湖南郴州市政府、安徽合肥企业合作在当地建设前沿科技体验中心，集科技授课和科技体验为一体。结合国家科技发展要求与广大家长对孩子综合素质提升的需求，同时综合孩子对趣味课堂、快乐学习的愿望，开发智能机器人、新能源智能制造、无人机 • 航空三大课程主题模块。

根据学生不同的年龄层次和兴趣爱好，我们提供分层次课程体系，涵盖物理学、化学、数学、计算机四大学科，涉及电路控制、航空航天、智能制造等领域。公司拥有教师授课、动手制作、小组讨论、课后评估的完整授课体系。

公司所拥有的四大板块有专门的项目组来运营，相比于 2016 年，公司的规模扩增了一倍，这要多谢“国创计划”的培养与支持。

3 主要经验与启示

从整个国家环境来看，创新创业人才培养是高等教育的重要使命。党的十八大明确把创新人才培养水平明显提高作为全面建成小康社会的重要目标，提出大力培养学生的社会责任感、创新精神和实践能力。当前，我国经济发展已进入新常态，更加注重加强教育和提升人力资本素质，更加注重科技进步和全面创新。“国创计划”积极秉持创新创业人才培养的理念，使我们身边有众多的同学受益，可以说“国创计划”为祖国培养了众多创新型人才。

就自身而言，我们参与“国创计划”的过程就是个人能力发展的过程。为了实现预期的目标，我们竭尽全力，付出了辛勤的汗水，看到自己离目标越来越近，内心总是充满着喜悦，也有了继续做项目的动力。

对于“国创计划”，我们的感触至深，总结下来主要有以下几点：① 肯吃苦，按计划用心完成项目。做项目的过程中，我们要按照当初预定的计划，每周一个小目标，一步步实现。② 积极与指导老师交流。“国创计划”的一年里，我们做到了几乎每周向老师汇报项目的进展。老师会为我们耐心地解答疑问，并对我们下一步的发展做出指导。③ 要善于创新，大胆思考。“国创计划”的目的就是提升学生的创新创业能力、培养创新型人才，在这一年里，我们学会了跳出原来的思维，尝试用新的方法。事实证明，当初大胆尝试是正确的。④ 勇于抓住机会。2016 年一年里，经学校推荐，我们团队参加了大大小小十几场比赛，在这些比赛中，我们能够与更多的投资人、企业家和创业团队进行交流，抓住了这样的机会，将更有利于项目的发展。

匠心质造，品质生活

项目名称：校园文化休闲座椅的设计与制作（国家级创新训练计划项目）
仿红木制品有限公司创制（校级创业训练计划项目）

完成者：苑朝歌　张占凯　张云凤　吴和谦　邹闰竹
崔秀婷　吕宜霖　申立明　李　茜　王俊峰

完成时间：2016 年 6 月

推荐学校：北华大学

1 学生参与“国创计划”项目情况

从 2013 年到 2017 年的五年时间，作为第一指导教师，我指导国家级创新训练项目两项、省级创新训练项目一项、校级创新训练项目两项、国家级创业实践项目一项和校级创业训练项目两项。五年时间，我们团队做的这些“大创项目”概括起来就八个字：匠心质造，品质生活。匠心质造，是以我们的匠人精神做出质量上乘的木产品；品质生活，是指我们的产品提高人们的生活品质，同时也改善了我们自己的生活品质。

指导“大创项目”的经历，使我的教学理念、方法不断得以完善，在互联网的新业态下，形成了新的师生关系——伙伴关系，教学相长，共同提高。我通过指导的包装工程 2010 级、2011 级的国家级大创项目，2017 年“薄木拼花壁画制作方法”获得发明专利授权，在《林产工业》发表了系列论文三篇。同时也明白大创项目的最低目标：教学改革，实践教学是突破口；最高目标：创业成功，创新创意是关键。

北华大学是省属院校，我们的专业是家具设计与工程专业、包装工程专业，这就决定了我们做项目的顺序，从创新到创业，再从创业到创新。

创新项目是我们做“大创项目”的突破口。互联网的 C2C 模式，很容易使我们的产品卖出去，驱动我们想做创业项目；创业项目一旦做成功，引导我们再做创新项目，形成良性循环。

创新项目的突破口在哪？又是如何完成实践教学改革的？

1.1　课程设计—创新创业项目—毕业设计

1.1.1　课程设计为创新创业项目提供立项支撑

2014 年到 2015 年第一学期，我在教授家具设计工程 2011 级的学生“造型设计基础课程设计”环节，布置设计课题为“校园文化休闲座椅”。学生用一周时间完成了设计内容，提交的作业是适合北华大学校园环境的休闲座椅的模型作品。2014年到2015年第二学期，利用休闲座椅模型作品，苑朝歌作为负责人成功申请了国家级创新训练项目“校园文化休闲座椅的设计与制作”；另外一个创业训练项目“仿红木有限公司的创制”缺少前期基础，崔秀婷作为负责人只成功申请了校级项目。

1.1.2　创新创业项目是毕业设计的课题来源

学生团队做“大创项目”投入精力很多，项目负责人的毕业题目就是“大创项目”。团队成员会根据自己做项目的情况，找到一个和项目契合度很高的毕业题目。这样毕业设计的质量得到很大提升，“大创项目”也能保证顺利完成。

“校园文化休闲座椅的设计与制作”项目负责人是家具设计与工程专业2011级的苑朝歌，团队成员有家具设计与工程专业2010级的吕宜霖。苑朝歌的毕业题目就是她所负责的项目，吕宜霖的毕业题目是项目的第一阶段——“多功能座椅的设计与制作”。吕宜霖的设计获得了2014年优秀毕业设计，苑朝歌的设计获得了2015年优秀毕业设计。

1.2　指导教师业务能力的提升影响创新创业的质量

2014年9月，北华大学组织教师在大连理工大学参加首届全国高校创新创业培训，在王继忠处长的带领下，我作为北华大学四名教师代表之一非常幸运地参加了这次创新创业培训的盛会。感谢领导的信任给我这样好的学习机会。这次学习对我的教学生涯影响很大，使我明白了创新、创业深层的原因，真正要解决的就是学生就业的问题。对于在当前形式下，作为教师应该做什么，如何引导学生做，怎么做，做到什么程度，我现在思路非常清晰，不会再像以往，凭着感觉带学生，目标不明确。

1.3　互联网新业态 + 学校实验室 = 创业项目

2013年10月，我指导的家具设计与工程专业2010级的学生吕宜霖，在第二届全国高职高校学生木作技艺竞赛中获得了二等奖。在“大创项目”中，吕宜霖用实验室高温无氧处理的色木做出一款多功能休闲椅，最终获得了优秀毕业设计。他能做出实物产品，在毕业设计期间在实验室帮助别人做了一些木产品，反映很好，激发了他的热情和兴趣，产生了自己创业的想法。在淘宝网上申请“匠心木艺”网店，尝试销售自己制作的黑胡桃键盘托的产品，有一定的销量。

2014年7月毕业之后，吕宜霖提出了想在学校的实验室继续做木产品的想法。因为他是创业项目的成员，创业项目还没结项，还需要一年真实的销售数据，所以得到了学院相关领导和负责老师的支持，我代表学院和他签订了实验室使用协议，为了扶持他们创业，学院的实验室无偿让他们使用一年，在当时，无论是我个人还是学院相关领导都是要承担一定风险的。

就这样，我们的学生利用互联网新业态销售木产品，学校的实验室加工木产品，完成了最初的创业梦想。

1.4 创新创业项目与学科竞赛

有付出就有回报，经过近一年的努力，我们正好赶上吉林省首届“互联网 +”大赛，于是积极备战，在 2015 年 9 月，“互联网 + 匠心木艺”项目获得吉林省首届“互联网 +”金奖。团队成员通过创新创业项目产生兴趣，能力得到提高，为下一步的学科竞赛奠定了基础。

我们专业的优势在于产品研发及加工，不足之处在于我们销售、管理和财务水平，所以我们要走出去，学习其他学院的长处。我带着团队成员参观学习北校区创新创业管理及做项目的方法，寻求技术跨界的可能性；参加南校区数学学院的冬令营；参观东校区美术学院的创新创业基地，与管理学院的陈峰老师和他的团队学生进行交流、学习。

经过一年的努力，2016 年 6 月，“木鸣”项目获得第六届全国大学生电子商务“创新、创意及创业”挑战赛吉林省选拔赛最佳创意、最佳创新、最佳创业和特等奖。2016 年 7 月在西安的国赛上，最终获得国赛二等奖。2017 年 6 月“玩物创意木产品”项目再次获得第七届全国大学生电子商务“创新、创意及创业”挑战赛吉林省选拔赛最佳创意、最佳创新、最佳创业和特等奖。2017 年 7 月获得了再次去西安进行国赛的资格。

1.5 创新创业团队的良性循环

创新创业项目容易形成从大一到大四学生团队，高年级的学生带着低年级的学生做项目，他们在这个过程中相互受益。

包装工程专业 2013 级韩芮的“大创项目”“儿童节能益智木灯笼的设计与制作”也是毕业课题，家具设计与工程专业 2014 级张宇轩帮助她画三视图，之后她就知道自己的毕业课题该做什么了。包装工程专业 2016 级沈梓龙、卢晨辉帮助她解决电路的问题，之后她确立了自己参与的省级的“大创项目”。韩芮的“大创项目”今年也顺利结项，同时获得了校优秀毕业设计。

家具设计与工程专业 2014 级的齐钰帮助包装工程专业 2013 级宗学蓉制作梅兰竹菊薄木拼花产品，之后齐钰确立了自己参与的国家级创业实践项目；同时，玩物创意木产品项目获得了去西安进行国赛的资格。宗学蓉的毕业设计被评为优秀毕业设计。

学生团队在合作中，“大创项目”、毕业设计、学科竞赛都取得不错的成绩，充分体现出了合作共赢的局面。

2 学生后续创业发展情况

2.1 简约之美的产品，简单的 C2C 模式

吉林省首届“互联网 +”竞赛之后，于广洋（吕宜霖的同班同学）成立匠心木艺木制品厂，将销售的产品从原来的键盘托、IPD 架、手机架、耳机架向家居生活简约之美的木制品转型，在淘宝网重新申请“木鸣”网店。

目前还是简单的 C2C 模式，成员由北华大学家具设计与工程专业、版画专业等 5 名本科毕业生组成。创业一年后他们就离开了学校实验室，现在有了自己的办公地点。这是我们家具设计与工程专业的学生，凭借自己的专业知识，依托学校的实验室在“大创项目”的基础上创业成功的第一个案例。

2.2 匠人精神，跨界发展

从 2013 年开始，我指导家具设计与工程专业学生连续四年参加全国高职高校学生木作技艺竞赛，获得二等奖一次，三等奖一次，优秀奖两次。在这个过程中，学生被培养出了匠人精神。

家具设计与工程专业 2010 级学生吕宜霖注册吉林市昌邑区霖家馆创意工作室，申请“玩物”淘宝网店。他实现木产品的跨界发展，现在正在做木产品 + 植物系列的产品。我现在指导的学生团队正在和他合作，进一步开发木产品 + 科技，木产品 + 文化系列的产品。

包装工程专业 2010 级学生翟越注册吉林市夏侯君创意设计有限公司，主营项目为新老产品的创意设计，产品文化企划等。在全民电商的今天，简单的物理性包装已经不能满意日益增长的宣传文化需求，以淘宝为首的电商平台提出将“内容化”融入包装之中，将包装的定义由包裹装填更改为包装宣传，如“一千零一夜”，最终实现包装设计的跨界发展。

2.3 整合资源，平台战略

近几年的教学成果，尤其是学科竞赛的成绩，使我们得到了大力支持，从 2013 年的 $40m^2$ 设计实验室，实验设备 6 万元，发展到 2017 年 $40m^2$ 创新创业设计室，$120m^2$ 创新创业工作室，实验设备 100 万元（2017 年增加 $120m^2$ 实验室，设备费 100 万元），完全有能力形成一个新的创新创业实践基地，能够更好地完成“大创项目”、学科竞赛和实践教学。

我们通过创业之星的创业教育模拟实战训练平台，培养学生创业的理论能力；通过创新创业设计室、工作室培养学生创新创业实践能力。理论与实践相结合，不但提高了学生的参与热情，而且创业的成功率也会有明显的提高。

平台战略，首先自己先建个小平台，然后再和别人整合资源，形成合作式的平台。

所以，我们建立了教师互动平台——文心匠意工作室，学生互动平台——匠客之家。平台的建立增加了我们的影响力，2017年上半年，我们逐步向社会开放我们的实验室，接待过三批小学生参观我们的实验室，向他们传递木文化。

3 主要经验与启示

3.1 树顶端生长的发展模式

树的生长点在顶端，顶端细胞不断分裂、生长最终长成参天大树。按通俗的说法，这是“串糖葫芦”的发展模式。我们的创业团队也是这种发展模式。由开始的几个大学生到十几个大学生形成一个成熟的团队，然后再出现下一个创业团队，随着创业团队的增多，规模越来越大。每一轮的“大创项目”就是在培养一个新的创业团队，通过学科竞赛成长起来。二轮“大创项目”能够培养出一个有影响力的创业团队就算非常成功了。

树顶端生长的发展模式决定了产品特点及团队规模。创业是一个人或一个团队发现和捕获发展机会并由此创造出新产品、新服务或新动作模式而实现潜在价值的过程。

我们的定位：专注与木制品相关的领域，技术跨界、产品跨界；保持差异性，加强与客户的联系，尽量保证客户拿到手里的产品有细微的不同之处；保持低成本，团队人员少，产品小批量，如果需要大批量的产品，需要很多个团队合作共同完成。

我们的特色：创业团队发展到一定规模后，就会整合成平台。这比别的项目先建立平台，再完善内容，可操作性强，灵活性大，成功率高。

3.2 产品为王，软件辅之

互联网创业的特点：进入门槛低，选择机会多，经营方式灵活，投资回收较快。“微笑曲线”中设计、制造、销售变成水平线，说明制造和设计、销售一样变成相同的地位，意味着产品为王，匠心质造的时代到来了。

软件辅之，指的是通过参加“学创杯”，在“创业之星软件”使用过程中，在各小组的相互对抗竞争的过程中，个人或团队学会了战略规划、品牌设计、产品研发、生产制造、市场营销、账务管理、团队管理、工商税务、数据分析等能力。非常幸运的是我们团队通过去省里参加“学创杯”竞赛，找到了解决我们短板的方法，通过创业之星软件培养了我们的创业意识和能力。

3.3　创业项目引领创新项目

学生团队申报什么项目不是指导教师所能决定的，关键因素是要看学生团队的实际情况，指导教师只需完成合理的引导就好，比如，来自深圳的学生明显做创新项目很有优势。

“大创项目”发展到现在，积极从事这项工作的教师已经形成创新创业团队，整个团队既有创新项目，又有创业项目，如何开展这项工作？概括起来一句话：创业项目引领创新项目，创新项目支撑创业项目。

创新训练项目、创业训练项目和创业实践项目这三个的项目有一个潜在的关系，最终目标是创业实践项目。在项目执行的过程中，创新、创业本身就是不断循环的过程。按照企业的运营模式来运作“大创项目”，能使学生从做事到心态上得到锻炼，以免毕业后直接走向工作岗位引起的不适应，所以创业项目引领创新项目就非常有实际意义了。

3.4　创建“创业之星”实践教学基地

在学校领导的支持下，新建“创业之星”实践教学基地，形成一个基地、两个实验室的格局。两个实验室为创新创业设计室，创新创业工作室。实践教学基地完成创业理论的培养，两个实验室完成创新创业实践的培养。

从 2017 年开始，依靠创业之星软件，北华大学组织了“学创杯”选拔赛，这是创业模拟训练项目，目的是培养学生的创业意识。当创新精神和创业意识结合之后，“大创项目”的最高目标也就实现了，“大众创业，大众创新”开花结果，落地生根。

3.5　“大创项目”、学科竞赛、教学改革生生不息

学科竞赛是目标，“大创项目”是过程，教学改革是结果。

过程很重要。在这个过程中教师、学生相互了解。只有了解学生，教师才能知道学生的需求，才能知道教学改革方向、方法，才能和学生建立起伙伴关系，才能在学生走向社会后一直保持紧密的联系。教学方向、方法才能顺理成章，水到渠成地进行调整。积累到一定程度，量变到质变，学校完成一次教学改革。

目标的实现、竞赛获奖是对团队成员的激励和肯定，尤其是我们省属院校的学生很多还是调剂来的，这种激励和肯定更为重要，帮助他们建立自信心和专业归属感，使大学生活过得充实而有意义。

最终，通过实现“大创计划”的目标，学校转变了教育思想观念，改变了人才培养模式，强化了学生创新创业能力训练，增强了学生的创新能力和在创新基地上的创业能力，培养了适应创新型国家建设需要的高水平创新人才。

不忘初心，方得始终

项目名称： Overall 大学生家教平台
完成者： 李传鑫　于广洋　宋慎铭　张古琴　王　婷
完成时间： 2016 年
推荐学校： 北京交通大学

1 学生参与“国创计划”项目情况

Overall 团队于 2014 年组建，先后经历了创业训练项目和创业实践项目阶段。在两年的创业训练及实践的过程中，Overall 从组建团队到项目启蒙和改进，直至实践，最终顺利地实现落地。截至 2016 年 6 月，Overall 大学生家教平台已实现线上线下正常运营，建立官方微信公众平台和官网，建立北京交通大学校区，并实现盈利。

2 学生后续创业发展情况

从 2016 年 6 月结束创业实践以来，Overall 延续了之前的良好势头，在北京市先后建立了西直门、东直门、朝阳门、建国门四个线下的校区，拓展线上线下多项功能，目前已经可以实现全方位盈利，2016 年全年净利润超过 45 万元。

3 主要经验与启示

2014 年，大学生创业真正步入黄金时期，一方面受国家鼓励大学生创业的影响，另一方面中国经济这几年的飞速发展让很多年轻人看到了自主创业盈利的契机与希望。中国的大学生创业风潮在国家和相关社会力量的支持下风起云涌，不过大学生创业的艰辛与困难也是可想而知的。当时观看俞敏洪先生在创业课堂讲创业心得，我们很有收获，从中也略有体会，把创业转变成对生活的态度。俞敏洪先生写了几个创业的关键词：目标，坚持，耐心，勇气。俞敏洪先生指出，创业很简单，就是每到一个阶段给自己制定一个小目标，要踏踏实实走好每一步。

Overall 是做教育服务的，最主要的业务有二：一是提供高质量的精品课程，完成高质有效的教学活动；二是为客户提供最温馨的服务，不断优化所需要的教学条件与设备。Overall 成立两年以来演绎的许多故事，背后是创始人的不懈坚持与付出，诠释着 Overall 服务的理念。

大学生的创业实践中，最难的是坚持。首先，面临的是经济压力。最困难的时候，我们兜里只剩 87 块钱，去菜市场买馒头、咸菜度日。我们三个人近两周，没有向家里求助，也没有放弃，不放弃是想着这只是暂时的。在缺钱的时候，我们没有妥协，没有降低教师工资，没有提高学生收费，没有盲目拉生源（当教师储备不足时，不扩大规模，不搞自砸招牌的事情），没有减少该有的服务，反而尽力地去改善教学质量，扩展师资储备。我们发现，凡在我们 Overall 平台上学习的学生月考时成绩好以后，经济自然就不是问题了。其次，面临的是精神上的压力。刚开始时我们经历了无数次挣扎，自我怀疑，觉得做的事情没有前途，没有意义，太苦太累，也没心思翻开书，喝“鸡汤”。这个时候我们会点开各大成功人士的演讲，总有一句能触动当时的内心。我们曾经一度把“梦想”“忽悠”这两个词看作近义词，直到听了马云的话，才如醍醐灌顶。他说：忽悠，是自己不相信的事，使尽一切办法让别人去干；梦想，首先是自己深信不疑，并且号召呼吁更多的人进来一起开创事业。确实如此，经历过几次自我怀疑过后，我们心里积淀下来的是自信：对自己的自信，以及对自己所做事业的自信。信心越来越足时，坚持就相对容易许多，随之而行的是我们全力地付出。感谢创业，让我们在自主地选择自己喜欢的事情上，认识一批志同道合的伙伴，并为之全力以赴。

Overall 的服务理念是：精品，专注，细致，优化。

精品和专注，是 Overall 在对教学本质理解上的追求。我们的小班教学模式，全部教学均为精品课堂，可满足高质高效地实现不同阶段、不同基础的学生的教学活动。我们专注教学研究、专注教师培训。教师面试、选拔、培训是 Overall 的生命线，也是 Overall 赖以发展壮大的法宝。在对待教师方面，我们的理念是专注，专注地选择专注的教师，专注地培训专注的教师，专注地提高教师待遇。

细致是我们在教学服务方面的理念，具体体现在：对家长的沟通，均细致而准确；对教学过程中的问题，均有细致的反思总结；对教学效果，有细致的考评；对学生的心理、行为，有细致的感知、交流与影响；对学生与教师的搭配，有细致的指标保障具体落实。

优化，即不断更新。Overall 发扬勇于批评与自我批评的精神，很注重管理民主，提倡有问题大家及时提出来，我们认真思考，不断反思发展过程中的不足，并细致地改善、落实。

大学生创业能够将自己在大学所学到的知识应用到实际的活动中，从事自己擅长的方面，做起来也会顺利一些。但是大学生也有劣势，大学生缺乏社会实践经验，对社会的认识还处在一个初步的阶段，大学生还没有真正地接触社会，没有真正地意识到社会上的竞争，大学生进行自主创业，缺乏必要的经验，会有很多的弯路要走。大学生创业需要全社会的关注和帮助，需要被社会所承认和接受，同时也肩负着提高大学生毕业就业率和社会稳定等历史使命。在高校扩招之后越来越多大学生走出校门的同时，大学生创业就成了大学生就业之外的一个社会新问题。

大学生创业面临着许多问题，其中既有优势，也有劣势。

优势：

（1）大学生往往对未来充满希望，他们有着年轻的血液、蓬勃的朝气，以及“初生牛犊不怕虎”的精神，而这些都是一个创业者应该具备的素质。

（2）大学生在学校里学到了很多理论知识，有着较高层次的技术优势，而目前最有发展前景的事业之一就是开办高科技企业。技术的重要性是不言而喻的，大学生创业从一开始经常会走向高科技、高技术含量的领域，“用智力换资本”是大学生创业的特色和必然之路。一些风险投资家往往看中了大学生所掌握的先进技术，而愿意对其创业计划进行资助。

（3）现代大学生有创新精神，有对传统观念和传统行业挑战的信心和欲望，而这种创新精神也往往造就了大学生创业的动力源泉，成为创业的精神基础。大学生心怀创业梦想，努力打拼，创造了财富。

（4）大学生创业的最大好处在于能提高自己的能力，增长社会实战经验，以及学以致用；最大的诱人之处是通过成功创业，可以实现自己的理想，证明自己的价值。

劣势：

（1）由于大学生社会经验不足，常常盲目乐观，没有充足的心理准备。对于创业中的挫折和失败，许多创业者感到十分痛苦茫然，甚至沮丧消沉。大学生创业以前，看到的都是成功的例子，心态自然都是理想主义的。其实，成功的背后还有更多的失败。看到成功，也看到失败，这才是真正的市场，也只有这样，年轻的创业者们才能变得更加理智。

（2）急于求成、缺乏市场意识及商业管理经验，是影响大学生创业成功的重要因素。大学生虽然掌握了一定的书本知识，但终究缺乏必要的实践能力。此外，由于大学生对市场营销等缺乏足够的认识，很难一下子胜任企业经理人的角色。

（3）许多大学生对创业的理解还停留在仅有一个美妙想法与概念上。在大学生提交的相当一部分创业计划书中，许多人还试图用一个自认为很新奇的创意来吸引投资。这样的事以前在国外确实有过，但在今天已几乎不可能了。现在的投资人看重的是创业计划真正的技术含量有多高，在多大程度上是不可复制的，以及市场盈利的潜力有多大。而对于这些，大学生必须有一整套细致周密的可行性论证与实施计划，绝不是仅凭三言两语的一个主意就能让人家掏钱的。

（4）大学生的市场观念较为淡薄。不少大学生很乐于向投资人大谈自己的技术如何领先与独特，却很少涉及这些技术或产品究竟会有多大的市场空间。就算谈到市场的话题，他们也多半只会计划花钱做做广告而已，而对于诸如目标市场定位与营销手段组合这些重要方面，则全然没有概念。其实，真正能引起投资人兴趣的并不一定是那些非常先进的东西，相反，那些技术含量一般但却能切中市场需求的产品或服务，常常会得到投资人的青睐。同时，创业者应该有非常明确的市场营销计划，能强有力地证明盈利的可能性。

大学生创业应该注意如下几点：

（1）多学多问，虚心请教；

（2）耐住性子，不可冲动；

（3）勇于承担，负责到底；

（4）要认识并接受人的本性；

（5）要有大局意识，不能只顾眼前；

（6）时刻学习，终身学习。

大学生创业，首要的原则就是让自己学有所用，“做熟不做生”。对于学自然科学的学生来说，如果在学习期间取得过科技创新成果，甚至得到过风险投资，那么，他们可以凭借这点优势顺利走上创业路。同理，学管理或人文科学的毕业生若在学习期间进行了理念创新，在相关领域中形成了新的体系，他们也可利用其作为创业初期的资本。而学艺术、设计、广告等专业的毕业生，可以以自由职业者的身份创业，但最好是几人联合。对于没有以上成果可以作为创业资本的人来说，职业顾问的建议是创业者找一些资金投入少、产出相对较高的行业起步，如针对高校生的中介服务、小规模的消费品经营、利用网络资源进行信息服务等。而对于IT专业出身的大学生，由于该行业行情的低迷，我们建议他们还是先求职，到较大的公司去熟悉、把握整个行业，不要轻易“下水”。

最后，给所有的后继大学生创业者送八个字——“不忘初心，方得始终”。这八个字，说起来容易，做起来实在不易，创业者需要坚持正确的方向，坚持做每一件正确的事，不被现实轻易扭曲打败，时间会将真金沉淀，胜不骄败不馁，向着自己的理想大步前行，风雨无阻！

技术奠基，多向思考

项目名称： 基于电力载波控制的 LED 智能灯

完成者： 杨宏达　卢文涛　马茂斐　崔若诗

完成时间： 2017 年 5 月

推荐学校： 北京交通大学

1 学生参与“国创计划”项目情况

项目团队于 2014 年参加大学生创新训练计划，经过团队一年的努力研究，研发出一款基于电力载波控制的 LED 智能灯。

近年来，各大厂商争相发布智能产品，其中不乏各种智能灯。这些灯控系统大都采用无线控制，如 Wi-Fi、Zigbee、蓝牙。这类无线方案虽然实现远程控制，带来极大便捷，但是无线传输的穿墙衰耗及不安全性，始终制约着它在家居或其他复杂场合下的应用。为了解决无线的不足，研发团队创新性地提出使用电力载波通信，实现远程控制，即用电力线来传输控制信息。

团队自主设计的电力载波智能灯控系统由 Android 客户端 APP、一台控制主机和若干 LED 节点组成。控制主机和 LED 灯均搭载 STM32 和电力载波模块 Echelon PL3120。从硬件搭建、软件开发到外壳设计均由团队自主完成。用户在 Android 客户端上完成交互。数据历经路由器转发至主机。控制主机内部实现 TCP/IP 协议栈，当接收到数据，便将其加载到电力线上。LED 节点接收到数据包，比对地址和指令，完成相应动作。该系统既保留无线无须布线的优点，同时兼备有线的超远距离稳定控制（理论极值 800m）。在间隔三四个大实验室下控制，达到预设目标。由于高频载波被限制在同一电网内，使得系统安全性倍增。

这种基于电力载波在楼宇环境下的远程控制技术有潜力取代许多智能家居产品，可应用于楼宇门禁、酒店智能插卡取电等复杂环境。

在一年创业实践的研究成果上，鉴于成果有较大的市场和较高的技术壁垒，团队继续参与“国创计划”，进行大学生创业训练。在这一年里，团队继续改进优化系统，使得技术更加专业化，并且在商业上积极筹备，成立了北京昊启科技有限公司，与投资人进行交谈，听取意见。

2 学生后续创业发展情况

团队中三名大四学生分别保送至北京理工大学和北京交通大学。团队中一名大三学生正积极准备出国。北京昊启科技有限公司目前主要以杨宏达为负责人，进行中式八球台球和电力载波智能灯项目的运营推广。

3 主要经验与启示

通过两次大学生创新创业训练计划的锻炼，在技术上，成员们从大二时候的只知道掌握课堂上的知识，到现在会自己去钻研一些课外的技术内容。在整个创新训练过程中，成员们掌握了单片机 STM32 的开发，掌握了 Android 手机应用开发。通过创业训练，成员们在进行技术开发时有了一种全新的视角，会更多地去考虑技术本身的商业价值和商业可能。

联通产品和市场，创业之路更顺畅

项目名称：“黑鲨”方程式赛车

完成者：李　桐、李云娇等 10 人

完成时间：2017 年

推荐学校：北京理工大学（机械与车辆学院）

1 学生参与“国创计划”项目情况

“黑鲨”创业项目是以自主设计研发并制造的方程式赛车“黑鲨”为核心产品，致力于通过极速的驾驶体验，让赛车运动作为一种新的娱乐方式被更多的消费者接受。

最初基于中国大学生方程式汽车大赛的需求设计，北京理工大学机械与车辆学院车辆工程专业的十个学生组成一个技术团队，受到全国大学生创新创业训练计划的全方位支持，从零开始学习，设计了第一代“黑鲨”方程式赛车并获得第一届大学生方程式汽车大赛的冠军，也获得了第五届“国创计划”年会“创业项目奖”。

方程式汽车大赛由全国各高等院校汽车工程或汽车相关专业的在校学生组队参加，各参赛车队按照赛事规则和赛车制造标准，在一年的时间内自行设计和制造出一辆在加速、制动、操控性等方面具有优异表现的小型单人座休闲赛车，并成功完成全部或部分赛事环节的比赛。学生将自己视为设计人员，某一制造公司聘请他们为其设计、制造和论证一辆用来评估该公司某一量产项目的原型车。预期的销售市场是周末业余汽车比赛，因此，该车必须在加速、制动和操控性能方面表现出色。该赛车必须成本低廉、易于维修、可靠性好。此外，考虑到市场销售的因素，该车需美观、舒适，零部件也需要有通用性。制造企业计划每天生产四辆该车型。

然而这项比赛的初衷，是为汽车产业培养更多有着先进的设计思维、工程能力强，同时兼有商业营销敏感的工程师，被誉为“汽车工程师的摇篮”。为了实现这个目的，我们不仅注重赛车的动态比拼，同时兼顾设计想法的实现过程，为了使其更适应市场所做的商业化努力的构想，都作为赛事的一个部分，考验着团队的设计制造能力和综合运营能力。

营销报告，就是以赛车为核心，考验团队对于市场的把握和营销策略的制定。旨在锻炼大学生的商业营销、沟通策划能力。基于赛事需求，我们做了以“黑鲨”为核心产品的营销报告，总体上逻辑比较简单，存在模式化问题。

然而这却是“黑鲨”创业想法的发端。我们成立了一个专业的商务营销团队，做卡丁车市场调研，系统地推敲每一个营销方案的可行性，我们意识到，即便脱离

这个比赛，让“黑鲨”进入市场也并不是不可能。

我们从宏微观经济角度，对现行的经济背景进行了分析，并对整个汽车产业、体育产业进行比较，给“黑鲨”这项赛车运动找到一个更有发展潜力的基因。

从宏观经济角度出发，我们发现目前国家扶持力度大，产业发展前景好。中国正处于经济转型的关键时期，国家“十三五”规划明确指出将重点投资汽车行业、大力扶持高新技术产业。赛车凝聚了汽车设计的精华，最能体现社会基础工业水平。

对比体育产业发展较为成熟的美国，我国的体育产业仍处在初级阶段：体育产业总产值较小、体育产品人均消费较少、体育产业占 GDP 比例小。然而随着经济的发展，居民消费结构不断升级，消费需求的多样化意味着体育产业的发展潜力不容小觑。按照国家相关规划，预计在 2025 年实现总产值超过 7 万亿元，而观赏性和参与性仅次于球类运动的赛车运动，约占 1 万亿元。

从微观经济角度，我们发现行业准入门槛高，缺乏资本参与关注。

由于赛车危险系数较高，这对车辆本身的一些硬性条件，如车身的重量、轮胎的制动力等技术要求极高。而一系列高技术需要大量的研发资金来做支撑，并且研发周期相对较长，导致资本存续期较长，是很多风险投资望而却步的原因。由于存在技术、资金壁垒，极大地抑制了赛车行业的发展，并且由于造价成本高，不利于赛车运动的宣传和推广。

然而，政府、企业对汽车制造研究大力投入与不断创新，鼓励引进先进技术设备、关键零部件等。并且在经济全球化的推动下，能够更便捷地获得技术先进的零部件，进一步降低了购买进口零部件的成本。新技术的不断涌现及快速传播，缩短了产品的生命周期，为赛车行业带来新的发展可能。

就目前的互联网环境而言，2015 年，中国互联网产业持续发展。至 2015 年末，我国网民规模为 6.88 亿，同比增长 6.1%，互联网普及率已达 50%，网民数量稳居全球第一。互联网发展的主要推动力正逐渐从 PC 端向手机端转移。根据数据显示，2015 年，我国新增手机端网民 6303 万，总人数达 6.2 亿。而放弃 PC 端，仅通过手机等移动端上网的网民人数已达 1.27 亿，占中国全部互联网用户的 18.5%。随着移动互联网功能和应用的不断完善和智能手机的进一步普及，仅使用手机上网的互联网用户占比有望快速攀登。

基于以上市场分析，结合营销新 4P 理论，我们制定了新的营销方案。

营销方案：

1. 意义（purpose）

（1）充分利用互联网的优势，快速宣传推广赛车文化及产品，提升宣传推广效率及受众面，扩大影响力。

（2）“黑鲨”赛车的推出将填补市场空白，满足消费者对相对廉价但具有较高性能体验的赛车的需求。

（3）“黑鲨”平台的建立及与媒体的跨界合作，将进一步地完善赛车市场。

（4）为赛车文化以至竞技体育文化带来巨大的关注，提升公众对该领域的认知度和兴趣度，将赛车文化更大程度地推广至大众生活。

2. 参与（presence）

通过建立黑鲨俱乐部，使客户参与到“黑鲨”赛事中，与众多“鲨客”形成圈子，促进用户交流，形成用户群体，从而提高客户对“黑鲨”的认可度，提高客户在“黑鲨”系列活动的参与度。可以通过网络直播分享驾驶体验，增进“鲨客”间的交流，也可作为向大众传播的手段。同时可通过网络平台召集网民车友观看，提升影响力，进行网络良性竞争。

3. 接近（proximity）

通过创造“黑鲨”卡通形象，生产销售“黑鲨”模型、服饰等周边产品，加强顾客对品牌的认同感。通过微信公众号、微博等自媒体平台，缩短“黑鲨”与客户的距离，利用借势营销，与各种热点事件结合，提高“黑鲨”在大众中的知名度。

4. 合作（partnership）

（1）与蚂蚁借呗合作，客户分期付款便可拥有一台属于自己的“黑鲨”。

（2）与懒人周末等服务类平台合作，客户可随时线上预订“黑鲨”体验服务。

（3）我们将和传媒文化公司合作开发符合时下流行口味的网剧，依托现有方程式汽车比赛模式做一个场景搭建，并用我们自身专业、技术、产品上的优势，弥补行业差异造成的拍摄局限及安全风险较高的短板，史无前例的设定将为赛车行业带来空前的关注，迅速形成网聚效应最终转化为巨大的商业价值。

（4）与完美世界合作开发VR手游，与LFS合作开发赛车VR驾驶模拟器，激发99.2%潜在用户的兴趣点，完成用户对“黑鲨”的品类认知，引导开发巨大的市场。

其次是差异化营销：

1. 与其他体验类项目（如赛马、跳伞、蹦极等）相比，“黑鲨”给消费者提供的是一种充满激情与科技完美融合的体验，一种新颖的娱乐方式。赛车引擎的轰鸣、风驰电掣的速度是让人血脉偾张的极致感官体验，它将为中高产阶层带来全新的娱乐风暴。

2. 与专业赛车相比，“黑鲨”不仅驾驶安全系数更高，对驾驶员的技术要求低，消费者在接受短期培训后即可上车体验，而且体验价格也更易于被消费者接受。

3. 制作赛车小游戏，在自由设计赛车的同时可在朋友圈等网络平台进行对战，使大众可以近距离感受设计赛车和操纵赛车的感受，使赛车文化平民化。

在创新地提出了以上新营销战略之后，我们抱着试一试的态度，将这一项方案作为创业项目进行了申报。希望这项方案能得到一定的肯定，同时也想通过这种方式验证我们的想法：过多的人将精力集中于产品本身，而忽略了产品周边及产品文化的重要性。对于一项产品有更多的剩余价值可以挖掘，尝试着去引导消费者发现并接受，可以很好地创造出更多的市场需求，而不是局限于与卡丁车市场竞争，以此能获得更大的市场。很感激“国创计划”的专家评委对我们在这方面的努力给予了肯定，这激励了我们这个团队更加努力地将这一创业计划落实到底。

2 学生后续创业发展情况

参加“国创计划”最大的感触就是，它改变了我们在创业这件事上的视角，给了我们新的维度去审视创业这件事。以今天的视角回头审视黑鲨创业的心路历程，首先是看到很多思维定式受限的框。其中变化最大的，就是对市场的理解。我们因为要参加中国大学生方程式汽车大赛，最先造出了一台赛车，也就是“黑鲨”。然后因为营销报告的要求，我们才去挖掘它所匹配的市场。因为赛车的场地限制，我们就在北京的几个大的卡丁车场做了大量的市场调查，内容无外乎我们现在有一辆非常酷的赛车，在加速体验方面什么的都比卡丁车优越，你有没有意愿试驾或者购买这些问题。其实这里就出现了第一个框，我们一直以为，“黑鲨”是一个介于低端卡丁车和高端 F1 赛车之间的产品，这是一个市场空白，我们填补了这个空白。但是我们去卡丁车场做市场调研这件事，就说明其实我们在属性上和卡丁车没有任何区别。我们调研了半天，其实就是在从既有的卡丁车的市场当中，挖一块出来，让他们消费我们的产品。我们还把卡丁车场作为主要的一块市场，觉得我们是一项新的工艺，一个新的产品，就会衍生出一个新的市场。但换个角度想，对于卡丁车场来说，它们相当于充实了品类，市场其实是没有变化的。它的增长仍然是和行业发展呈线性相关的，它不是一个引发指数级增长的新事物，但这一点我们当时都没有想得很清楚。

倒是当时的裁判问我们：我看到你们做了大量的市场调研，但你们有没有想过你们未来的市场究竟在哪里？那个时候我们意识到，更重要的是对于这个行业的方向如何变化敏不敏感。

如果“黑鲨”创业计划放在今天去融资的话，仅用一个新的工艺和新的产品很难打动投资人。他们会更想知道，我们有没有看到市场的潜力究竟在哪里，“黑鲨”真正能够完美匹配的那部分细分市场有没有做好刻画。

其次就是对商业模式的理解。“黑鲨”的商业模式其实很简单，就是我们造一辆赛车，卖给赛车手或者卖给卡丁车场。然后通过举办比赛，来激发消费者对“黑鲨”的需求。当初在做商业计划书的时候，有行业里的竞争者的分析。我们一直把卡丁车、F1 赛车、勒芒当作竞争者来分析，认为我们比 F1 赛车更亲民可触摸，比卡丁车性能优越体验更好。但其实没有找到真正的竞争者，“黑鲨”并不是唯一的大学生方程式赛车，我们依赖的是“黑鲨”冠军的好成绩，依赖的是技术上的壁垒。

这里就出现了第二个框，商业模式太简单，也没有什么创新，所以很容易被复制，并没有什么商业模式上的壁垒。所以我们很难在行业里维持优势，在竞争激烈的创业者市场中，很难活到下一轮融资。

还有关于做财务分析的一点想法。项目最初，以造赛车为重，一群车辆的工科生凭着赛车梦和情怀在做这件事。从这样的过程萌生的创业想法，免不了会有些单纯。因为对财务管理不精通，也就很容易模糊处理。当时团队里有管理与经济学院的专业人才，财务都是单独分离出来交给她来做，就是为了搞清楚可能会发生的支出和预期会有的收入。当时的感受是财务报表非常细，但对于财务和市场之间的关系，我们一点儿概念都没有。我们当时只是理解到，如果要创业，就不是理论层面的投500万元出去，多长时间收回来的问题。而是要做的这件事情，每一个决策的机会成本是多少，有没有权衡清楚。比如我们一直觉得造车就是要用最好的，全车用70%碳纤维。很多乘用车的老板一听到我们这么“大胆”，他们觉得很不现实，他们会尽可能地控制成本来保证收益。这时候的问题就是，我们没有计算好成本收益，然后在做财务分析的时候，才在产品上做了很多的妥协，至少保证了盈利的可能。

但是以今天的视角想，我们觉得这个项目没办法盈利的第一个反应就是控制成本，但是忽略了市场和产品的匹配程度，忽略了真正有潜力可以增长的那部分市场。因为在财务报表上，项目这个时候已经亏损了，为了节约开支只能缩减规模降低成本，并且因为前期产生了大量开发旧的市场的沉没成本，我们没有能力再去试验新的市场。我们觉得从开始缩减规模的那一刻，这个项目面临的结局基本就是被市场淘汰。反过来，既然已经验证这个市场并不能满足预期，那么就可能存在市场和产品匹配不好的情况，这个时候更应该投更多的钱在新的市场上，才有可能起死回生。这也就解释了，很多企业财务报表上很漂亮的数字，投资人也不会轻易买账；或者即使财务报表上不好看，投资人仍然充满信心。

这其实反映了创业者对于整个行业风口的把握、对于市场潜力的信心，做好产品和市场的匹配这才是一个创业者的底气。所以创业者不能单靠简单的数字，而是要看到成长性。

3 主要经验与启示

对于我们团队，创业本身是一个有风险的事，不仅要清楚自身对于风险的偏好程度、承受能力，也要清楚团队对于风险的认知是不是一致。因为个人没办法在一开始，就保证市场、产品、匹配都做到完美，绝对能盈利。但很多创业者，说服其他的伙伴加入团队，都用的是“绝对赚钱”，这其实就会造成团队对于风险的认知不同。后期在如何处理风险上，团队会产生很大的分歧。这对于一个创业团队的发展，非常不利。创业者对单纯数字上的变动和现实中的现金流入流出的感受是不一样的。

对个人来说，参加“国创计划”，就是在思维训练上，开始让自己有了不一样的视角，也开始重新审视自己的每一个想法有没有潜力、可不可行，在成长性、现实性、可操作性上的检验都给了自己很大的启发。

与合适的人同行，向着正确的目标努力

项目名称：马蹄铁智能骑行系统

完成者：聂梦松　许新桢　林汉达　卜　尧　寇文静

完成时间：2014 年

推荐学校：北京邮电大学

1 学生参与“国创计划”项目情况

2014 年夏天，我本科毕业了。回忆大学四年如平镜一般的生活，我觉得这样的青春实在无趣。在此之前，由于害怕直接去面对社会，我选择了留在北邮继续读研。思考未来三年的生活，我暗想：自己会不会像本科时一样碌碌无为？

2014 年 6 月中旬，所有的毕业手续都办完了，同学们已经陆陆续续离开了学校。毕业的感伤加上对未来的迷茫让我心情沉闷不已。我始终认为自己是一个拥有梦想的人，只是我没有找到自己的梦想在哪里！本科期间，我参加了所有可以参加的比赛，也得过一些奖并由此获得保研资格，但这终究只是比赛而已。

2014 年 6 月末，周围的小伙伴分散至大江南北。同寝的老聂找到我说要和我一起创业，我答应了。其实在此之前我们一起有过多次创业的想法，曾打算在学校里面弄一个电子元器件售卖点，专门为做创新项目的学弟学妹及各个实验室售卖元器件和模块定制；也曾想过将参加创新项目时做的“管道机器人项目”商业化。这些想法都在我们着手做了一段时间后宣告失败了，我们曾仔细探讨失败的原因，也算获得了一些创业经验。当老聂再次说要创业的时候，我们又不约而同想到了智能硬件这个领域。2014 年是智能硬件的元年，各种手环、手表、体重秤像雨后春笋。我们分析了这些东西之后觉得跟风必死。恰巧老聂是一个骑行爱好者，有两辆自行车，车上安装了各种在淘宝上买的装备，由此，我们想到了做智能骑行装备。

2014 年 7 月初，我们开干了。由于毕了业没地方住，我们就在鸿通楼的一个不足 10 平方米的小地方打地铺。老聂做工业设计，我做电路设计。累了就睡在桌子底下。后来教本科的周老师联系到我们，告诉我们学校有一个创业实践项目，学校会为这个项目提供 10 万元创业基金。至此，我们的短期目标就是拿到这 10 万元的创业支持。考虑到人手不足，老聂找到三个留在学校做比赛的学弟学妹，这件事就这样开始了。

2014 年 7 月末，我们用第一版的几个产品和另外六个项目一起进行 PK，以争取唯一的创业支持资格，最终的结果是我们顺利胜出。老聂为项目想了一个名字叫“马蹄铁”，简称“MTT”。借此好消息我们在论坛发帖招人。很快，各个空缺的岗位我们都找到合适的人选，团队扩充到了 9 个人，完整的团队雏形基本确定。虽然过程中也有人离开，但我们始终保持着主要人员的稳定并高效地运作到今天。

2014 年 8 月初，团队搬进了位于学十地下室的创新大本营，并在大本营有了一个创业屋，我们在其中一间布置了办公场地。刚开始的时候还是很空白整洁的，不过经过大家几个月的“努力”，现在这屋已经是乱得很有“氛围”了。

2 学生后续创业发展情况

团队、场地就绪，紧接着就是进行不断的产品迭代优化。我们不停地设计和测试，直至 2014 年 12 月初，产品做到了第五版，电路板开板了 16 次。考虑到自己力量的不足，我和老聂准备找融资。很快，在一位北邮师兄的引荐下，我们去中关村厚德创新谷找融资，当天只讲演了 15 分钟，第二天我们就得到消息，厚德愿意出资 50 万元做种子投资。不过因为一些条款问题我们没有接受投资。原来融资并不仅仅是单纯资金往来，条款和投资方的资源有时候甚至比投资金额更为重要！几天之后，我们又在一位朋友（现在为合伙人）的引荐下认识了我们称之为“多余哥”（他坚持让我们这么叫他而不是余总）的一位创业成功人士，多余哥很喜欢我们的团队，甚至没怎么看产品就答应投 50 万元作为种子，而且没有多少附加条件。投资协议很快签订，虽然金额不多但是毕竟是我们拿到的第一笔外部投资，大家着实激动了好一阵子。

2015 年 1 月下旬，我和老聂一起去了趟深圳。在一个星期的时间里，我们在这个陌生城市见了十几家工厂，基本谈定了产品生产规划。深圳之行让我们收获颇丰，这个城市发达的电子制造业让人惊叹不已。

2015 年 3 月初，我们和京东联络并谈定了 4 月上线京东众筹。老聂再一次去深圳并寄回了六套手模（以前的手模都是在北京做的）。这一版手模完全是按照商品规格制作的，以此，我们最终敲定了我们的硬件产品。

2015 年 3 月末，我们参加了虎嗅主办的“Top Day”活动，和来自全国各地的总共十个项目一起进行路演。最终我们的项目表现得很出色，多家投资机构会后主动找到我们，我们也借此启动了天使融资计划。在 3 月份，先后有 36kr、虎嗅、搜狐科技等多家媒体对我们的项目进行了主动报道，我们也由此走出学校，进入大众视野。

2015 年 4 月 2 日，我们的产品在京东启动众筹。众筹开始 5 分钟就突破万元，后来很快达到十余万元。团队成员的兴奋之情难以言表，刷新网页看众筹金额的感觉就像炒股票看一个不断上攻的盘口。

2015 年 4 月 16 日，在见过多家投资机构之后，我们最终敲定了一笔 300 万元的天使投资，至此，我们马蹄铁——一个纯粹由北邮在校学生组成的创业团队，在经历了十个月的不懈努力之后，终于正式开启了创业这件事情！

3 主要经验与启示

激动与兴奋之后，我们更加自信，也清醒地意识到前方仍然挑战重重。这十个月只是证明了我们的实力，但我们的梦想才刚刚启航！在创新创业的机会面前，只有拼搏者才有资格接近最终的成果。种子轮投资仅是一个开始，我们的脚步刚刚迈开，与合适的人同行，向着正确的目标努力。

找准定位，扬帆起航

——北京邮电大学参与“国创计划”的学生后续发展的成功案例

项目名称： 马蹄铁科技有限责任公司

完成者： 聂梦松　许新桢　王伟民　王　井

完成时间： 2014 年

推荐学校： 北京邮电大学

1 学生参与“国创计划”项目情况

2014 年 9 月，马蹄铁科技有限公司（以下简称“马蹄铁”）正式成立，沿着“国创项目”中既定的商业计划，我们开始着手骑行领域智能硬件产品的研发。事实证明，不管是从工业设计角度，还是从电子电路角度，一个即将面世的产品所需要投入的心血是学校的创新项目所远不能比拟的。从结构设计的一丝不苟，到蓝牙天线功耗的反复测试，其中经历的拨乱反正印证了我们这群人对这个项目是真爱。即使是功能简单、充满 bug 的第一版 APP 软件，也让我们欢呼雀跃不已。蓝牙连接成功传输数据的那一瞬间，我们的心情应该与第一个小米手机诞生的时候雷军的心情是一样的。

2015 年 4 月，马蹄铁第一代智能硬件产品及配套软件完成研发上市。同期我们完成了硬件套装产品在京东众筹上的试点销售，达成了 10 万多元的众筹额度，市场反响的热烈程度远超我们当时的预期。几乎是同一时间，我们与多家投资机构完成对接，正式落地了一笔 300 万元的天使轮投资。借智能硬件和全民创新创业的浪潮，我们顺利起航。

2015 年 7 月，在持续进行硬件产品量产和软件产品迭代更新的同时，我们启动了马蹄铁骑行社群计划，试图以运营手段凝聚现有用户，同时发酵传播发展新用户。同期，在收集了大量关于一代产品反馈的基础上，我们展开了二代硬件产品的研发工作。

2015 年 9 月，在有了一代产品经验作为基础的情况下，二代产品的研发和生产工作终于显得没有那么令人心力交瘁了。同期我们在淘宝众筹平台开展了二代产品的众筹活动，老用户和新粉丝的热情最终转化为 300 余万元的众筹额度。

2 学生后续创业发展情况

如果说 2014 年是智能硬件的元年，那 2015 年应该是智能硬件的成长之年，也是各个此类创业项目走入分水岭的一年。创业之初，甚至拿到天使轮融资之初，我们曾天真地以为 300 多万元的融资金额可以顺利支撑团队维持两年，甚至满足一定规模的人员扩张的需求。然而，我们被现实情况狠狠抽了一个耳光。我们远远低估了硬件创业项目的前期投入成本，同时又高估了资金回流能力，致使较大部分资金无法周转，曾一度陷入资金危局。同时，我们对两次众筹之后的销售数据和相关投入成本进行核算，发现我们这批出身于北邮技术环境的工程师、设计师们，在进行产品 C 端销售和市场推广的过程中显得无比稚嫩和天真。每日聊胜于无但是远远不能达到预期的网店销售业绩给我们带来的教训是，单纯依靠塑造一个新的智能骑行硬件品牌打入骑行市场来谋求团队的维持和发展是很难的。

痛定思痛的结果是果断做业务转型。为此，团队连续进行了多次研讨，结论是如果坚持做 C 端销售和推广，无异于在消耗资金的同时走向慢性死亡。所以，一次堪比救亡图存的业务转型就此展开，方向是与传统自行车公司合作，寻求整车智能化、软件定制化和 SAAS 服务等一些合作契机。

2016 年 5 月，通过投资人和之前在自行车展会上积累的人脉资源，我们对接到了天津 MOSSO、上海永久和广州 UCC 等多家传统自行车公司。提到此处不得不感慨一下，传统自行车公司在机会转化效率这个层面上真的是远远低于互联网公司的，业务接洽过程比我们想象的要缓慢很多。最终，我们与上海永久和广州 UCC 两家公司达成了战略合作协议，并签署了合作开发、硬件支持等多份项目合同书。至此，马蹄铁正式从 2C 业务中解放出来，着力于在 2B 的服务项目中谋求发展。

2016 年 10 月，我们基本完成了与上海永久和广州 UCC 的合作项目内容，分别为传统自行车厂定制化开发了一款 APP 软件，并在二代马蹄铁智能硬件基础上进行改良生产，研发了一款新的自行车表头产品。通过 2B 的业务转型，团队实现了解放销售和市场人力成本，专心投入精力到产品设计研发中，并获得了小规模的成功。同期，马蹄铁获得深圳云丝路基金的天使轮投资，以助力于海外市场的拓展和持续拓展传统自行车公司的合作。

从资本角度看，2016 年其实是一个小型的资本寒冬，大多在 2014 和 2015 年获得投资的智能硬件领域的创业公司或因运营不善或因资金短缺，纷纷宣布项目失败。从这个角度看，当时我们做出的业务转型决策是具有一定前瞻性的，相当于在这次寒冬中挽救了我们自己。

但是 2016 年后半程我们面临了又一个严峻的问题，面对愈演愈烈的共享单车热潮，传统自行车公司显得措手不及，我们也需要思考自己的定位和方向。当时我们的合作伙伴中的上海永久受到共享单车冲击巨大，不得已投资了一家同类公司做被动战略防御。相比于产品类型中通勤车占有较大比重的上海永久，广州 UCC 是一家专注于运动自行车品类的公司，其业务受到共享单车的冲击较小，但是其线下门店营业额依旧有所滑坡。应该说上海永久和广州 UCC 两家公司面临的情况是 2016 年在共享单车冲击下，传统自行车公司的两种典型状态。因此，当时在自行车领域继续拓展 B 端业务显得举步维艰，我们又一次面临着生存和发展的问题。

同时，2016 年 10 月，马云提出了“新零售”概念，并提出了对未来零售行业发展的诸多设想。在承受自行车业务推进缓慢带来的压力同时，我们衡量了新零售机遇的可行性。最终发现我们所积累的智能硬件技术和产品，经过较小幅度的改良，配合市面上成熟的技术方案，即可很好地应用于线下零售门店的新零售改良方案中，用于零售业线下终端数据的采集，以弥补传统零售业在售前数据采集方面的不足。

2017 年 3 月，对接了几家有意向的零售品牌之后，我们最终确定了几个试点付费的对象，其所属领域分别是 3C 消费电子和鞋服零售。

2017 年 4 月，经过打磨完成的应用于新零售领域的智能硬件产品正式完成测试量产，马蹄铁新零售软硬件系统方案初步成型。同期，我们将成型的新零售系统部署到合作品牌的线下门店进行试点运行。

至此，我们在维持原有自行车业务规模的同时，基本完成了在新零售领域的商业方向转型。近期，在持续拓展合作项目的同时，我们也启动了新一轮的融资计划。

3 主要经验与启示

这段时间的创业过程带来的成长经验无一不伴随着大量的付出，我们感触最深的一点是，年轻的创业者需要同时具备逆风而行的勇气和急流勇退的果决。创业从来不缺少一夜暴富的神话和闭门十载终成正果的“鸡汤”，但是思路僵化、一条路走到黑的做事方式不适合我们，认清自身优势、准确分析行业发展趋势需求，选择适合自身团队的发展道路才是我们初入创业圈子的人最应该学会的。

用坚持与拼搏开创绚烂人生

项目名称：浪骑士自行车创客空间

完成者：刘　飞

完成时间：2012 年

推荐学校：西藏农牧学院

1 学生参与“国创计划”项目情况

我叫刘飞，1990 年出生，男，汉族，甘肃白银人，西藏农牧学院食品科学学院生物技术 2011 级本科班学生。我于 2012 年负责主持完成了“国创计划”项目“色季拉山六种杜鹃花属植物叶中挥发油和黄酮类成分分析”。通过“国创计划”项目的实施锻炼，我对创业产生了浓厚的兴趣，也更加坚定了自己创业的信心与决心。我在 2012 年开始自主创业，先后经营过干洗店、浪骑士自行车专卖店，取得较好的成绩。我自幼家境贫寒，坚持自主创业，以坚持不懈、求真务实的信念，坚忍不拔的性格和对事业的满腔热情，白手起家，指导多名贫困大学生创业并走向社会，创造多个就业岗位，成为当代大学生自立自强的典范。

我幼年的生活经历让我明白了人世的辛酸和生活的艰难，让我有了一颗关爱他人、回报社会的善良之心。在创业的过程中，我起早贪黑，不怕困难，一路走来，风吹雨打中，从大学生老板逐渐成长起来，逐步成长为一名成熟的创业者。

2 学生后续创业发展情况

自公司开始运营，经营状况良好，一直有条不紊地向前发展。公司主要从事自行车的维修、组装、出租、售卖等。从开始摸索到现在的有序经营，公司经营规模达 40 万元左右，年盈利约 15 万元。我靠的是不断地努力、不断地学习，在经营中寻找出路，在竞争中不断提升自己，忠实于自己的理念，服务于消费者。经营状况良好主要体现在收入方面稳中有升，需求方面逐步扩大。我还不断挖掘市场和开发新产品，注重以提升产品质量和服务实力为落脚点，不断为顾客提供周到服务。由于环境和人流量的影响，季度性收入差距相对来说比较大，我不断摸索和调整经营策略，争取抓住季节性变换，在经营中取得更高的效益。公司未来发展的目标是以“服务学生、服务大众、惠顾于广大消费者”的经营理念，让消费者在消费的同时获得健康的理念。

悠长岁月平静，无事亦是蹉跎。与常人不同的是，我的大学生活仿佛过得特别快。三载半时光，经历甚多，受益匪浅。在学校我一边刻苦学习一边谋划创业，呕心沥血，不畏艰苦，做一名优秀的、自立自强的大学生，在奔跑中求学，在实践中探索。昨天的我因母校骄傲，今天的母校因我而自豪！

也许是家境的贫寒，大一的我除了学习外，想得最多的是如何利用课余时间去打工挣钱，一方面可以减轻家庭负担，另一方面可以提前体验社会的酸甜苦辣。开始，我在一家酒店做传菜生，可是，我马上发现，这条路不是我的兴趣所在——工作单调，学习机会少。我希望得到的那份工作，除了能够解决生存问题之外，更重要的还是能让我积累经验、拓展人脉，使我能迅速成长。于是，我开始把目光转向其他领域。通过对市场情况和需求的一系列考察比较，我有了自主创业的想法，结合自己的特长和学生的需求，艰难地探索着。创业初期，我怀着一颗热忱的创业心，众志成城，厚积薄发，积极投身到创业的大潮中。我先是在学校开办了干洗店，极大地方便了我校师生，其良好的服务态度和服务质量获得了广大师生的一致好评，随后我又创立了浪骑士自行车专卖店，发展至今。

我认为，无论前方有何险阻，我会一如既往地鼓起勇气，做一个奔跑中的求学者，向前处、向远处、向高处，向阳而进，逆风而翔！这不仅是信念，更是誓言。目前浪骑士自行车店运营良好，市场广阔。我计划在未来几年内再增开几家分店，鼓励、帮助更多的青年人创业。展望未来，我充满了自信，坚信自己在创业的道路上一定会越走越远、越走越好。

3 主要经验与启示

回忆这些年的创业经历，我最想对学弟学妹说的一句话是：有梦，就去努力实现它，希望大家能好好抓住大学里的每一个机会，努力学习、刻苦奋斗。积极参加“挑战杯”“互联网+”等大学生创新创业实践活动及其他的各类锻炼自身能力的活动。

这就是我一位“90后”创业青年的创业故事！

奔跑在高原追梦路上

项目名称：藏猪对玉米－三叶草混合青贮饲料体外发酵效果研究

完成者：徐兆利　顿　珠　索朗旦增　旦增罗布
嘎　玛　加央曲珍　巴桑曲吉

完成时间：2015 年

推荐学校：西藏农牧学院

1　学生参与“国创计划”项目情况

我是徐兆利，男，生于 1994 年，云南宣威人，2013 年 9 月考入西藏农牧学院动物科学学院攻读动物科学本科专业。在校期间，2015 年我负责主持完成了“国创计划”项目“藏猪对玉米－三叶草混合青贮饲料体外发酵效果研究”。该项目通过藏猪体外发酵研究藏猪对青贮饲料的利用情况，研究了藏猪对粗饲料的消化利用特点。通过该项目的实施我得到了很好的锻炼，对创业有了更为明确的认识，也更加坚定了自己的创业之路。

开始便怀揣自主创业梦想的我，以坚持不懈、求真务实的信念，坚忍不拔的性格和对事业的满腔热情，开始自主创业。2014 年 3 月，我在学校推广一款即时电商 APP；2015 年 1 月，我结合过去自身经营类似项目的成功经验，创办了西藏掌上生活有限公司，现任公司总经理。

公司由 4 位负责人（总经理徐兆利、人力资源主管董亚南、财务主管于强、技术顾问张明）和 14 位员工组成。各个负责人结合各自以前的经营经验和市场敏锐度在公司提出、制定了优秀的发展战略和迎接挑战的方针。成员也各有所长，真心为公司付出，在完成每一个项目时都能融入自己十二分的热情，组成一个相互信赖的团体，大家同心协力、共创辉煌。

我以“团结、互助、分享”的企业文化来凝聚大家，带领团队一直孜孜不倦地吸取营养，并不断成长、壮大。目前，公司业务涉及：

零食购物自营（平台取 20%）；

KTV 包房预订、酒店客房预订；

二手交易、交换等使用价值物品；

团购、外卖（平台取 20%）；

旅游、回家返校车票预订（平台取 20%）；

微信店铺维护费；

（初期）广告费、商品托管费。

我们以生活用品、零食订购、团购、餐饮订购等服务项目经营为主，低价优质为销售策略，校园成绩、课程查询、农牧知识学习为公益服务项目，逐步推广并扩大经营规模和经营形式。我们凭借低廉的市场价格，扩大市场占有份额，并且为广大同学、店铺老板公开竞标网上店铺，多种形式盈利。目前，公司已经步入正轨并逐步扩张业务与服务，开始盈利。初期年盈利纯利润 8 万元（35% 支付公司员工工资，12% 用于公益事业，13% 维持公司运营）。

大一的我为了锻炼自己、体验社会的酸甜苦辣，除了学习外利用课余时间在校园做兼职。与同学打交道的过程中，我经常听到周围学生抱怨学校里商品物价高、性价比低，所承受的生活费压力较大等问题。而学校大多学生来自农牧区和发展相对落后的城市，家庭经济条件有限。热心的我就时常在想：互联网飞速发展的今天，信息传递变得越来越方便，而在偏僻的地区，信息交通等一系列因素导致物价水平相对较高，我是否能通过某些办法来帮同学们减少一些生活压力？

我凭借敏锐的市场嗅觉第一时间发现了这一商机。

创业路上一次次的困难洗礼，我愈挫愈勇，一步步走出了追梦之路。这条路上，我有过泪水，但更多的是战胜挑战后的喜悦，也成就了传奇的创业梦想，谱写了高原青年的不悔诗篇。现在的我，目光坚毅，从容自信，也很愿意鼓励和支持学弟学妹们。

2014 年，我开始了“互联网 +”与物联网相结合的营销创业之旅。在这过程中，困难无处不在。公司刚成立，流动资金短缺，人脉关系少，很难运作下去，只能通过创始人自凑及平台入驻商家以入股的形式解决资金问题。幸运地是学校鼓励在校大学生自主创业，提供政策上的优惠和资金方面的资助。公司凭借着团队的力量，创新学习不断壮大自己，慢慢突破公司的发展困境。

团队组建方面：一个优秀的公司背后必定拥有一个强大的团队为支持，团队不仅仅是公司发展的基石，更是公司成长的纽带。如何组建专业团队？如何学会用人？我们需要什么样的人才？团队涉及营销、技术、财务、行政、视音频制作等人才的组建，我采取招聘考试 + 学院推荐的选择模式完成团队组建。在大学生有理论知识但缺乏实践经验的情况下，我的目标就是建立优秀的团队，不只是一起创业，一起奋斗，更多的是一起成长。

公司需要建立健全规范的团队运营机制和奖惩制度，使其处于良性运营状态。

技术方面：优秀的创业团队背后必须以专业过硬的技术为后盾，公司未来想要继续壮大，必须有非常强大的技术队伍。公司创立初期在技术方面成立了四个组：网络安全及建设组、运营发展团队组、人事项目组、专业技术组。可是由于技术力量不达标、缺乏技术分工，公司出现了很多问题。后期我通过组建员工培训提高核心技能、提高管理水平和向内地优秀团队学习等方式，使情况得到了改善。

营销方面：初期主要是货源供应、成本价格、市场开拓三大问题。我奔走在林芝市各大供货商之间，经过一个多月的反复洽谈，终于解决了货源的问题。我以满足客户根本利益和最大需求，商铺店主盈利根本为主，通过自身结构、模式的调整，争取为客户带来物美价廉的服务与产品。

自身身体的挑战：来自云贵高原的我，到了西藏高原后，仍然高原反应强烈，大一期间经常流鼻血，流起来就难止住，一直吃着药物，逐步调节适应。持续的强压、屡屡的熬夜下，大二我不幸患上了高原性心脏肥大加三尖瓣轻度倒流。此后，我一直服用中药来调理，太累了时就需要打点滴来缓解心脏的负担。代偿性的高原性心脏病曾经让我不得不离开高原一段时间，大二时想过不上学了，回家重新高考，重新选择自己适应的大学，但是高原的雄奇秀美留住了我，这里有我的梦想。

困难虽多，可骨子里那股不服输的拼劲使得我没有在众多的困难面前止步不前。相反，我凭着永不言弃的信念，将面临的困难各个击破。我以诚恳的态度和未来发展前景来劝说商家加入到这种营销模式，逐步搭建了一批微信店铺，提供物美价廉的产品。我努力满足广大同学的需求，给在校的同学提供了勤工俭学的机会，拓宽同学的就业渠道，带动更多的同学参与到创业的道路上来。在 2016 年，让我赚到了第一桶金——初步营业额达 20 多万元，纯利润 8 万元。

越努力越幸运，我通过不懈的努力、探索，项目还取得了一些成果：

（1）让同学们查询教务不再受学校内网的限制。只要是农牧学院的学生，在绑定我们的辅助器后，在任何有网络的地方都可以查询自己的教务；总结反馈的教务查询接口问题，升级辅助器到 V1.0.3 最新版本。

（2）搭建了一批微信店铺。让农牧学院想做生意的同学有了自己的线上店铺，聘用了一批优秀的同学，解决了部分同学的兼职问题；目前初步营业额达 20 多万元，纯利润 8 万元。

（3）相关实践成果，总结成为公益计划书，成功参加了全区“成才杯”大学生创新创业比赛，取得优异成绩，项目获得西藏自治区工商联主席阿沛•晋源的充分肯定。

公益服务，精心为农，服务西藏的初衷一直不曾忘记。一次偶然的野外实验采样使我感受到了农牧区因为信息闭塞、技术原始等因素导致的贫困。从事农牧业相关专业学习的我又在思考：如何做好农牧民专业知识向实际利用过渡？科技知识怎么才能到达他们手里并切实转化成为生产力呢？我们学校的农牧知识里什么是他们切实需要的呢？当他们生产中遇到技术问题了，我们怎么快速给出处理方案呢？通过大量数据及走访分析，我发现这个问题的关键在于偏远地区农牧民的汉语水平较差。为了精准解决受西藏地理的限制，将知识进行转换、传递、洽接，帮助农牧区同胞技术脱贫，2015 年，公司聘请专业藏语输入人员、藏语翻译人员、藏语录音人员为藏区农牧民提供切实有效方便的农牧知识，取得了良好的社会效果。

当被问到创业是否想过要放弃、有哪些感受时，我经常说，也有想过放弃，但是不甘心就这么随意放弃。从小学到大学的学习，已经让我明白要想做好一件事情，不能总是好高骛远，一定要脚踏实地。我的大学生活很充实，我也成长了很多。它让我脚踏实地了。感谢学校给我一个实现梦想的平台，在创业路上对我的支持。这给予了我一个很好的发挥平台，一个项目在一个小地域范围更好把握，而当它真正走向更大的地域范围时，是越来越艰难，因为不仅大的体系建设要考虑，而且小的细节布局也要顾全。现今公司在不断地向更高、更远、更大的目标前进着。而我个人也在不断成长中，在问题中不断提高自己，比如自己的个人能力、管理水平、思维方式等方面还是需要加强锻炼。

同时我认为，因为大学生创业者的身份，在选择创业时，不能只是做简单的买卖，学生学习了专业知识，做产品时，就更要注意把自己的知识和技能发挥出来。

2 学生后续创业发展情况

面对未来我信心满满，小心地驾驶着我的梦想，奔跑在追梦的路上。

公司目前主要涉及领域是为学校师生同店家商铺做一个沟通桥梁，以实现方便快捷的购物和消费需求，达到低价购物、掌上选购、一键付费等效果。公司目标是先在林芝市的市场内稳扎稳打，将公司经营范围扩展到覆盖林芝的各个角落。将来我将进一步丰富项目内容，做好西藏自治区党政宣传、就业择业政策、顺应时代发展等辅助宣传工作，继续为农牧民做好专业知识解读工作，在资金、农牧科技知识、商业信息等方面最大限度辅助农牧民生活与工作。

我站在互联网、物联网发展的浪尖上，关注网络突飞猛进和时代的革新，倾注心血于销售及服务行业、公益服务事业、宣传弘扬正能量工作，以饱满的热情和创新的思维迎接时代发展的使命。面对互联网、物联网的迅猛发展，我觉得我的公司必须做好内部环境的创新、外部资源的充分利用、时事政策解读工作，并在大浪淘沙的时代背景下做好创新、稳定、发展的准备。我的公司紧跟时代发展的步伐，关注民生现实热点，符合当下西藏地区长治久安、长期发展的总方针。

公司未来在做好当前工作基础上，以扩大销售范围和涉及领域为主要目标。面对未来的机遇，公司将进一步实现高技术、高科技、高质量的应对策略；面对挑战，公司也会努力实现稳定中求发展。

3 主要经验与启示

我根据个人的经历与思考，总结为以下内容，希望对朋友们有所帮助。

谨慎选择，根据自己的实际情况来决定发展道路：我的性格、环境条件、资源条件、综合能力等是否适合创业，是否具备创业条件，我的创业思路是否正确。敢想敢做，持之以恒，在艰难中站稳、稳定中求胜。创业的道路上肯定会崎岖不平，创业者要有迎接挑战的心理准备和防患未然的措施方案，重要的是能在困难中挺住，坚持就是胜利。

团队建设，注重队伍的选拔与管理。创业团队素质优良，强硬的专业基础，队伍处理问题的效率，团队应对未来发展的综合水平等都是决定创业成败的关键因素。创新创意，具备发展的眼光、敏锐的洞察力是一个创业者的基本素质。思维的火花能否燃烧为熊熊大火，创意的树苗能否长成参天大树都是创业灵感的汇集，努力让小溪汇聚成一条滔滔大河。

资金筹备，资金无疑是创业的命脉。抓住创业资金筹集的绳索，做好资金配置、再利用等措施是对一个创业者最基本的素质要求。

前期市场覆盖，怎样做宣传，如何打广告，公司初期务必要铺好宣传这一关系公司发展的大路，不仅关系公司盈利，更重要的是关系未来的长期发展。

法律及相关规定的梳理。公司发展是否具备良好的环境，关键在于相关法规程序允许范围内运行。

产权保护意识，这将是公司未来面对棘手问题之一。创业者必须懂得如何保护知识产权、商标 logo 等非物质的资产，免去公司发展中的不必要麻烦。

制定并更新公司内部的章程与规范。首先要有一套公司发展的内部规定与章程，并随着公司的发展做好更新工作。

稳扎稳打，稳中求胜。公司发展首先要立足于长期发展，稳定中求生存，其后才是发展。

善于学习，学习中更新，学习其他公司发展的先进案例。学会关注对手，关注时事重大变化，为公司战略发展，寻求机会。把握先机，一炮打响。

创业从来不是一件容易的事，创业需要创新。作为一名大学生创业者应比一般人创业更有潜力，既要有事业心还要有责任心，不仅着眼于经济效益，还要有社会效益，不能仅满足眼前得失，还应着眼于未来，带着强烈的事业心与责任感。成功背后的是默默的忍耐、寂寞与汗水。如果想忍受更多的痛苦，就去创业；如果想享受更大的快乐，就去创业！

创业致富的梦想是美好的，然而创业过程是艰辛的，机遇与风险并存。高风险并不总是伴随高回报，降低风险、规避风险是创业实践中的有识之士思考的核心问题之一。

——梦想是什么，梦想是让你觉得坚持就是幸福的东西，梦想也是在你睡在街头，饿着肚子的时候，你并不会感觉孤独，还会拍掉身上的灰尘仰望天空，笑出八颗牙齿的东西。

——理想把我带到哪，我就在哪里开花；现实把我摔得多惨，我就努力笑得多灿烂。

——我不会哭泣，因为我对未来充满爱。

——创业的路上，我才发现我对它倾注了我所有的爱。

——如果把大学比作雨季，努力做想做的自己就是雨后的彩虹。

——相对于人生的长度，这点小失败都不足为道；相对于明天的到来，今天的时光显得尤为宝贵；相对于下一秒的未来，此时此刻令我更加珍惜。

——就不要吹牛了，行动开始了，come on！

烘焙，让创业更幸福

项目名称： 大连绿贝烘焙文化发展有限公司

完成者： 周星园　游雪梅　储　茜　王汉蒙　张　鑫

完成时间： 2015—2016 年

推荐学校： 大连大学（环境与化学工程学院）

1 学生参与“国创计划”项目情况

2015 年 9 月，我们申请了大连绿贝烘焙文化发展有限公司这个国家级创业训练项目，我们五个人怀着梦想和抱负，想要通过这个项目大展拳脚，把自己所学所思都用到这个项目上来，可是通过这个项目我们不断受挫不断成长。经过近两年的创业实践，我们从开始的纸上谈兵，到后来的脚踏实地，回首其中让我们感慨不已。特别感谢这次的项目，让我们不断进步，不断提升自己。更重要的是，我们知道了团队合作的力量，知道了脚踏实地的重要性，也知道了创业远远没有我们所想的那么简单。这一次的创业训练项目对我们今后的工作生活学习中都会有深远的影响。

2 学生后续创业发展情况

大连绿贝烘焙文化发展有限公司成立于 2015 年 12 月，前身为烘焙艺术工作室。我们前期通过选修课、在校生烘焙体验活动、烘焙作品展示会及品尝活动、教师培训班、面向社会的体验活动，以及为大连金玛集团员工所做的“演讲 + 品鉴”活动等，使烘焙艺术的传播产生了较大影响力。来学习课程及参加体验活动的同学感触颇深，能够亲手做出色香味美的各种饼干、蛋糕、面包，了解更多的烘焙知识、西点文化和历史等，体验到了很多喜悦。

通过分析国内外烘焙产业的发展现状，结合 O2O 的销售模式，我们提出一种全新的运营模式——基于互联网的烘焙文化传播，即“线上交互式微课学习、线下体验式实操培训、线上私人式精品定制、线下全方位指导服务”。

我们的项目主要分为两大部分。第一部分为基于互联网的烘焙艺术微课程及配套线下体验课程；第二部分为网络上的产品售卖及私人定制。我们立足于网络应用技术，开发一套内容丰富、资源多样、易于掌握、方便快捷的“烘焙文化与艺术”线上微课程体系，面向大学生、学校教师、社会白领等。课程使消费者利用计算机、手机终端自学相关理论知识，并提供一定的在线互动交流。我们同时开设线下体验门店，为消费者提供体验式学习。这样，消费者能将理论与实践紧密结合起来，系统直观地学习掌握烘焙艺术的基本理论及操作技术。我们利用公众服务平台，定制出售烘焙工具及健康无添加的手工烘焙产品等，并可以按配方配送相应材料，让消费者不仅能获得更健康放心、富有个性化的烘焙产品，而且可以省时省力地制作出自己喜爱的西点。我们还将面向会员进行实时沟通、线上指导、线下实操，并逐步开展原材料配送、产品定制的全方位服务。

在对学校周边市场进行考察之后，我们开始着手公司业务。由于刚开始，很多事情都没有固定的流程和规章，五个人除学习外剩余的时间很紧张，再加上我们对事情没有进行一定的归类和分析，以至于开始时很多事情比较乱，没有效率，我们感觉一直在忙却看不到成绩。后来几位成员开会互相提了一些建议，我们慢慢地摸索出了一些模式和流程。在这次创业项目过程中，我们真正地学会了面对问题。比如有时候需要小组成员进行工作的协调，但由于大家都忙于自己的事情，没有做好时间上的调整，以至于出现了一些矛盾。在以前遇上这样的问题我们会撒手不管了。但是这一次，我们没有逃避，小组成员们好好地分析了各自的问题，进行沟通，到后来把事情圆满的解决了。这一次的经历让我们真正地感受到出现问题要勇敢面对，并要与团队成员及时进行沟通，逃避永远只会使事情越来越糟糕。在问题面前，永远都有解决的办法，重要的是我们在面对问题时的态度。

3 主要经验与启示

通过这次的创业项目，我们学到了许多本专业学习不到的知识，比如在市场营销、财务会计及营销策略等多方面受益匪浅，了解了公司的主要运营模式和流程，也结识了许多志同道合、非常优秀的同龄人。同时，更重要的是我们了解了创业的艰辛，知道一切都没有想象的那么简单，只有付诸了实践才能有真正的感受和体会。

回首过去的四年，我们最难忘的一定是这次的创业项目。在这个创业项目中，我们遇到过无数的问题和挫折，但是我们都一个个的解决，一次次的不认输不放弃，让我们一次次的进步。我们由刚开始的散乱到后来的团结合作，不断解决各种问题，我们都会铭记我们相互指出缺点相互鼓励的日子。经历过这一次创业训练之后，我们不管以后遇到什么，都一定能够乐观冷静地去面对，不会再逃避。

坚定创业路，做乐天派创业者

项目名称： 远程家居安全监控产品创业项目
完成者： 张 凯 牟中强 秦晓程
完成时间： 2014年
推荐学校： 大连理工大学

1 学生参与“国创计划”项目情况

摄像监控行业起步比较早，从第一代传统模拟闭路视频监控系统，第二代“模拟－数字”监控系统，一直到现在主流的完全IP视频监控系统，产品也由原来单一特定的军工行业，逐渐拓展到一些民用企业，主要集中在大型工控工厂等，节省了大量的人力物力的成本。

20世纪90年代末，随着多媒体技术、视频压缩编码技术、网络通信技术的发展，数字视频监控系统迅速崛起。现今市场上有两种数字视频监控系统类型，一种是以数字录像设备为核心的视频监控系统，另一种是以嵌入式视频Web服务器为核心的视频监控系统。

本项目在2014年创新创业年会中获得“我最喜爱的项目”“最佳创意项目”两个奖项，该项目为2012年国家级大学生创新创业训练计划中的创业实践项目，依托的主要产品为“Wi-Fi远程监控机器人”和“六足远程监控机器人”。其中“Wi-Fi远程监控机器人”以轮式小车作为平台，体积小巧、运动灵活，机器人上装载的视频采集和传输系统可将机器人周围图像实时传输到任意一台接入互联网的计算机或智能手机，从而实现远程家居监控。该机器人同时具有较强的娱乐性与实用性，市场前景广阔。“六足远程监控机器人”则具有较强的越障能力，可用于复杂地形条件下的移动视频监控。目前，以上产品均完成技术研发，并已经申请专利，生产出第一代样机，部分产品交付试用，如“六足远程监控机器人”已在沈阳军区某部应用于军用飞机机身巡检。所有产品均已进入工艺改良及外观设计优化阶段。

2 学生后续创业发展情况

大家克服诸多困难，终于在2013年4月组建了自己的公司，并将其命名为“大连华成天威科技有限公司”。刚开始办公司的时候，大家对什么都陌生，对国家和地方的税收政策、对公司的财务流程都不熟悉，甚至去银行办业务都不知道要去哪个柜台，有的时候会碰壁，走了不少弯路。创业之初，路都是一点点摸索着走，大家特别不容易，在这个过程中遇到了困难，但也收获到了经验教训。在公司组建和运行的过程中，大家也逐渐认识到自身的不足，并将财务工作委托给了专业的会计事务所，从而将更多精力投入到产品研发和市场开拓中，目前公司的各项事务都步入了正轨，大家有信心将公司做大做强。

3 主要经验与启示

以往参与的科技创新项目往往止步于某个功能模块、某个实验室模型，没有上升到“系统”和“产品”的层次上。在这个创业项目中，我们尝试“从模块到系统，从模型到产品”的提升。要实现这样一个提升，不仅需要成果的积累，还需要对市场的把握。这个创业项目的主要产品，正是基于秦晓程、牟中强两位同学在前期的大学生创新训练计划中取得的成果。对于这样一个有使用价值和市场前景的成果，如果说止步于项目结题验收或者毕业答辩，那就太可惜了，使这些成果得以积累、传承，并顺应市场需求持续改进，才能发挥其应有的价值。

在公司组建和运行的过程中，团队成员也认识到了自身的不足，后续项目运营中，团队将财务工作委托给专业的会计事务所。目前公司的各项业务进展顺利，团队对做好运营具有积极心态和信心。

人生何适不艰难，赖是胸中万斛宽。创业的路充满未知与艰辛，但是作为创业者要做一个乐天派，永远对未来充满希望，坚信明天会变得更美好。

兴趣是创业最好的导师

项目名称： 道印轩

完成者： 赵　赫　张　彤　杨起帆　吴若楠　李冠男　王立霞　王榆淦　甘　甜

完成时间： 2018 年

推荐学校： 东北林业大学

1 学生参与“国创计划”项目情况

1.1 创始人简介——赵赫

赵赫，东北林业大学 2012 级文法学院广告学专业学生。

2014 年 11 月开始创业。

2015 年 5 月，参与龙江创客节目《创意者》录制并晋级。

2015 年 6 月，接受哈尔滨广播电台采访。

2015 年 11 月，受到陆昊省长接见。

2016 年 2 月，《生活报》采访创业事迹，并刊登报纸。

2016 年 3 月，正式成立哈尔滨道印轩文化传播有限公司。

2016 年 6 月，获得“挑战杯”黑龙江省赛银奖。

2016 年 9 月，获得第二届“互联网 +”黑龙江省赛金奖，全国铜奖。

2016 年 12 月，项目被评选为哈尔滨优秀大学生创业项目。

2017 年 6 月，受到教育部部长陈宝生接见。

1.2 项目简介——道印轩

哈尔滨道印轩文化传播有限公司成立于 2016 年 3 月，以“道初心，刻古印”为理念，继承和发扬中国的篆刻文化。道印轩不仅以篆刻体验的形式传承了传统的石印篆刻，更创新性地开发了一系列文创印章，其特点是在继承传统篆刻艺术的基础上，融入时代元素和现代设计，利用激光雕刻的手段，开发一系列和篆刻相关的文创产品，从而让小众艺术充分发挥其国粹魅力，走入大众视野。

1.3 项目来源——兴趣爱好

我踏入创业的大门比较偶然，因为我从没想过自己会成为一名创业者，我一开始只是想做一件事儿，并且要想方设法把它做成，于是不由自主地踏上了创业的道路。

我从 14 岁开始学习书法，虽然不是很早，难得的是我坚持了下来，一直到大学，仍然把书法当作一个业余爱好。大二暑假，通过书法老师的介绍，我接触到了篆刻这门艺术。可能是我本来就对线条文字比较敏感，所以一接触就停不下来。整整一个月，我每天坚持 12 个小时强度的练习，一个月后参加了一个省级的临摹展，竟然还入选了。从那之后，我便对篆刻艺术产生了浓厚的兴趣。

开学后，我仍然坚持在业余时间刻印，偶尔会给同学刻一方印作为礼物，收到的同学满脸欣喜，问：这是印章吗？为什么是石头的？于是我耐心地向他解释什么是篆刻。慢慢地我发现，很多人对于篆刻这门艺术不了解，甚至有的大学生连篆刻的“篆”字都不会写，这时候我才意识到，篆刻是一门多么小众的艺术。回头想想也是，篆刻艺术是书法艺术的一部分，懂书法的人本来也不多，能够了解篆刻的自然就更少了。但是这并不妨碍我周围同学对于篆刻的兴趣，于是就开始有同学主动向我索要印章，然后作为礼物赠送给朋友。虽然篆刻是一种古老的传统艺术，但是这对于他们来说却是一个新的选择。当我把印章给朋友的时候，我感觉到这之间传递的更是一种文化，所以我就在想：如何才能让更多的人了解到篆刻这门艺术呢？无疑，售卖是一个不错的选择。于是，我便找了几个志同道合的小伙伴，大家开始了售卖手工印章的日子。

这样的状态持续了大半年，印章也卖出去不少，但是我总感觉少点儿什么。说回来就是我现在做的，和古玩城里给人们刻印章的没有任何区别，别人一方印好几百块，我卖一方印只要几十块钱。于是我在想，我们大学生的产品，一定要创新，有自己的优势。

2015 年 5 月，“道印轩”正式在文法学院立项，并且得到学院和专业提供的 4000 元创业支持经费。6 月，我们用这笔资金在学校举办了第一个宣传活动——道印轩篆刻艺术展。

展览过程中，恰逢毕业季，很多大四学生正在拍摄毕业照，见到我们做的传统篆刻印章，有部分人非常感兴趣，便定制了一方为“东林”的印章。

这时我们发现，印章作为承载记忆的功能仍被当代人所认可，只是印章的外观形式不够吸引人。所以我们便有了针对大四毕业生，专门做一款印章的想法。

翻阅篆刻发展史，得知篆刻印章历史可追溯到先秦时期。当时以铜印为主，后来材质发展到玉、象牙、牛角、木材等，一直到明朝书法家文彭发现了青田石，才进入了文人手工篆刻的时代。所以，关于篆刻的材质并没有限制。这时，我们想到了木头。木头在很早之前就曾被作为篆刻材料，而要为林大毕业生设计一款印章，木质印章最好不过了。一个完整的篆刻印章是有边款的，一般来说在印章的左侧面，篆刻者可以刻下篆刻的日期和姓名及心得体会等。既然如此，我们就可以在印章的侧面做一些文章。我们首先想到的就是把学校的风景刻在印章上面，这样一来，侧面风景，底面姓名的木质印章，绝对是毕业生留念的一个首选。就这样，道印轩这个项目才渐渐成形。

1.4 项目实施——国创助力

1.4.1 东林木质纪念印章

人们常说“理想很丰满，现实很骨感”。我原本认为这一切都很容易实现，但实际情况却并非如此。为了创业，我们几个小伙伴暑假并没有回家，留在学校研发心目中的产品。我们分为了三组，一组联系木材厂家，一组联系机器雕刻的厂家，一组做手绘的风景画。最后的顺序就是购买木材，寄到雕刻厂家，然后把手绘的图片发给雕刻厂家，厂家做好样品再给我们寄回来。这样一来，整整一周的时间都浪费在了快递上。第一次出现的效果非常不理想，什么都看不清。于是我们又换木材、换图片，一遍一遍地实验。一个月就这么过去了，而大家的积极性也就这样耗着耗着就没了。而这时也是大学最关键的时候，我们都大四了，大家都面临着各种选择，有的保研，有的实习，突然之间，整个团队只剩下了包括我在内的两个人。

这件事也刺激了我，我立即买了第二天晚上去山东的车票，带着木头去了机器雕刻厂家。我之前曾经想过，实在不行就去厂家看看，但是涉及路费等成本支出，所以一直没有行动。一周时间，我跑了山东四个城市，两个机器厂家、一个木材厂家和一个包装厂家。回到哈尔滨时，这次是真正的信心满满。

回到学校后，我给自己限定三天时间，做出理想中的样品。这对之前的我来说是绝对不可能的，但是我想挑战一下。我为了三天高效率出样品，找人重新画图，跑了三十几个刻章店，请求别人给我们代工做一下。终于有一个答应给我们制作一下，虽然当时的收费都快赶上现在的零售价了，但是还是要去做的。两天半的时间，样品出来了，我拿到了另一个伙伴面前，我们都有种想哭的感觉，如果能够提前一个月的时间把它做出来，估计其他人应该也还会留下来的。

这次的经历让我感触很深，首先，是关于执行力的要求，高效的执行力才是出成果的保证。其次，为了节约资金而耗费时间成本，是得不偿失的。最后，凡是用钱可以解决的问题，那都不算是问题。

学校知道了我们的这款产品，非常看好和重视，为我们提供了成栋实验楼创梦空间的工位，从此，我们终于算是有了一个正规的落脚点。后来我们成立公司，注册的地点也是这里。2015 年 11 月陆昊省长来学校视察创业项目情况，我们的产品也受到好评。这对我们是很大的鼓励，尤其是省森工总局的人看到我们产品，当时就说可以合作，后来也多次从我们这里订购产品。随后，各种合作和报道都纷至沓来。《生活报》和学校也对我进行了专访。当时我真的很感慨，从一年前的无人问津，到现在各大媒体的报道，让我对“花香蝶自来”这句话有了更深的感触。

2016 年上半年，也就是我大四下学期，不知道什么时候，找工作的那个念头已经在我脑中消失了。我一开始并没有想到我要创业，只是想在大学期间做一些事儿，过得充实一些，慢慢地做到现在，我决定毕业以后仍要坚持自己的事业，因为我觉得我可以，更关键的是我喜欢。所以，在 2016 年 3 月 25 日，我正式注册了哈尔滨道印轩文化传播有限公司。

1.4.2　其他系列产品

成立公司，是创业的又一个起点。我们的项目已经不是简单的一个创意了，而是要让它产生价值。产品种类稀少是我们的一个短板，所以，在之前创意的基础上，我们将市场由学校推广到了企业和旅游。

首先是企业，当时陆昊省长视察的时候，黑龙江森工总局向我们询问是否能够为森工总局定制类似于林大纪念印章这类产品，由此给了我们开发产品的灵感。按照制作林大纪念印章的方式，完全可以为企业进行文化产品的定制。比如将某企业的建筑外观刻在印章侧面，背面可雕刻企业名称、企业 logo 等，同时根据不同企业文化内涵进行不同材质选择。

在旅游方面，纪念性仍然是印章的主要属性之一，所以印章可以放在旅游景区作为纪念品售卖。

最初，我们把重点放在了哈尔滨旅游上。一提到哈尔滨，人们首先想到的是“冰城”。冬季旅游可以观赏冰雕，但是冰雕并不能作为纪念品带回家。利用篆刻石料中昆仑冻石洁白通透的特性，我们在印章周围刻制哈尔滨欧式风格建筑图案，配上打底灯光，“冰城”的特色充分体现。

根据最初的冰城旅游创意，我们又延伸出了哈尔滨老建筑印章、黑龙江冬季旅游路线印章、五小民族印章等。

凭借具有黑龙江特色的这几款产品，我们于 2016 年 5 月参加了深圳文博会，这是全国范围内规模最大的文化产业博览交易会。在展会上，我们的收获并不是卖出了多少产品，更重要的是我们走出了哈尔滨，走出了东三省，见识到了全国各个优秀的文化产业的项目，这对我们自己将来的发展具有很大意义。

1.4.3　参加比赛

2016 年 6 月，我们在学校创业园的支持下，分配到了一间独立的办公室，并且获得学校奖励的 5 万元创业补助。9 月，由创业园辅导培训，我们参加了第二届“互联网 +”黑龙江省赛。

因为时间很赶，培训只有三天的时间。第一天，我们早上 8 点就来到会议室，老师从头开始把参赛的五个项目的 PPT 进行修改。首先是逻辑问题，讲 PPT 首先就是一个逻辑问题，把话简单明了地说明白才是最重要的，而就这一点，其实很多项目在路演的时候并没有做好，包括我们在内。第二天，是关于 PPT 的美化工作。PPT 整体的一个要求就是简洁大方，然后美化的过程中，可以和项目本身搭配一下。第三天，是讲稿。老师要求把讲稿写完后，背到让别人听不出来是背的程度。讲稿在这里才是主要的，因为再漂亮的 PPT 也只是一个辅助作用，观众更多的是通过声音来接受信息的。

虽然我也参加过一些路演，但是效果都是不太理想，既然这次有专业老师指导，那么我就把我之前自己的路演方法全部忘掉，老师怎么说我怎么去做。我第一天晚上 2 点把 PPT 美化完毕，第二天晚上修改讲稿到 12 点，第三天晚上不断地练习讲稿到凌晨，第四天直接上场比赛。

比赛的情况和我预想的差不多，我中间并没有出现太大的问题，路演表述也很清楚，结束就松了口气。我暂时也不用去想结果如何了，因为这三天我努力了，全心全意地去准备了这个比赛，而且在老师的指导下，收获很大。所以我感觉，结果也只是一个结果而已，并没有什么，自己该做什么还是要去做的。出乎意料的是，主办方下午打来电话，通知我说获得了一等奖，而且让我准备好参加第二天的金奖决赛。这个消息已经超出了我的预期，因为之前我们也参加过一个同等级的省级比赛，获得了省赛二等奖，所以一开始对于这次比赛的预期也并不高。不过下午突然来的通知也让我们措手不及，因为金奖决赛的路演时间只有五分钟，比之前短了三分钟，这三分钟内可以说很多东西，所以我连夜开始修改 PPT 和讲稿，第二天又来到了赛场。

这次金奖决赛其实压力就小很多了，所以我紧张程度也小了很多，顺利地完成了路演。走到台下，我碰上一位之前见过的投资人，他说半年的时间，我们项目成熟了很多。这样的一句话看似平淡，但是对于我来说，却是莫大的鼓舞。

比赛的结果再次出乎我们的意料——获得金奖。我当时特别激动，回想一年前，我们参加第一届“互联网 +”时属于创意组，而且连进入省赛的资格都没有。但是，仅仅一年的时间，我们作为创业实践组，拿到了黑龙江省的金奖。更值得庆祝的是，我们学校五支项目团队参加比赛，共四支团队荣获金奖，这也是从未有过的。

2 学生后续创业发展情况

毕业一年，这一年我由一个大学生兼职创业者变成了一个毕业生全职创业者。我们被评选为哈尔滨市优秀大学生创业项目。学校市场这方面，也由东北林大的市场拓展到了黑龙江大学等其他学校。企业市场这方面，我们和多家企业都签署购销协议，达成合作。对于篆刻印章，我们在开发新产品的同时，又开始打造手工类高端定制，并且还有篆刻体验沙龙等活动。2017 年 6 月，更是又受到了陈宝生部长的接见。他鼓励我们，做文化产业，尤其要重视传统手工艺这一方面，千万不能放下。陈部长的鼓励，不仅是对我们创业的肯定，更明确了我们的未来发展方向。

3 主要经验与启示

不知不觉，创业已经快三年了，三年前我从未想过会有现在这样的事情，也不敢想这样的事情。我不是一个为了创业而创业的创业者，创业对我来说就是兴趣使然，为了一个看似不太可能的“让篆刻走向大众”的想法，就心甘情愿地去做了。有人对我说：你作为大学生，已经做到了很多人做不到的事情，你打算做到什么时候才算到头呢，要做到全国吗？我说，我没想过，我只是知道我现在正在走的路，知道前一步，知道下一步，我并没有想过十年后的我是什么样子。创业本身就是一个过程，在这个过程中去体会，去感悟，去学习，去反思，去成长，当我们抬起头的那一刻，就会发现，距离梦想更近了！

互联网＋环保，打造公益创业路

项目名称：EEP 公益平台

完成者：冯致力　肖婷婷　杨　萱　孙天丑　马远博

完成时间：2016 年

推荐学校：东北师范大学

1 学生参与“国创计划”项目情况

环保产业是具有高增长性、吸纳就业能力强、综合效益好的战略性新兴产业。随着经济社会的快速发展，中国大气、水体、土壤等环境污染形势严峻，构建良好的生态生存环境已成为当前社会公众最为关心的公共话题。近年来党中央、国务院高度重视环保产业发展工作，把发展环保产业作为保持经济增长、推动产业升级和发展方式转变的重要突破口，陆续出台了推进环保产业发展的一系列政策措施。

与环保行业日趋火热的还有伴随着科技发展而来的互联网。科技的进步，带来互联网技术的快速发展和普及，也给近年来政府和民众格外重视的生态环境行业以极大改变，在这场互联网浪潮中，互联网思维带来的新技术正在颠覆环保产业。

在“互联网＋”的大环境下，推出 EEP 公益平台，通过互联网将环境综合查询技术、举报机制、环保论坛相结合，引导公众全民环保，将民众的公共参与环保监督的热情维持下去，使公众参与程度提高，使环境保护更为有力，使全民环保成为可能。

对民众而言，基于“互联网＋”思想，满足对其环境知情权（大气、水等）催生相关 APP 及终端监测设备需求，使环保从线下公益活动到线上全民环保成为可能，使环保从线上数据到线下执法成为可能。

对环保职能部门和环保公益组织而言，基于大数据技术，通过对环境监测及个人生活领域的大量环境数据的获取及分析，背后数据信息挖掘对于人们消费习惯分析及相关政策出台均具有极高潜在价值，使环保从政府主导到全社会推动成为可能。

目前本项目的研究成果：

（1）对 APP 使用环境进行了市场调查。结果显示，目前人们对于 APP 的需求更多地体现在安全性和功能实用性（如图 1 所示）；而对于环保 APP，49% 的用户认为没有功能强大的 APP 可供选择（如图 2 所示）；对于最受关注的环境问题，38% 的被调查用户选择大气污染，28% 的被调查用户选择水污染（如图 3 所示）；在推广方式上，用户更喜欢“下载 APP 有奖”和“应用体验专场活动”这两种方式（如图 4 所示）。

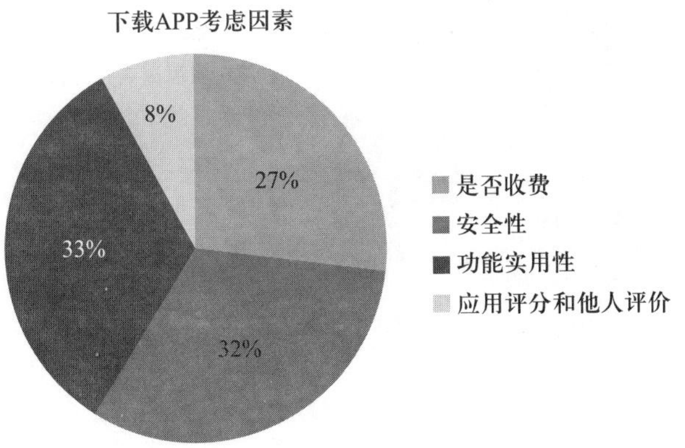

图 1　用户下载 APP 考虑因素

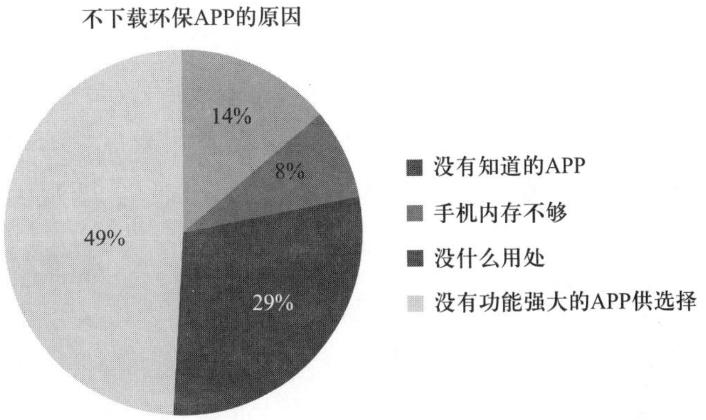

图 2　用户不下载环保 APP 的原因

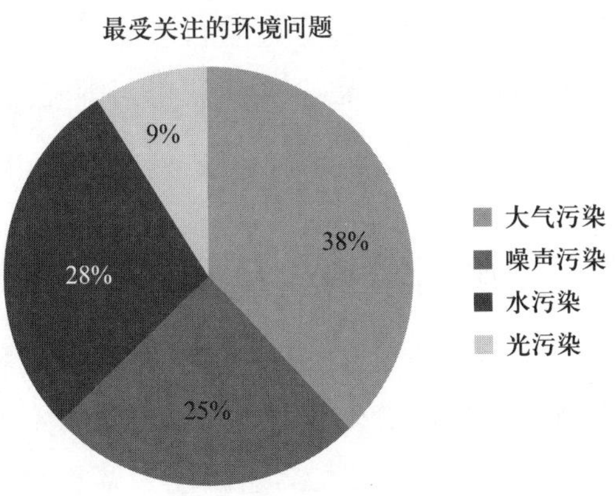

图 3　最受用户关注的环保问题

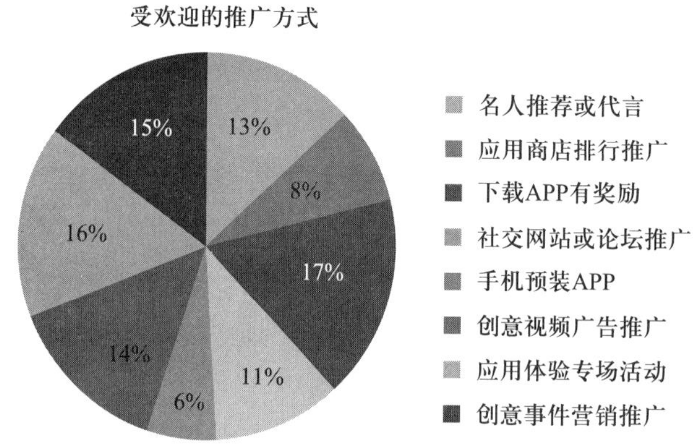

图 4 受用户欢迎的 APP 推广方式

（2）硬件集成。本项目一大特色是软件设备和硬件设备相结合，使用户在使用时无论身处何地，都能查询到当时当地的环境质量指标。该硬件采用的是传感器集成原理，利用 PM2.5 传感器、温、湿度传感器、噪声传感器等多个环境指标传感器元件集成为一体，利用蓝牙协议连接，以便于在软件客户端传输数据。目前已研发出能够监测 PM2.5 浓度、温度、湿度、噪声等指标的集成传感器硬件。

（3）软件开发与软件著作权的申请。EEP 公益平台软件客户端源代码编写和代码翻译工作已全部完成。功能模块分为 3 部分，分别是：围观污染、环保论坛、环保商城。

（4）项目宣传册的制作。在用户需求及 APP 市场调查阶段，我们对 EEP 公益平台的理念进行了宣传，并制作了 EEP 公益平台环保宣传手册，该手册用于后期 APP 推广与公众环保教育。

（5）EEP 公益平台参赛视频制作。

（6）商业计划书的撰写。为了更好地将 EEP 公益平台作为产品推出，项目组成员在企业导师的帮助下撰写了 EEP 公益平台商业计划书。

（7）参赛获奖情况：2016 年，EEP 公益平台项目参加了“创青春”吉林省青年创新创业大赛获得铜奖，参加“互联网 +”创业大赛获得三等奖。

2 学生后续创业发展情况

项目负责人冯致力在东北师范大学 2016 级开学典礼中被刘益春校长提名并树立科研创新典型；自主创业作为第二负责人成立“米迪尔文化传播公司”，在理事会中担任副理事长；在 2016 年挑战杯全国大学生创业大赛吉林赛区荣获省赛创业实践赛金奖；在 2016 年“创青春”吉林省青年创新创业大赛中荣获 APP 专项赛优秀奖；在 N-SQ 训练营中作为负责人组织建立了“R&D 环创”团队；在长春市首届 ILC 高校联盟创业就业千元创梦大赛中，带领自己的团队荣获第一名；在长春市首届 ILC 高校联盟创业就业人气王比赛中，带领自己的团队荣获第二名；在东北师范大学摩尔创战季创业就业大赛中荣获最佳人气奖；在东北师范大学环境学院 2015—2016 学年五四评优活动中荣获科研创新奖；为将所学知识转化为产品，成功申请四项国家知识产权局颁发的国家实用新型专利—— 一种无动力消除雾霾的方法（专利号：ZL201520339843.4）、一种可更换内芯的多功能防霾口罩（专利号：ZL201520338944.8）、一种水体风能复氧装置（专利号：ZL201521007619.1）、一种无动力河流地表水的复氧装置（专利号：ZL201521007423.2）；在创业的同时不忘深入理论研究，在中国科技核心期刊《环境科学与管理》作为第一作者发表《长春市净月大学城学生 PM2.5 暴露水平及健康风险评价》。

3 主要经验与启示

创业是一项充满挑战的事业，我们是一个具有创业愿望的大学生群体，而最终能够成功走上创业之路，不仅与我们能够在激烈的挑战和竞争中胜出有着直接的关系，更离不开学校和学院的支持与帮助。实践创业帮助我们发现和识别商业机会，整合各种资源提供产品和服务，以创造价值。实践创业活动的主体是大学生，客体是商业机会和各种为达到目的而需要和可以得到的资源。

同时，实践创业也是一个不断探索的过程，在这个过程中一定会遇到挫折和失败，所以是否自信、能否在挫折和失败中重新振作，对于创业能否成功至关重要。在大学生实践创业阶段的任务主要包括了解运营常识、把握经营方向、提高商业能力等。在就业竞争如此激烈的时代，不少大学生创业把握不住方向，很容易走入误区。大学生面向基层创业、就业是大有可为的，特别是在学校为我们提供优惠的政策的情况下，给我们创业提供了好的土壤，在市场经济的大潮里畅游一番，可以将课堂上学到的理论知识运用到实际中去，提高创业实践能力。

由于创业者是发现一个好的商业创意并将之转变成现实的人，因此创业者必须具备一些特定能力，如捕捉机会的能力、领导及合作能力、整合资源能力等。创业是一项系统工程，在创业过程中正确、高效地整合各种资源对于创业成功是非常关键的。而在对资源的整合过程中，最为关键的又是能否与合作者融洽合作。通过实践，我们明白了作为大学生创业者，应把握方向、坚持原则，懂得选择、学会放弃。唯有如此，在市场竞争中方有胜算。

体验创业、学习创业与实践创业，是大学生成功创业的三个必经阶段。事实证明，这次创业活动不仅仅让我们了解了创业过程的喜悦与辛酸，更是一个真正发挥才华、展现创新思想和个性特点及充分认识社会的大好机会。

“达人荟”，汇达人

项目名称：达人荟 APP

完成者：张　云

完成时间：2017 年

推荐学校：东南大学

1 学生参与“国创计划”项目情况

达人荟 APP（以下简称“达人荟”）是由东南大学“国创计划”项目团队——达人荟开发和运营的大学生价值共享平台，致力于为大学生的成长成才提供方便快捷高性价比的发展途径，但目标绝不仅是高校市场，为了充分利用团队及资源优势，现以高校市场为突破口。平台将用户的才能、艺术、体育等兴趣技能输出展示到公司的线上平台，释放高校大学生价值。有需求的同学可以通过平台进行线上选择支付费用，然后在线下完成学习，形成一个线上选择、线下学习的完整 O2O 闭环。平台会在学生支付的学习费用里面抽取一定比例的抽成，从而实现产品盈利。平台提供达人及普通用户社交互动，使得用户在平台能及时发布实时动态，传输价值观，进行互动。并且，我们提供新鲜事功能，网罗校园新鲜事，实现学生一键检索校园最新信息的需求，成为学生青睐的产品。基于功能，我们达人荟会针对社会及校园热点保持一定频率地在校园举办活动，实现线上线下资源的整合，也提供周边商城服务，让学生能轻松挑选由我们严格把关的周边商品。

达人荟 APP 在“国创计划”期间已经完成安卓和 IOS 双平台 APP 的开发测试工作，到目前已推出五个更新版本，增加了很多功能，尝试了不同的方向，并已在 Apple Store、豌豆荚、360 手机助手等多个应用平台上线。而且根据目前的市场调查，在经营范围内，我们未发现有相同产品的竞争对手。

2 学生后续创业发展情况

此外，达人荟已于 2015 年 12 月开始推广 APP 平台，取得了一定的推广效果，建立起一批忠实的用户群体，实现了达人技能的分享和变现。达人荟 APP 平台现在已邀请数百位东南大学内有各方面技能、才艺的达人进驻平台，达人服务的技能涵盖了歌唱、美术、器乐、舞蹈、竞赛辅导、编程教学、体育运动等方面。平台现已联合达人推出了各类精品课程、优质服务，同时推出了达人大小讲堂，在校园内积累了一定的口碑和人气，取得了不错的成果。达人荟现在已提供手机 APP 应用、公众号及微信小程序等多方向的服务，并已初步覆盖东南大学，注册用户达 15000 人，微信公众号粉丝量达 20000，所开设的各类课程、服务、约见等超过 400 门，到目前为止平台总交易额已突破 50 万元。根据东南大学的推广运营情况，达人荟在未来一到两年内将覆盖南京区域内的所有大学，在 5 年内完成全国的初步推广。

达人荟前期的盈利模式较为简单，围绕着达人自身开展多元化、注重体验、高性价比并带有一定社交性的各类内容服务，包含问答咨询、约见交流、课程学习、优质服务等，以此类内容服务的抽成为核心，收取 20% 的提成，扩展到平台内积分、等级、会员等增值服务的收费，再到学生兴趣专业技能等数据的商业变现，实现达人的价值变现。

在未来，我们将进一步拓宽盈利模式，如对达人进行培训，帮助他们成立自己的工作室，提升达人的服务能力，扩展达人的服务范围；组织高校之间的各类赛事，在增加品牌曝光的同时通过精品赛事赞助实现盈利；建立达人商城，让技能达人为商品背书；与企业合作进行人才推荐，将兴趣标签这个数据的价值发挥到极致；除此之外，还有孵化网红 IP 等模式，市场盈利多元化且潜力巨大。

同时，为确保达人荟 APP 在教育垂直领域的优势，在保证现有功能的体验和维护的同时，我们从三个方向上进行进一步改进和升级：优选课程推荐、进一步打造优质达人，打造校园圈子、提升学习与兴趣交流氛围，提供课程相关的商品服务。

2.1 优选课程推荐

每日推荐由达人荟优选的课程，根据每位达人发布的课程相关的动态内容，引导用户去了解相应的课程，建立对这种新模式学习的信心。后期逐步优化每个兴趣下的相关课程，建立起一套可靠完善的课程学习体系，可供用户自助跟随学习，并根据用户选择的爱好自动推送相关优秀的课程。

2.2 打造校园圈子

由达人发起，建立相应兴趣纬度的圈子。学课程的同时，在里面讨论兴趣相关的内容，参与到整个基于地域的圈子兴趣社群中，与达人在生活中面对面。同时还可引入线下社团发展线上兴趣社团，发布社团活动信息，组织线上社团活动，打造本地化的兴趣圈子。

2.3 提供相关服务

提供课程相关的商品服务，例如基于达人的技能特长，向其购买技能服务等方式，提升平台盈利价值。

3 主要经验与启示

随着时代的步伐，大学生创新创业训练计划的实施是国家改革人才培养模式，强化创新创业能力训练，培养适应创新型国家建设需要的高水平创新人才的重大举措。

学生创业有很多的优势。首先，他们有着年轻的血液、蓬勃的朝气，以及“初生牛犊不怕虎”的精神，而这些都是一个创业者应该具备的素质。其次，大学生有着较高层次的技术优势，而目前最有前途的事业就是开办高科技企业。最后，现代大学生有创新精神，有对传统观念和传统行业挑战的信心和欲望，而这种创新精神也往往造就了大学生创业的动力源泉，成为成功创业的精神基础。

人们说，对青少年大学生的关注是社会的责任，受宠若惊的我们在感叹之余不免深思自问：我们的责任又是什么呢？创业告诉我们：从创业中寻找真理，用创业引导前行。敢想敢做敢拼，才是我们大学生的代名词，在激情的涌动下，坚定信念，我们将无所不能。可是自从走进了大学，就业问题就一直围绕着我们。在现今社会，招聘会上的大字报总写着“有经验者优先”，但还在校园里面的我们，社会经验又会拥有多少呢？于是，我们勇于创业。

创业，就是把我们在学校所学的理论知识，运用到客观实际中去，使自己所学的理论知识有用武之地。理论可以与创业相结合。同时，创业可以是今后工作的基础。通过这段时间的实习，学到一些在学校里学不到的东西。因为环境的不同，接触的人与事的不同，从中所学到的东西自然就不一样了。要学会从创业中学习，从学习中创业。要在创业中学习其他知识，不断地从各方面武装自己，才能在竞争中突出自己，表现自己。

创业让我们知道世上没有专门为某个人设定好的工作，永远只有自己去适应工作，而不是让工作来迁就自己。在工作中遇到问题时，要多虚心向同事请教，最忌不懂装懂。多听听人家的意见，多看看人家处理问题的方式方法，多主动思考自己又应该做些什么、如何去做并付诸行动，少谈论他人的是非及一切与工作无关的事情。对于工作的每一个环节都要力求做到最好，应该想着如何提高工作的质量而不是如何给自己减轻负担。只有这样才能算作尽职尽责地工作，得到大家的认可。

社会的进步靠人才，经济的发展靠人才。但什么样的人算是人才呢？我们怎样才能成才呢？首先是修身。品德是评价一个人的关键，更是评价人才的重要标准，德才兼备才可称为真正的人才。小到关怀备至、乐于助人，大到虚怀若谷、大义凛然，都体现着品质和德行的光芒。其次是求学。满腹经纶，学富五车是为才。所谓真才实学，求学才能成才，这就要求我们在学习和积累中坚持不懈，坚毅自强。最后是扎实。创业中有这样一句话——越具体越深刻，在我们心中激起阵阵涟漪，扎扎实实打好基础，把每件事做到具体细致才能刻骨铭心。

在整个“国创计划”项目中，老师鼓励我们就业，也支持我们创业。创业的路是艰难的，是曲折的。创业能带来很多好处，但也存在着巨大的风险。在我们还未准备时，先不急着创业，而应多考虑就业。企业刚起步时，寻求的是生存，人也不例外。创业需要的不仅是胆识，还需要运筹帷幄的能力。因此，想要创业的大学生先要有一个详尽清晰的计划。首先决定要从事哪一种行业，哪一类项目。在下决定之前，最好了解自己在哪方面较有创意、潜力，哪方面的事业较能吸引自己的注意力并鞭策自己勇往直前等。一旦做好选择，接下来的许多课题便需要创业者一步步地去执行，才能逐渐地迈向成功之路。无论在何时都不能忘记自我充实，当然创业也不例外，有了完整的创业点子，下一步骤便是尽量让自己多接触各种信息与资源来源的渠道，诸如专业协会及团体等组织机构。这些团体、组织不仅可以帮助我们评估自己的创业机会与潜力，而且可以尽早让创业计划就位。当然创业过程中难免会遇到挫折，这时一定要以良好的心态正确的面对困难，正确处理这些困难能够帮助自己成长，让自己真正地成为企业管理者。

读万卷书，不如行万里路；行万里路，不如阅人无数；阅人无数，不如面壁思故；面壁思故，不如明师指路；明师指路，不如自己领悟。别对自己说不可能，没有做不到的事，只有想不想做的事。

听了几位心理、人力资源专家的课，我们很感谢他们，也希望以后能多上这种课程，改善自己目前的心理状态，用最好的状态来迎接社会和用人单位。

（1）确立好目标，必须在不耽误学习的情况下锻炼自己。因为大学是进入社会的摇篮，和以前的学习环境相比较，大学有很多锻炼自己的机会。大学不仅是文化的起源地也是自我谋生的聚集地。因此，作为大学生，我们有很多接触社会的机会，在大学里我们可以半工半读，家教、服务员、各种校园代理等兼职都是我们大学生能胜任的简单工作。所以锻炼自己的途径还是很多的。

（2）心态问题。拥有良好的心态，尤其是对创业风险具有清醒的认识，并充分拥有应对风险的心理准备，是创业成功的必要条件。但是由于大学生受年龄及阅历等方面的限制，未必对创业风险具有清醒的认识，缺乏对可能遭遇到风险的必要准备。在缺乏良好心态的情况下，创业前景也会受到相应不利影响。

（3）经验限制。受年龄及相应学识的限制，大学生很难拥有关于创业的直接经验与间接经验，创业知识一般也限于“纸上谈兵”，在这种情况下大学生创业及在公司运营中肯定会遇到各种不可预见的问题，以致创业困难。

（4）知识限制。创业需要企业注册、管理、市场营销与资金融通等多方面的丰富知识，在缺乏相应知识储备的情况下，仓促创业不仅难以融到必需的资金，而且在残酷的市场竞争中也将处于劣势。

（5）资金困境。由于大学生很难有足够的创业资金，从社会上融资或获取无息及贴息贷款是最佳选择。但是大学生创业由于风险较大，较难获得必需的资金。而且一般在获取资金方面也存在两种问题，一是急于获得资金而不惜贱卖技术，二是过于珍惜技术而不肯做出适当的让步。这些问题都决定了在资金方面难以获得相应的资助。

（6）技术限制。理工类大学生受学识的限制，拥有可创业的技术的大学生只可能是少数。而对于那些文科类大学生来讲，很难拥有可以创业的技术。技术的缺乏直接限制了大学生创业，在激烈的市场竞争中大学生创业将遭遇较多的困难。

人无论何时都不能迷失了自己，不能因为看到别人创业成功就一味地也要创业，没有规划和能力，空有一腔热血，这样只会失败。所以，无论是大学生还是想要创业的其他人，除非对自己将要做的事情有一个清醒的认识，那么，建议还是先充实自己，拿着渔具学好钓鱼的技术，这样才会钓到源源不断的鱼，能够真正地靠自己过上想要的生活。

国创助力，扬帆起航

项目名称：城市 CBD 地区道路交叉口行人交通特征与组织技术研究
完成者：金 颖 顾尚定 闫 俊 李波辉 郭雅婷
完成时间：2017 年 5 月
推荐学校：合肥工业大学

1 学生参与“国创计划”项目情况

光阴荏苒，不知不觉，我们参加的为期两年的“城市 CBD 地区道路交叉口行人特征组织技术”国家大学生创新性实验计划项目已经画上圆满的句号。能够参加此次国家级创新项目，我非常开心和荣幸。因为是第一次参加，我从中学习到了很多在日常学习中很难学习到的知识，也让我感受到实践带来的快乐和充实。两年的项目学习、实践不仅增添了我的课外学习兴趣，也培养了我的动手能力。在项目中，小组成员带我共同成长、共同进步、共同学习、共同面临失败和挫折、共同迎接每一新的进步的喜悦，实在受益颇多。这是一次非常宝贵的经历，一次让我得到锻炼、得到成长的经历，作为当代具有创造力的大学生，我们不仅要努力学习，更要懂得去思考问题，解决问题。

我们的“国创计划”项目主要是针对当前城市 CBD 地区道路交叉口行人交通混乱无序的现状。现有技术存在成本高、维护不便、占用空间等诸多缺点。针对上述问题我们的项目对此进行了改进，提供了一种组织行人过街的智能可升降装置，且具备以下突出优点：采用独特设计的升降式结构，可整体实现快速升降，高效组织行人过街，为车辆畅行提供必要条件；而且本装置埋置在路面以下，不占用宝贵的路口空间。本装置可以广泛应用于 CBD 地区道路交叉口处，组织行人安全过街，有效避免“中国式过马路”现象，并在很大程度上减少交通拥堵对城市 CBD 地区发展的不良影响，从而构建一个安全和谐交通环境。项目编号为：201510359020。下面将介绍我们小组参与创新创业项目的情况。

首先是参加创新项目的动机。早在 2014 年冬天，在主持人顾尚定同学的组织下，闫俊、李波辉、金颖和郭雅婷共 5 名同学就建立了创新团队，但那时大家并不知道创新项目的存在，只是想参加本科生本专业领域最具影响力的比赛——全国大学生交通科技大赛。在指导老师的引领下，我们结合大学一年级小学期的实习项目观察行人过马路的行为特征而提出了一个组织行人高效安全通过斑马线以保证交叉路口安全畅通的装置。凭借该装置创新型仿生学概念的设计理念，我们取得了第二名的好成绩并顺利通过了校级交通科技大赛的遴选，被推荐至国家级比赛。在评委点评中，老师建议我们申报创新项目并将该装置做成实物。那时候，我们才知道创新项目是什么。原来国家大学生创新性实验计划项目是本科学生个人或创新团队，在导师的指导下，自主选题设计、独立组织实施并进行信息分析处理和撰写总结报等工作，以培养学生提出、分析、解决问题的兴趣和能力的项目。可能正是因为没有实物的原因，我们在国家赛初选中落选了。所以希望圆满完成装置设计、批量生产并推广至使用，为城市 CBD 地区道路交叉口进行行人交通组织的我们，郑重地申报了创新项目。这就是我们申请该项目的由来。

在成功申请项目之后，团队成员一开始是无比喜悦的，紧接着又多了一些紧张的情绪，害怕出不了产品，成果实现不了，辜负老师的期望。但是指导教师董满生老师鼓励我们说，创新项目注重“研究过程”而非“研究成果”，其主要是以项目为载体，调动学生学习的主动性、积极性和创造性，激发学生的创新思维和创新意识，掌握思考问题、解决问题的方法，提高创新能力和实践能力。其后，在老师的指导下，我们根据各个成员的个人能力所长和性格特点，分配了不同的任务。其中作为主持人的我主要负责跟进项目进度、项目汇报、经费处理及产品设计等综合问题；李波辉同学负责产品设计、图纸制作和产品后期改进与优化；闫俊同学负责产品说明文档、专利等文件资料的修改与申报；金颖同学前期与郭雅婷同学负责合肥市区各繁华路段交叉口实地调研、数据采集与整理，后期主要负责产品优化。而我在对道路交叉口进行实地调研的基础上，对行人闯红灯的行为特征和实时心理状态进行了问题研究，进而对于产品优化升级提出改进建议。

在为期两年的项目开展期间，我们有很多收获，“国创计划”成就我们的大学生活，给了我们丰富多彩的大学生活，“国创计划”成就我们创业梦想，让我们不断前进去做更好的自己！十年来，“国创计划”发展成为高校培养大学生创新创业能力的重要载体，在激发我们创新思维和创新意识中发挥了重大作用。我们在 2015 年参加国家级创新项目“城市 CBD 地区道路交叉口行人交通特征与组织技术研究”，我有幸主持该项目并以良好的成绩顺利结题。

得益于“国创计划”，我们在导师董满生老师的指导下成立安徽智星交通科技股份有限公司。“国创计划”是我国教育改革上的重要一环，对我们大学生的素质培养有很大的帮助，不仅培养我们的创新精神，增强我们的创业意识，而且对锻炼我们的创业能力及后续创业奠定坚实的基础。

2 学生后续创业发展情况

在项目完成的过程中，我们注册安徽智星交通科技股份有限公司，公司是一家立足于研发有关城市车辆出行智能管控相关产品的高新技术企业，旨在实现“‘十三五’交通规划”中的“绿色交通、智慧交通、平安交通”。

公司技术平台依托合肥工业大学交通工程实验室、交通安全实验室、运输与安全研究所、交通工程研究所、低碳交通研究所等。技术人员在此平台开展交通运输设计优化与产业研发等工作。

在我们的“国创计划”项目中，我们获得第十二届全国大学生交通科技大赛三等奖（国家级）、全国高校首届智能交通创新创业大赛二等奖和三等奖（国家级），获得全国第二届“互联网+”大赛省赛二等奖（省级），全国首届“互联网+”大赛省赛优秀奖（省级），“合力杯”第十届大学生创业大赛二等奖。目前已申请发明专利近10项，其中国际专利1项，国内发明专利5项，目前授权4项发明专利，进入实质审查1项。

在“国创计划”中我们慢慢成长，在创业的过程中我们不断探索，不断前进。在“国创计划”的影响下，接下来的日子里我们先后研发不同的产品。目前公司产品主要为刚拿了60万元投资的“智慧课堂”项目、正在与尼日利亚进行商务洽谈的“智能手套”项目，以及正在推广应用的基于系统数字化控制的智能地埋式升降装置项目。

目前，本公司的产品主要分为以下几个部分。一个是在交通智能手套原有基础上进行改良优化，通过无线传输模块将收集的数据上传至后台信息控制中心，不仅能对交通状况进行实时监测，也可实现车牌识别功能，声音、视频采集的功能。在交警日常执勤的过程中智能手套的车牌识别功能能够对违法车辆进行记录并进行分析给出智能化建议，有效提高交警的工作效率，此项目曾经获得全国交通科技大赛一等奖。另一个为智能升降栅栏，该产品能够实现智能组织行人过街、保证行人安全及机动车等在平交道口的通行能力，可达到低成本、高效益的经营目标。研发团队在智能升降栅栏的基础上融入互联网技术，研制了适合企事业单位、大型集会场所、学校等人口密集场所使用的智能升降系统，通过对进出车辆的监测保证了客户的安全，大大降低了社会的不安定因素。

此外，当前教学模式从讲授法教学逐渐向研讨式学习、案例教学、网络教学、演示教学、角色扮演教学等新模式过渡，更加注重学生的体验学习、自主学习、探究学习、服务学习、实验学习等学习方式在教学中的作用。这些新的教学模式都要求学生大量参与教学过程，学生课堂参与度成为充分调动学生的学习积极性基本指标，也是提高教学质量的根本保证。一个老师面对几十个，甚至上百个学生，如何提高学生课堂参与度一直是困扰广大教师的难题。高校教师与学生课堂相处时间短暂，不可能熟悉大部分学生，更别说所有学生，学生在课堂没有存在感，逐渐丧失学习兴趣。课后作业是教学的一个重要环节，而一部分学生养成抄作业的习惯，使课后作业流于形式，还会引起分数评判不公。这些问题如果得不到逐一解决，提高教学质量必然变成一句空话。

针对以上问题本公司研制的智慧课堂辅助教学系统，依托学生终端硬件，开发教学数据库，设计丰富的课堂互动环节，辅以适宜于课堂互动的教学课件制作，将知识传授、课前预习、自学、课后作业检查等环节集于一体，同时实现多种模式教学，颠覆传统课堂教学，最大限度发挥课堂教学功效，本系统设计的智慧课堂教学将教学质量的提高贯穿在每一个教学环节，注重教学过程控制，是中国高等教育发展未来必然的模式。目前该“智慧课堂”项目已获得60万元投资。

3 主要经验与启示

3.1 创新能力方面

“国创计划”给了我们大学生一个不断去探索、去创新的机会。我们在导师的指导下，顺利地完成“国创计划”项目，并且在导师的帮助下我们完成了十项专利的申请，目前授权已经有4项。我们的导师董满生老师一直告诫我们，不管做什么都要自己去实践,从不同的角度去看待问题、分析问题及解决问题。正如古诗所云,“纸上得来终觉浅，绝知此事要躬行”，实践可以检验一切真理。在追求创新的过程中，实践是必不可少的。在学习相关理论知识上，我们深刻地认识到光靠学习书本知识是远远不够的。我们真正要动手完成产品的设计、运用、开发、改进并投入大批量生产，需要各个方面的知识和学习，尤其是实践。中国的学生总是习惯于在教室里在课本上学习知识，所以很缺乏创新方面的思维。在做这个项目的过程中，我们通过不断的调查实践，其中包括在合肥市区区域范围内展开了大量的道路交叉口数据采集和调研，里面尤为典型的是繁华大道与翡翠路交叉口、淮河东路与淮河路步行街交叉口和长江中路与环城西路交叉口。这三个交叉口我们进行调研不下10次。由于这三个交叉口分别临近中环城、淮河路步行街和百大CBD，人流量、机动车量和非机动车量相当大，红绿灯时间也较长，闯红灯的不良现象严重，当然也为我们研究行人闯红灯行为特征和心理特征采集了珍贵的数据。我们发现行人过马路时有以下几种心理：依赖心理，主要是因为行人在过街时认为机动车看到自己肯定会主动地放慢速度，自己有优先通过道路的权利，即使听到机动车司机鸣笛也会继续行走，不理会，容易引发交通事故；节省心理，这是中国行人的典型反应，遇到道路需要曲线到达时，肯定会寻找是否有直线直接到达的途径，因此遇到需要走人行天桥或者地下通道时，往往会出现一部分行人选择翻过护栏横穿马路的现象；从众心理，行人在等待红灯时，当出现一部分行人先行过街时，就会不断有其他行人跟随先行人群横穿马路。通过对行人行为特征进行研究，我们创新性地设计地埋式智能升降装置产品，使产品具有优良的性能。此外，通过研究各种典型的道路交叉口，我们还相应地考虑了产品在不同道路交叉口的安放情况。另外，我们还开发了产品应用于小区、单位门口，铁路平交道口和城市电车防护等多种使用途径。

3.2 创业能力提升方面

“国创计划”的能力培养，对我们的创业知识、创业素质及创业思维有了巨大的积极帮助。在创业素质方面，最深的体会就是要善于勤于思考，主动动手动脑。此外，在创业知识培养方面，即交通管理与控制方面的知识学习、撰写与修改各类专业型文档、大批量处理数据和参加比赛的经验等有较大提升。在此之前，我们深刻地认识到这种能力在以后学习和生活中的重要性。项目开始后，我们也一直围绕着此问题逐渐展开学习实践计划。我努力跟团队成员一起向老师从最基础学起，循序渐进逐步学习掌握这种处理能力。虽小有成就，但仍有很多不足和遗漏，在日后的学习过程中，留下了后续任务与要求。

在创业思维方面，董老师总是教导我们遇到问题要多分析，不要急于求成。在对陌生知识的学习与理解过程中，很多知识对于我们的眼界都是很难想象的，有时候更是一脸茫然的，陌生带给我们恐惧与畏怯，但同时带给我们惊奇与渴望。就像一层窗户纸，捅破了就能享受一片清澈的阳光。在开始时，对于 CAD 和 inventor 软件的不熟悉也一度让我有种挫败感，但是看到其他小组成员的努力与坚持，让我明白自信是学习新知识最好的动力。有时候换个角度看问题或许会海阔天空，一切都是那么美好!

3.3 素质培养方面

在素质培养上，项目给我们的收获主要有两点。首先，在整个学习过程中，团队能够合作、求同存异与同进退的协作。项目是团队成员共同的项目，大家的目标是一致的，虽然在团队合作中难免会因为观点的分歧而产生碰撞，但是我们逐渐能够学会以团队为重，以项目为主，忘我地投入到其中，并充分尊重团队其他成员。我们的团队，从项目立项之初成员之间的不了解到现在发展成默契的队友、很好的朋友。创新项目的成果也见证了我们团队的合作能力的提升。一个人的力量可能非常有限，但在团队中我们能聚集起每个人的能量，将之发挥到最大效用。其次，创新思维整体提升，在自己的已有的知识层面上进行陌生知识的发现、探讨到实现，不仅仅是学习难度的提升，更是创新意识的培养。江泽民同志曾经指出，创新是一个民族进步的灵魂，是国家兴旺发达的不竭动力。我们大学生将是国家建设的中坚力量。在一定意义程度上来说，我们就是国家的未来！未来的科技创新、制度创新、理念创新需要我们去开创，所以我们要培养自己的创新能力，用创新思维去思考现实生活问题。我想这也就是大学生创新性实验的初衷吧。在接下来的研究生学习中，我也将致力于创新，为国家的创新发展贡献个人的一份小小力量!

通过这两年多创新项目的实践，我受益匪浅，不仅有思维上的创新，更有能力上的提高，情谊上的收获。回想这一路走来的历程，我真的感触很深。衷心感谢学校能为我们提供发挥特长、积极创新的平台。同样地，我非常感谢项目指导老师董满生老师的悉心指导。我感谢团队给了我很多的帮助和思想上的启迪，工作的分担及相互的交流，让我少走了弯路，多得了真理。希望以后有机会再次进行团队合作，共同创新！在进行科研探索的道路上，学无止境。

“国创计划”给予我们的不只是一个两年的国家级大学生创新创业项目，而是一个丰富的大学生活与一个亮丽的青春；“国创计划”给予我们的不只是一次探索未知世界的机遇，而是一个让我们走进科学与探索真知的世界；“国创计划”给予我们的不只是一张项目结题证书，而是一个青春无悔的人生。

十年不仅仅是一个数字，代表的是中国教育发展史上不断改革前进的缩影；影响不仅仅是参与其中的大学生，对社会、民族、国家的未来同样也产生重大的影响。创新是一个民族不断前进的源泉，我们的民族需要创新一代的社会主义接班人，我们的国家也需要创新一代的社会主义接班人，“国创计划”给了我们当代大学生去探索未知世界的机遇，同样也培养我们的创新精神，培养我们报效祖国的坚定决心和勇气，让我们更好地为实现中华民族伟大复兴的中国梦去奋斗！

宝剑锋从磨砺出，梅花香自苦寒来

——参与大学生创业训练项目有感

项目名称： 触点餐——二维码移动点餐系统（201310500003）

完成者： 龚　杰　刘明雪　谢雪彦　刘　琦

完成时间： 2014 年 11 月

推荐学校： 湖北工业大学

1　学生参与“国创计划”项目情况

“宝剑锋从磨砺出，梅花香自苦寒来。”从踏入学校那一天起，我一直都严格要求并鞭策自己。从一开始，我就告诉自己：“在大学里，每个人都是我的老师，每个地方都是我的课堂，每个时间都是我的学期，大学不只是学习的地方，还是锻炼自己素质的地方。无论我的大学怎样，我都要把握好自己的方向盘，走出迷惘！”刚迈入大学的时候对一切都充满新鲜感，于是到处跃跃欲试，结果碰壁较多。幸运的是，我遇上了一群有责任感的老师，遇上了触点餐。

参与触点餐项目有三年多了。回首这些年，相比周围的同龄人而言，我觉得过得充实而有意义，有很多收获，总的来说自己成熟了很多。在这里对自己过去在触点餐里的学习、生活及工作等作一个小结，目的是扬长避短，为将来适应社会做好准备，把自己的人生道路走得更稳、更好。

跟所有创业团队一样，Mothinlab 在初期的几个月发展得很艰难，我们通过自己的原型产品——触点餐，不断在市场上寻求验证。虽然看好餐饮信息化这块儿方向，但是一直苦于寻求合适的变现能力。在这个过程当中，各方老师一直在给予我们非常耐心的指导和帮助，帮助我们联系外面的餐饮企业，让我们向幸运坐标公司获取创业经验，向恭启福公司的总裁推荐我们的想法和产品。我们在推出全新设计的触点餐首页之后，因为出色的设计和超前的餐饮管理理念获得了 360 搜索和许多有意向合作的科技类公司的关注。

我们发现，虽然我们有一个初期的完整原型产品，能够满足基本的市场需求，但是在实际商业场景中，餐饮企业需要的是成熟稳定的产品，是绝对不可能忍受我们产品的不完善而造成的损失的。我们有两条路：一条是继续投入研发完善产品，把触点餐打造成一个非常成熟的产品和系统，能应对所有餐饮企业的各种要求；另一条是一边完善触点餐，一边承接外包项目，通过外包把团队养活，通过持续性的投入来获取这个市场份额。

对于第一条路，继续投入研发和完善产品我们则需要聘请专业的研发人员。我们和A老师通过武汉的人力资源市场了解到，在这个领域，能够有实力开发的研发人员，平均薪水在5000元/月。因为这个是一个相对比较新的领域，相关的人才非常紧缺。而我们自己的研发人员，虽然具备了专业水准，但是触点餐是一个非常庞大而且成熟的系统，不是一两人能够研发出来的。

在和各方老师沟通之后，我们认为第二条路可能更适合我们一些。因为在我们团队承接外包的项目中，首先可以积累一定的资金，为团队后续的发展提供保障，而且能够学到成熟大公司里面的技术和管理经验。这条路对于我们未来的发展是非常有帮助的，而且在这个过程当中，我们团队能够通过其他的项目磨合，增强团队意识，建立长期信任。受到幸运坐标公司的启发，我们认为当下要做一件事情——竞品分析。同类市场上已经有一些相关的产品了，是一些大公司投入了数十万元的产品，这些产品都有着或这或那的问题。把这部分产品研究清晰了，分清其中的精华和不好的地方，然后再谈我们自己的产品会更有利一些。

2 学生后续创业发展情况

我们开始研究市场上各类点餐软件的状况，发现这是一个从PC时代就有的领域了，但是因为这些软件界面粗糙、操作体验差、业务流程不合理，所以一直都不温不火。我们团队的产品负责人刘成对这些产品能挑出一大堆毛病。通过详细的研究以后，指导老师和我们一致认为，在如今的移动互联网时代下，紧紧抓住最为热门的两大智能操作系统平台Android和iOS才有希望获得成功，因为预计到2015年，全年的智能手机出货量将达到17亿部之巨。

与此同时，指导老师积极地帮助我们联系各种外包项目，我们团队已经拿到了戴维丹妮的钻石导购系统的项目，以及光谷澜海科技《缘来有约》Android客户端。在和戴维丹妮负责人洽谈项目之后，他们为我们寒假提供了一套公寓作为团队平时休息和技术研发的场所，还提供了iPad和数台显示器作为团队的基础设施。而澜海科技在了解到我们团队的研发实力的时候，他们提出了签署合同，整个项目资金预计1.5万元，直接支付4000元作为首付。

接到项目之后，团队非常开心。如今戴维丹妮的导购项目第一期已经交付，并将着手苹果iPad软件应用与开发。澜海科技的安卓客户端则发布到了百度91无线平台上，因为软件质量优秀，发布第一天便斩获下载量1000次!

这一年，我们通过在这个市场和专业领域内积累，已经看到美好的前景。我们的软件工程师和交互体验设计师已经投入到了新一轮的研发当中，并将正式成立我们自己的公司。

3 主要经验与启示

3.1 学习方面

我努力认真地学好每一门功课，基本掌握了行政管理，特别是信息管理方面的理论知识及与此相关工作的能力。在校期间，我非常注重英语和计算机方面能力的培养，通过了国家非计算机专业二级和英语四级；同时我还利用课余时间自学了现代办公所需要的各种软件工具，并主动吸收一些国内外现代企事业的管理知识理念，以进一步完善与本专业相关的知识体系。通过努力学习，我的学习成绩整体上了一个台阶，从大一在班上排名靠后到如今的前十，获得了校二等奖学金。虽然成绩还不是很优秀，但这一切都是我四年来通过不断改变学习态度、方法，不断努力而来的。四年的大学学习生活虽然即将结束，但这并不意味着我的学习从此终止。在今后的工作中我将更加重视学习，将学习到的理论知识与实际工作相结合，从而达到学习与实践融为一体。

3.2 工作方面

自加入触点餐创业训练团队以来，我一直担任前端负责人，积极主动地为同学服务，有意识地协调好舍友之间的关系，通过团队的协作，搞好团队内务工作，为同学营造了良好的休息、娱乐、学习氛围。在团队的共同努力下，团队在创业大赛取得优异成绩。此外，我还注重自己能力的培养，为今后的工作积累了一定的经验，最大程度上提升自己各方面素质。

3.3 身体和心理方面

大学四年里，我掌握了科学锻炼身体的基本技能，养成了良好的卫生习惯，积极参加学校、系和班级组织的各项体育活动。身体健康，体育合格标准达标。在心理方面，锻炼自己坚强的意志品质，塑造健康人格，克服心理障碍，以适应社会发展要求。我从一个默默无闻的普通学生成长为一个能够独当一面，勇于承担的优秀毕业生。通过在冰蓝工作室的锻炼，我的专业技能得到了很大的提升，生活和心理也得到了很大的成长。

3.4 不足的地方

我有时工作还缺乏主动性和创新精神，主要体现在表达能力及社交能力的欠缺上。同时我的科研工作也还缺乏一定的主动创新精神，对在实践中出现的一些突发情况思考不够深入不够透彻，采取的解决方式也不够成熟。

这次实践活动，丰富了我们的实践经验，提高了我们的团队合作能力，使我们通过这次实践更加了解社会。这次实践活动意义深远，对我们的帮助可享用一生。作为一名 21 世纪的大学生，社会实践是引导我们走出校门、步入社会、投身社会的良好形式；我们要抓住培养锻炼才干的好机会，树立服务社会的思想与意识。同时，我们要树立远大的理想，明确自己的目标，为祖国的发展贡献一份自己的力量！

以电为媒，联通创业

项目名称：变电站智能巡检平台

完成者：赵路佳　裴少通　刘　佳　官小燕　吴　鹏　邓　嵩　田月怡

完成时间：2016 年 5 月

推荐学校：华北电力大学

1 学生参与“国创计划”项目情况

团队主要从事“变电站巡检机器人”的技术研发。研发的产品能代替人工进行繁杂的日常巡检工作，并将巡检数据通过网络发送到供电公司的监控端，从而实现变电站的无人值守，提高变电站运行维护的智能化水平。

团队有极强的研发能力，拥有 13 项国家专利技术，发表论文 2 篇。团队的“变电站智能巡检机器人”产品，荣获 2012 年河北省挑战杯课外学术大赛一等奖、2015 年电子商务国家三等奖、2015 年中国创新创业大赛河北省一等奖、2016 年“互联网 +”创新创业大赛国家三等奖、2016 年“科创杯”首届智能制造（工业 4.0）创新创业大赛全国二等奖。2014 年获批我校的大学生创业实践项目，资助经费 5 万元，作为优秀创业项目参加第六届大学生创新年会展览。2015 年与安徽淮南供电局签订了 15 万元科研合同并投入现场使用。

1.1　巡检机器人整体结构

团队的主要产品 35KV 变电站巡检机器人系统，硬件包括巡检机器人本体、充电室和监控端软件三大部分（如图 1 所示）。其中巡检机器人本体和充电室位于 35kV 变电站内。监控端软件安装于供电公司的监控计算机中。巡检机器人本体通过站内无线接入点（AP）连接到互联网。供电公司的监控计算机并非内网办公专用计算机，而是通过路由器、交换机等设备连接到公网（广域互联网）的计算机。监控端软件和巡检机器人通信采用客户端 / 服务器模式。其中巡检机器人为服务器，通过安装新花生壳客户端软件来使用新花生壳的动态域名解析服务和内网穿透技术，从而在公网中映射出固定域名。监控端软件通过该固定域名实现对其的访问。二者的通信采用 WCF(Windows Communication Foundation) 程序框架实现双向通信。

35kV 变电站巡检机器人系统包括监控、运动导航和充电三大功能子系统（如图 2 所示）。其中监控系统是巡检机器人的核心功能部分。监控系统包括位于供电公司

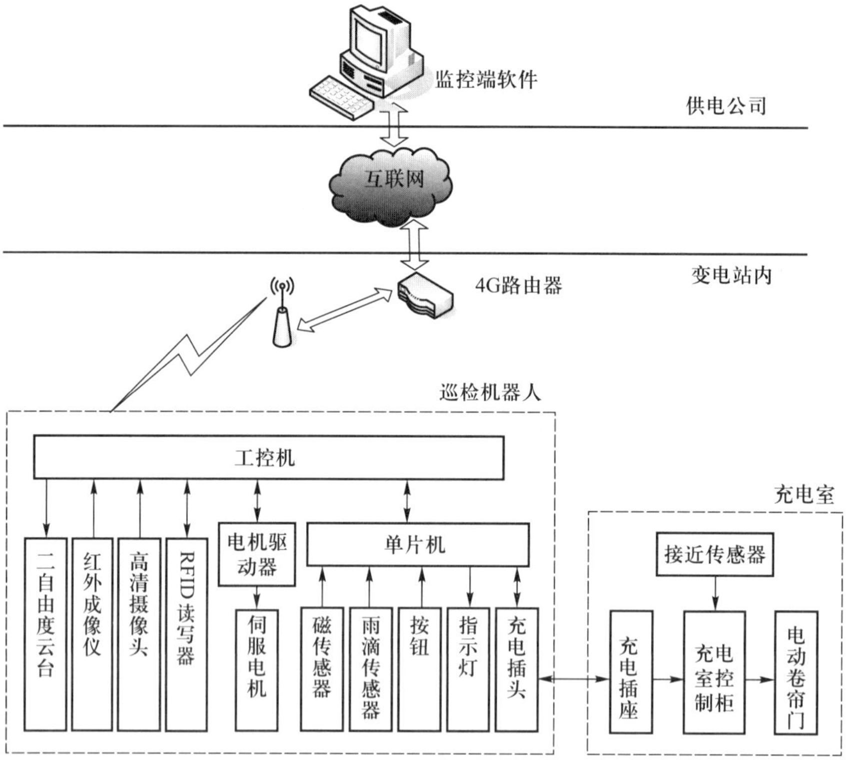

图 1　系统硬件架构

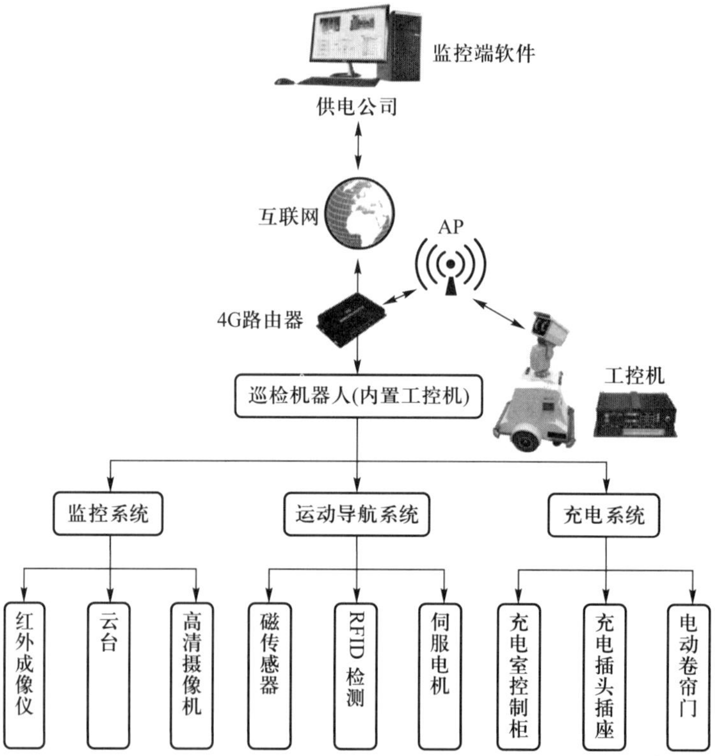

图 2　系统功能架构图

后台的监控端软件、通信链路，以及安装在变电站巡检机器人前端的红外成像仪、二自由度云台和高清摄像头。其功能是实现巡检机器人的远程图像传输和变电站设备外观和温度检测等功能。通信链路实现了后台软件和前端执行器的通信。红外成像仪和高清摄像头均安装在二自由度云台之上。二自由度云台可以左右转动和俯仰转动，使得巡检机器人巡检能够观察到变电站的多个设备。

运动导航系统位于巡检机器人内部，包括磁传感器、雨滴传感器、RFID 检测系统和伺服电机驱动机构等。其功能是实现巡检机器人的磁轨导航和RFID标签辅助定位。

充电系统包括充电室和充电插头机构，其功能是完成巡检机器人的自动充电。充电插头机构安装于巡检机器人上。充电室位于 35kV 变电站内，包括充电插座、电动卷帘门和充电室控制柜。

1.2 巡检机器人原理功能

巡检机器人产品核心功能如图 3 所示，由红外测温探头、摄像头、磁轨导航装置、人机交互模块等部分组成，主要实现了磁轨导航、无线充电、网桥传输、温度数据的读取和采集等功能。该系统是集计算机控制技术、人工智能技术、模式识别及多传感器融合等多种技术及系统智能控制技术为一体的全自动一体化检测和控制系统。控制系统如图 4 所示，实现终端控制及短信通知的人机互动。由图可见，机器人核心控制为移动平台与终端之间的数据传输方式，利用网桥传输来实现。

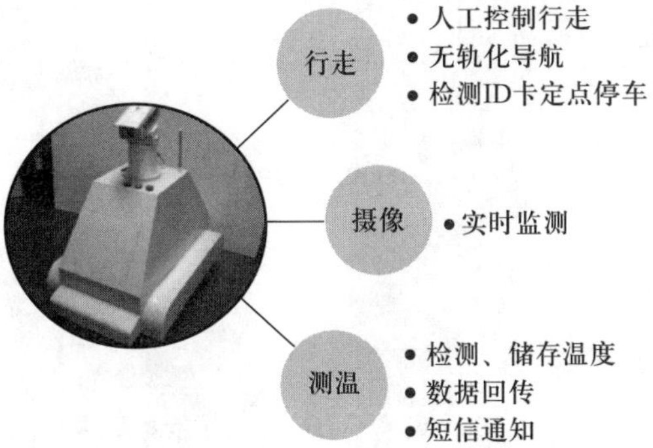

图 3　产品核心功能

机器人集计算机技术与单片嵌入技术于一体，实现机器人行走、检测等功能智能化，并且利用网络的延展性和传输快捷性，可实现远程人机交互。本团队设计的巡检机器人实物模型图和三维立体图如图 5 和图 6 所示。

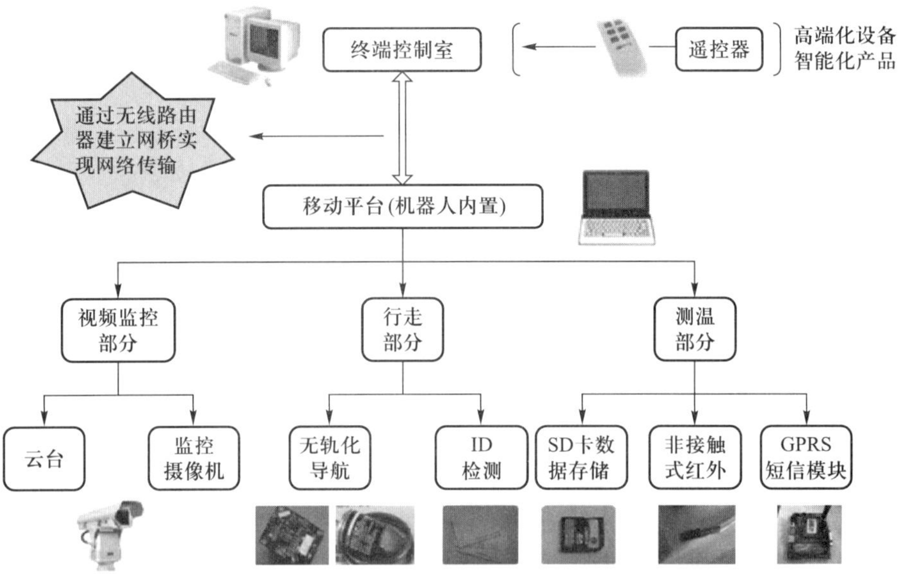

图 4　产品结构组成图

图 5　自主研制巡检机器人实物图

图 6　自主研制巡检机器人设计图

采用目前使用最普遍的磁轨进行变电站导航，提高巡线的可靠性和稳定性。导航需要在变电站建设电磁轨道。在 35kV 等小型变电站、电缆沟等铺设电磁轨道大约需几千元，成本较低。

采用非接触式无线充电技术，避免因插头老化而带来的接触电阻增大。

由于电网的内部网络不允许使用无线接入点，这与巡检机器人的可移动性相互矛盾，故采用50km传输距离的网桥自建网络。

采用进口非接触式红外测温探头和高清摄像机的数据读取和采集，取代传统的人工巡检及传统巡检机器人，提高巡检的实时性、可靠性、专业性及安全性并延长了作业时间。

变电站不仅有50Hz的工频磁场，还有多种高频谐波干扰，故巡检机器人控制器的电磁兼容性需要特别设计，保证变电站巡检机器人足够的可靠性。

软件包括变电站本地主监控室和远程调度端上位机软件。

1.3 巡检机器人控制系统

控制系统包括终端控制室和短信交互系统。巡检机器人本体以工控机为控制核心，以单片机为辅助控制器，两者通过RS485接口相连。

终端控制室利用局域网网桥传输，即通过无线路由器组建局内网桥，为高速无线远程传输高清视频图像、温度、控制信息等大型数据，实现机器人与终端控制室的实时数据传输。当机器人经过各站点时检测ID射频卡从而对具体的站点进行图像采集及温度等数据判别，各微控制器将采集的信号通过机器人内的计算机将数据发送至无线网络进行数据的高速安全传输。

短信交互方案通过GSM网络发送控制指令，当巡检机器人通过红外热像仪检测到问题时，机器人将自动分析并且把分析结果通过GSM网络以短信方式发送给工作人员，从而能够实现高度的人机交互，让相关工作人员第一时间知道问题并及时做出相应的反应，保证变电站各功能稳定运行；另外，利用手机的便利性，员工只需要按给定的数据格式发送短信至机器人的“号码”就能轻松地控制机器人的运行轨迹，实现远程遥控机器人检修。

工控机安装Windows XP系统，并通过无线网卡连接到互联网。工控机中运行的主控软件实现了巡检机器人本体所有的自动控制和监控功能。主控软件的功能如下：

（1）控制二自由度云台角度，进而读取红外成像仪和高清摄像头的视频数据并通过网络上传。工控机通过RS485接口连接云台，通过USB接口连接红外成像仪和高清摄像机。

（2）读取磁传感器的磁轨位置并根据PID控制算法控制伺服电机循磁轨运动。行进途中如果检测到RFID标签，则停止前进并检测特定设备，检测完毕后继续前进。工控机通过RS485接口控制伺服电机和读取RFID读写器数据。磁传感器的信号由于是开关量，故采用单片机处理并转换成串行数据包进发送给工控机。

（3）实时接收供电公司监控端软件的指令（例如“临时停止”等），并采取相应的动作。

（4）在巡检作业的开始和结束时，通过控制伺服电机和单片机，完成充电插头插座的自动脱离和自动对接动作。

（5）实时接收巡检机器人本体中按钮消息（启动或者停止按钮被按下等）并响应，实时将当前控制系统运行状态通过指示灯显示。

单片机的功能是执行工控机的命令并实时向其上传传感器信号，具体包括：

（1）上传磁轨位置信号。当工控机请求获取磁轨信息时，读取磁传感器信号并通过发送数据包上传。

（2）上传下雨报警消息。当雨滴传感器检测到下雨时，向工控机发送报警数据包。

（3）上传按钮动作消息。当检测到有按钮被按下时，向工控机发送消息数据包。

（4）控制指示灯状态。当收到工控机的指示灯亮灭命令时，执行相应动作。

（5）充电插头自动控制。根据工控机的命令，控制充电插头完成收缩、半伸张和全伸张动作。

2 学生后续创业发展情况

2.1 竞争战略

（1）总成本领先战略。采用的开源技术既可以使我们产品的成本较低，而且可以使本团队拥有非常低甚至零成本的退出障碍优势。开源在研发方面也可以为我们带来更多的资源。因此，本团队通过开源降低了维护系统，控制了生产成本、管理费用及研发、服务等方面的成本费用。组织结构严密，权责分明，尽可能将降低费用的指标落实在人头上。团队拥有熟练的技术工人和较强的产品开发能力，利用这些优势开发新工艺，简化生产工艺过程，提高原材料利用率，从而降低材料消耗和生产成本。

（2）差异化战略。本团队可根据用户需求为用户量身定制产品，更具有针对性、灵活性、实用性，差异化层次提升。团队采用互联网开源思维，有利于提高产品质量、从人性化的角度考虑产品构造与优良性能。另外，进行商业模式创新，市场营销能力强，降低交易成本的同时，扩张价值空间，提升企业的议价能力。

（3）加强合作。与科研机构和相关高校进行人才交流合作，与上下游企业建立稳定的战略合作关系。在现实的商业竞争态势下，把握行业脉搏，在市场的历练中，构建起自身的竞争力优势。

2.2 总体战略

第一阶段（1 ~ 3 年）：导入期。以市场为导向，以品质为竞争前提，以人才为中心，抓住科技政策扶持机遇，以营销为核心，快速渗透市场，全面控制成本。

（1）快速渗透策略。创业初期由于财力物力有限，主要以安徽和河北为基础市场，通过直接合作洽谈和电子商务结合的方式，将产品向电力企业推广，提高产品的认可度。同时，我们还通过与客户签订赠用的有关协议，让企业体验我们性能优异的产品。凭借团队优秀产品和国家政策支持，迅速渗透到国内市场。

（2）全面控制成本。在保证生产质量的同时，全面控制成本，采取互联网开源思维，精准设计、生产与 O2O 的销售运营模式，力求生产成本和销售成本最低化。利用科学的团队管理方法，使原料采购、工厂生产、产品销售和资金周转做到最佳，吸引优秀技术和管理人才进入企业。

（3）以营销为核心。利用实体店、网店、论坛三者结合的方式做大做好宣传，使产品快速推进市场。同时实时了解外部环境，分散风险，避免资源的浪费。

第二阶段（3 ~ 5 年）：成长期。

（1）扩大市场份额，提高产品利润率。经过前一段时期的资金积累，团队将有效地稳固并扩大国内市场份额，增加产品的附加值，提高企业收益。

（2）扩大生产规模。在成长阶段，市场需求不断扩大，现有的生产规模不能满足需求，团队将利用前一阶段积累的资金增加生产，保证对市场的供给。

（3）强化品牌战略。以特色优越的质量性能、较低的产品价格等优势在市场上打响名声，并加强售后服务，不断提升品牌形象，打造企业核心竞争力，为进军国际市场奠定良好基础。

（4）促进产品多元化。持续开发产品新技术，以市场需求为导向进行产品升级，研制设计开发衍生产品，实现产品多元化。尤其塔筒清洁机器人可加以改造用于其他行业器械的清洁工作。

第三阶段（5 年以上）。

（1）开拓国际市场。在巩固国内市场的基础上，开拓国际市场业务，让产品可以为更多国家创造效益。

（2）形成核心优势。通过前期积累，形成自己的核心优势，产品运营与资本运营相结合，技术领先，经营能力较强，品牌影响力大。

（3）全面质量管理。“质量是企业的生命”，为了提升团队的核心竞争能力，团队将开展全面质量管理的工作，建立质量体系，通过对产品全过程质量管理，优化服务，提高各个环节的工作质量，增加产品附加值。

3 主要经验与启示

创业实践的过程是充满艰辛却又收获颇丰的过程，因此，感谢学校的大力支持，感谢帮助过我们的老师，感谢我们团队成员付出的努力和合作。通过“大创”项目，我学到的不只是知识，还有持之以恒的毅力、团队合作的精神等。

我们的巡检平台从第一代产品到第二代产品，拥有了11项国家专利和1篇论文；在比赛中历练，获得过教育部5万元的支持，也获得过河北省3万元的奖金；从实验室走向市场，获得了安徽淮南供电公司15万元的科研经费。或许最初的目标并不坚定，或许未来的路途尚不明朗，但在一次次的比赛、一次次的演说中，从产品研发到技术创新，从市场分析到营销策略，我们分工合作、一起讨论、一起推陈出新，有过不解，也有过成功后的喜悦。在泪与笑中，我们体会到了生活的韵味，体会到了人生的精彩，体会到了青春的乐趣。

（1）初遇创业。

在“大众创业，万众创新”的潮流推动下，变电站智能巡检平台项目得到了学校的支持，成为国家级创业实践项目。

在准备立项的过程中，巡检平台也获得了与安徽淮南供电局合作的机会。我们按照供电局招标书要求，完成了项目概述与技术规范的撰写。当时第一次接触投标书，只能是一边从网上、老师和学长那里学习取经，一边更深入地了解巡检平台的相关技术，努力使技术规范书内容真实丰富，展示出我们巡检平台的技术优势。经过几个月的技术完善和材料准备，在2014年6月成功拿到了安徽淮南供电局15万元的科研经费。与此同时，变电站巡检平台也立项为国家级创业实践项目，获得了国家5万元的经费支持。

（2）不断成长。

随着学校大学生创业孵化中心的建成，在老师的青睐下，变电站巡检平台入驻学校的孵化中心。在孵化中心，我们不仅有独立的工作空间，也有了更多与外界沟通交流的渠道。在年度答辩中，变电站智能巡检平台获得了第一，同时也获得了中恒博瑞基金会的支持。

为了丰富创业经历，加强锻炼。我们团队多次参加不同的创业比赛，力求在比赛中完善我们的项目，增加经验。2015年初参加了“电子商务”创新、创意、创业大赛。比赛报名时正值寒假，在全校学生都放假回家的时候，我们依然留在学校准备创业计划书的撰写。寒假回家期间还要向当地供电局等推荐我们的项目，力求获得更多的认可与合作机会。假期结束，团队成员一起整理了每人手上的资料。同时通过网络更多地了解比赛、了解电子商务营销，努力使项目更加完善。最终从百余个比赛项目中脱颖而出，代表学校赴石家庄参加河北省决赛。在省赛中，我们获得了河北省第一的成绩。根据当时要求，只有不到10组能够获得进入国赛的机会。正在遗憾又与国赛无缘之时，在 7 月末放暑假的时候，意外收到了组委会通知，我们有机会参加国赛非现场赛。在不到一周的时间里，团队成员通过网络联系又制作了宣传视频，最终获得国家三等奖。

2015 年暑假，团队报名参加了中国创新创业大赛。暑假在河北省电视台参加了省赛，以总成绩第一赴武汉参加国赛。在国赛中，有许多已经创业获得过亿元收入的中小型企业，我们接触了更多的创业者。最终我们的项目获得了 3 万元的奖金，这更是对我们创业的认可与支持。

（3）推陈出新。

创业的道路总不是一帆风顺的，在一年多的时间里，我们在技术上遇到过壁垒，在合作时有过困难。一年里，我们不仅克服困难，完成了与安徽淮南供电局的签订的协议，最终带着产品在变电站调试以后成功投入试用，并研发了更多面向电力系统的智能设备，例如风机塔筒清洁机器人、飞行器盘煤测量装置、输电线路绝缘包裹装置、电缆隧道监测机器人等。希望新产品的出现，能够增强项目的竞争力，带来更多优势。

（4）推广交流。

为了让更多的人了解我们的项目，获得更多的机会。我们多次参加国内创新技术交流、创客日等活动。

在广州顺德的技术交流会上，同来自天南海北的技术人才学习交流，也获得了大家的认可；在清华“创客日”交流活动中，我们的产品和技术引来各高校和企业的关注，在台上我们向大家做了 PPT 展示，还和许多高校师生进行交流，增长经验。

10 月初的正青春“校园助力成长计划”活动中，我们带着 PPT 向两位投资专家介绍了我们的项目，获得了专家的一致好评。活动结束后，在与投资人的交流中，得到了进一步的支持，希望我们的项目能够逐步走向市场。

（5）仍在继续。

创业要比创新难太多。因为创新面对的可能只是技术上的突破，而创业需要面对人、财、物各方面的综合协调、管理和沟通。它不仅仅是攻克技术难题，还需要应对与之相关的内部管理、客户沟通及供应链管理之类的种种问题。

两年多的投入与奔波，我们带着变电站智能巡检平台项目一直在不断向前：参加大大小小的比赛，出入全国各地的论坛交流；寻求与企业的合作机会。虽然我们的设备拥有足够的专利支持、可靠的技术支撑及较低的成本优势，但是将其转化成产品进入市场，这中间还有很长的路要走。

灯神之梦

项目名称：华工小灯神

完成者：苏盛开

完成时间：2015 年

推荐学校：华南理工大学

1 学生参与“国创计划”项目情况

“主人，我是灯神，可以实现你的愿望，请问你有什么吩咐吗？”

相信看过动画片《阿拉丁》的朋友，都渴望召唤出无所不能的灯神，帮助自己解决各种各样的困难。那你是否幻想过，现实中真的有“灯神”出现，来帮你实现愿望呢？

而借着“国创计划”的机会，我们团队把“灯神”梦实现了。在灯神平台上，同学们可以在上面提出自己的心愿，也可以帮助别人实现心愿。通过小灯神构建陌生人之间交流帮助的桥梁，我们可以一起打破“冷漠”，在助人为乐中彼此分享，收获温暖与友谊，并且在公益中体现价值赢得未来，让大家实现真正的共享生活。

为什么会有华工小灯神这个项目呢？

实际上，我们每个人都可能有这样的经历，上大学后有着无数次只能靠自己的时候，如：计算机坏了，找不到人修；想练口语，找不到人练；想学游泳，找不到人教；想努力学习，无人鼓励陪伴……虽然这样使我们成长，但是让我们越长大越孤单。

后来，偶然中我发现，有一个女生收集朋友的心愿发到贴吧里，而贴吧的人看到心愿贴后，就去帮助那些心愿发布者。我突然觉得这个创意非常好。但贴吧效率是比较低的，而微信公众号却越来越火。于是，我萌生了开一个帮大家实现心愿的公众号的想法。

没想到，和几个小伙伴不经意地聊了一下，大家都对这个想法很感兴趣，想试试看。于是，小灯神团队成立了，并且我们当天晚上就注册了公众号，运营起来。

万事开头难，一个从零开始的公众号，想要真正推广开来，难度非同小可。一开始我们只是参加学校的活动，来推广我们的想法和公众号，但是效果并不算太好。而我们的资源也不足，无法自行举办活动。更重要的是，几个创始人均为理工科学生，对于管理、运营、开发等均一窍不通，只能摸着石头过河。这些障碍给我们造成了很大的困扰，追逐梦想的动力也消磨了不少。

然而，我们终究还是挺过来了。我们认为，虽然学的都是理工科，但是没有人天生就懂管理，也没有人是天生就懂运营——这所有的一切，都要靠学习。为了这个项目，我们开始辅修工商管理，开始自学编程和设计，开始博览群书，开始琢磨运营技巧。项目在发展，我们也在成长。但对于资源不足这个问题，还没有好的解决方案，暂时只能见一步走一步。

所幸的是，在一个月后，我们看到了学校关于国家大学生创新创业训练计划的申报通知。经过认真分析和研讨后，团队决定把“华工小灯神”这个项目，以公益创业的形式，去申报两年期的创业实践项目。

最后，得益于充实的准备和稳健的表现，项目的理念和前景得到了评委老师们的一致认可。其中一个评委老师说道：“我相信你们项目能实实在在地帮助到同学们，不过你们还在起步阶段，还需要付出更大努力，希望你们能成功。”

评委老师的话，深深刻在我们几个创始人的心中。成功申报“国创计划”项目后，我们有了一笔不错的项目经费。而这让我们这支刚起步的团队，大大减轻了资源上的压力。之后我们入驻华南理工大学五山校区的“创业岛”孵化中心，拥有了属于团队自己的办公室。

作为一个具有公益性质的微信平台，我们吸引了更多成员的加入，涵盖了各年级各专业，大多源于对灯神互帮互助理念的认可。而共同的价值观，将我们凝聚在一起，挑战冷漠，为公益与助人并肩而行。

小灯神平台，相当于一个虚拟的共享社区，给同学们的生活带来了更多的可能性。据统计，小灯神已累计收到心愿 20000 余个，实现了其中 12000 余个心愿，总计实现率超过 60%，还得到了一大批忠实粉丝的支持。现在小灯神在华南理工可谓无人不知，俨然已成为学生们在碰到困难时第一时间想到的“神器”：

“灯神灯神，我是一个小白，最近兴致使然开了个人公众号，想找个前辈教教我！”

“灯神，想找一个乐于助人的能经常在线解决我电脑问题的大神，我的电脑运行得超级无敌慢，经常卡住，我也不知道原因……不要嫌弃我的智商。”

“小灯神，我是南校大一的，想找人教我画画，素描或漫画都可以，自己感觉挺厉害的知道怎么教人就行。有意可细聊，每周学一次这样子，南亭的画室莫名其妙都搬走啦。我是零基础，但要求不高。教我的话脾气好一点就行，男女都可以！”

类似这样的心愿，几乎在每天的推送中都能看到。有朋友对我们说，自从关注小灯神之后，感觉自己的朋友圈一下子就变大了很多，发现了一个更广阔的校园。

其中最神奇的一条心愿，来自华工的一位女生，她在心愿中说，自己心情不太好，想听《月半小夜曲》的小提琴前奏，这能让她开心一些。这可让不会拉小提琴的灯神团队犯了难。不久，一位广东外语外贸大学的朋友回复说，认识一个星海音乐学院的大神，也许能帮上忙。之后，消息在星海音乐学院几经传播，迅速找到了一位小提琴高手。这位热心同学二话不说，立马发来了一段悠扬琴声，也连起了一段难得的友谊。整个过程横跨了多个高校吸引不少热心人，但只花了十几分钟，心愿就完成了。

总之，小灯神公众号粉丝、阅读量和网站流量在不断稳步增长。通过传播校园正能量，形成独具特色的影响力。这其中的秘诀在哪里呢？我想是因为我们从一开始，就没有盲目追求用户数量，而是专注于用户体验，让平台成为用户的帮手和朋友，通过优良的口碑来实现推广。

比如，为了推送内容不再单一，我们在推送心愿清单的基础上，还开设了“灯神说”“灯神水吧”“悄悄话”等栏目。通过把公众号形象人格化和鼓励用户投稿的方式，实现社区内容的蓬勃生长。并且，我们还对公众号版面、网站样式等细节进行了精心打磨，力求让同学们用得舒心，用得方便。在特定的节日里，还会举办一些针对粉丝的福利活动，真正与用户成为心心相印的“好朋友”。

简而言之，我们走的步子虽然慢，但是都很稳健，团队成员也对这个项目充满了信心，每天都能在运营中收获快乐和成长。

我们相信星星之火，可以燎原；相信念念不忘，必有回响；相信心怀热忱，你我他她，皆是灯神。

抱着这样的态度，我们团队不断前行，接连得到了《南方日报》和《信息时报》等媒体的采访和报道，并且三次登上了腾讯微校的全国公众号排行榜，分别获得了专家推荐奖和南部明星等奖项。

2 学生后续创业发展情况

当然，作为公益创业的项目，只做公益是完全不够的，还必须让这个公益的方式，拥有可持续发展的能力。一方面，我们引入合适用户群的校外广告和多种盈利方式，财务方面已经可以达到自给自足的能力；另一方面，我们立足于华南理工大学，积极向校外推广灯神的理念和方法，相继成立了“华农小灯神”“中大小灯神”等平台，在其他学校进一步扩大小灯神的影响力。目前在小灯神平台许愿的，不只有广州多个高校的学生，有时甚至还有北京、上海等高校的学生慕名前来体验灯神的魅力。

3 主要经验与启示

我们是名副其实的草根团队，在创办的开始，只是觉得这个项目好玩，而且有价值，根本没想到可以做到今天这个地步。

在刚开始的一两个月里，我们一无所有；成为“国创计划”项目，并且积极吸纳人才后，我们变成了发展强劲的团队，现在回想起来也觉得有点像是在做梦。我想，灯神项目能成功，真的离不开学校和他人的帮助。

后来，随着在校园中知名度日渐上升，我们团队感受到了越发强烈的责任感和使命感。遇到难得的机会，我们就抓住；遇到不懂的问题，我们就学；遇到解决不了的问题，我们就请教老师、同学。也许，这对于任何初创项目来说，都是这么一个从零到一的过程吧。

携手机器人，共建美好明天

项目名称： 中央空调风管清洗机器人项目

完成者： 何小敏　周　伟　陈志发

完成时间： 2008 年

推荐学校： 华中科技大学（机械科学与工程学院）

1 学生参与“国创计划”项目情况

2007 年，由何小敏、周伟、陈志发三位同学合作参与，周丽萍老师为指导老师的中央空调风管清洗机器人项目经过层层筛选，通过了华中科技大学国家级创新项目，并有条不紊地开始了项目研究。确定该课题方向的时候，我们是根据当时的迫切需求选择的。据当时统计，全国采用中央空调的办公楼、商厦、宾馆、工厂等大型楼宇面积 5 亿 ~ 6 亿平方米，并且数量还在以每年 10% 的速度增长。但是，过去由于人们认识不足，中央空调管道清洗市场几乎空白。直到 2003 年“非典”以后，人们才逐渐开始重视中央空调管道清洁。许多政策法规相应颁布，这一市场开始起步。2007 年北京市政府关于中央空调管道清洗的强制规定，则为这个行业带来了井喷的机会。发展速度快，发展潜力大，市场竞争小，客户需要培养，是这一市场的特点。

由于中央空调机组长期运行，通风系统极易污染，加之清洁不及时等原因，管道中存留了大量尘土沙砾、碳类物质、结晶体等。一旦这些灰尘当中附着细菌、真菌、酵母等微生物时，很容易使人过敏或是患呼吸系统疾病。世界卫生组织统计显示，室内空气污染造成的疾病负担超过室外空气污染造成的负担 5 倍。这些空调在带给人们舒适的同时，也带来了健康隐患，未定期清洗的中央空调可能会传播疾病。

2006 年，卫生部对全国公共场所集中空调的抽检中也发现，军团菌检出率高达 24.5%。专家告诉我们，军团菌是潜藏在集中空调里最致命的杀手。如果集中空调受到军团菌的污染，人们很容易感染军团菌病。显然，空调通风系统由于长期运行却疏于清洁等原因，已经成为公共场所室内空气污染的主要污染源。据世界卫生组织调查发现，空调病已威胁到全球近 1/3 都市人口的健康安全。对中央空调管道进行清洗是十分必要的。

空调专家指出：真正意义上的中央空调清洗包括主机清洗、水循环系统清洗和通风管道系统清洗。

2007 年时，很多单位已经将主机和水循环系统的清洗纳入正常财务预算，定期进行清洗和消毒，但是对中央空调通风管道的清洗就相对轻视。一方面，由于通风管道纵横交错清洗起来困难；另一方面，就是中央空调风道清洗工程是一项专业性很强的服务项目，清洗一次费用过大。业主以空调风道清扫既麻烦又花钱还没有直接的经济效益为由，对此长期不予理睬也就不足为奇了。

但是，随着人们对生活质量及健康的要求日益提高，公众和政府对空调清洗的观念和重视程度正在改变。空调清洗是一个巨大的产业，并已在国外形成了一定的规模，而在国内却刚刚起步，但这并不能阻挡产业发展的步伐。前提是在政府部门、行业内部企业组织及所有关心这个行业的人们共同努力下，形成健全规范的行业体制，为行业发展创造成熟条件。

据 2007 年全国清洗行业信息中心的资料显示：目前国内中央空调的清洗还只是众多从事清洗工作的专业公司中的一项业务。虽然我国登记在册的清洗公司已有近万家，形成一定规模的也有 2000 多家，但是真正以中央空调清洗为主业的还是空白。可是市场需求呢？无数的建筑都有中央空调，都需要清洗，所以市场潜力非常大。于是该项目成员就积极参与到清洗机器人的项目研究中了。

项目组的成员希望通过提供高科技的中央空调清洁设备及强大的技术支持，迅速占领中央空调清洗行业的制高点，并促进中央空调清洗行业健康有序地发展。也就是说，在 2007 年时，周伟等人就已经对高科技、智能化产品有了极大的兴趣，并且致力于市场的开发和探索，要做别人没有的东西，不断地创新和打磨产品。

中央空调通风管道清洗机器人，在项目结题的时候获得专利申请一项。

我们给自己的作品取名叫 RB−02 中央空调通风管道清洗系统，并对该系统进行了总结说明：

RB−02 中央空调通风管道清洗系统是针对目前集中空调主要功能、结构特点，结合宾馆大厦的实际情况，所生产的实用型清洗设备。它是在 RB−01 型机器人的基础上根据客户在使用过程中的要求而改进的新型清洗机器人。

RB−02 中央空调通风管道清洗系统包括：RB−02 中央空调通风管道清洗检测一体化机器人一台，大功率吸尘集尘器一台，气囊一套。另外，清洗毛刷根据用户需求选配。各款设备可根据实际的工程需要自由选配（如图 1 所示）。

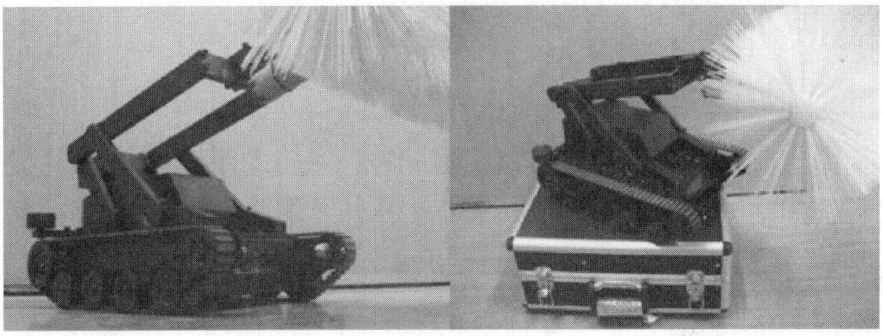

图 1　RB−02 中央空调通风管道清洗检测一体化机器人

整套设备具有以下特色：

（1）本套系统采用通用平台化设计、在机器人平台上可以很方便地更换各型号的毛刷；根据用户要求，还可以安装机械手，以抓取死老鼠等大的固体垃圾。

（2）防水防尘设计，全面提高机器人的使用寿命与工作稳定性。

（3）操作简便，控制面板简单易用，易学上手。智能高度适应系统，大大降低了工作人员的工作难度。智能转弯控制，简化了控制人员的控制复杂度。

（4）检测机器人与清洗机器人合二为一的设计，降低了客户采购成本与使用复杂度，只需更换相应模块便可以实现两种机器人的功能。

当时这个项目被作为优秀项目案例保留了起来，现在看来项目依然具有可研究价值，并且对企业和市场具有可推进和可实施性的意义。

2 学生后续创业发展情况

2007 年，周伟来到华中科技大学机械学院下属的机械创新基地，在顺利完成国家级“国创计划”项目中央空调通风管道清洗机器人时，积累了做成品机器人的经验。他拉上了一起做“国创计划”项目的陈志发，拉上几位在机械创新基地结识的志同道合的伙伴们，组成了“若比特团队”，全力备战中国机器人足球锦标赛。参赛的三个“类人型双足直立行走机器人”身上的每个零部件都由他们亲手设计制作，最终，这三个“孪生兄弟”在大赛上一举夺冠。夺冠之后，他们仍是围绕着机器人做事。2008 年，有人来找他们团队开发特种用途的机器人，比如能在大雪天让机器人顺着电线杆爬到高压线上将雪敲落。机器人项目将这个团队聚到了一起，也成为他们创业的一条主线。周伟说：“我们选择体感车这个行业的时候，刚开始就是要做机器人，而不仅是要做交通工具。”从 2009 年开始，周伟和他的合伙人开始研究体感车。2012 年到深圳创办乐行天下，经过短短的 2 年多时间，乐行天下获得了较快的增长。尤其是到了 2014 年，乐行天下每个月的营业额都翻倍地增长，给合伙人带来了更大信心。在获得了发展的同时，合伙人也遇到过各种问题。但周伟对团队非常有信心：“其实遇到问题是很正常的，我们这个行业本身就是新生事物，大家都在摸索中发展，尝试不同的模式和策略。我们团队最可贵之处就是，无论哪一个，激情、热情和责任心都是不需要质疑的，彼此信任，默契协作，共担困难。我始终认为能力和经验当然很重要，但创新意识、团队凝聚力、责任心、激情也同样重要。”在处理团队意见分歧的时候，周伟笑着说大家常常搞批评与自我批评，以获得共同进步。

在建立乐行天下公司之前，当周伟和他的团队还在研发机器人的时候一共有 9 个人，后来剩下 6 个人。这 6 个人在乐行天下各司其职，周伟任 CEO，同时当年一起做“国创计划”项目的陈志发任市场推广和销售总经理。另有三个人仍然负责技术，还有一个负责人事和行政。多年来，他们一直在一起，演绎着现实版的“中国合伙人”的故事。

2012 年周伟在深圳创办乐行天下并出任 CEO，2014 年公司销售额突破 3 亿元，B 轮成功融资 1 亿元人民币。媒体认为，与深圳正在崛起的无人机、机器人、空间飞行技术一道，周伟登上福布斯中文版封面代表了中国智能制造创新的希望。

3 主要经验与启示

周伟后来回母校，在机械学院同学座谈会上讲到，还在 2007 年时，比尔•盖茨就曾经预言，机器人即将重复个人电脑崛起的道路，未来将会像个人电脑一样走进千家万户，机器人必将与个人电脑一样，彻底改变这个时代的生活方式。也从 2007 年开始，周伟就决定了要从事机器人相关的工作。目前，乐行体感车的代步只是基础功能，未来它将成为走进百姓生活中的智能生活助手，成为移动终端平台。

在后来的创业生涯中，周伟不忘经常回学校看望学校和学院的师生，把自己的创业体验和经验分享给学弟学妹，和大家分享一些他对创业和自己公司的最真实的感受。

在分享中，周伟不忘记提醒在座的同学，要抓住学校和国家提供的一切资源，在大学期间好好做事，多接触一些项目；如果经费不够，同学们可争取申请学校的创新基金，申请国家级创新项目；要相信指导老师和同学一起努力，一定能把项目做好，并且带给大家一生中特别重要的经历。

在讲到自己的产品时，周伟强调，大家一定要重视用户的真实体验。乐行体感车就是在真实地体验了之后，让用户知道了其好玩的地方，会更加想拥有一部自己的体感车。华中科技大学机械学院很多老师就是因为真正体验到体感车的乐趣，毅然决定购买体感车，与家人和孩子享受不一样的游玩出行乐趣。不管是小孩，还是成人，对体感车都会有类似的感受。从一定程度上讲，可以说体感车是非体验不可的产品，如果没有真正体验就很难被更深地吸引。乐行天下从消费者对体验的需要出发，举办了一些户外及店内体验活动，以使得消费者获得体验的机会。

讲到营销模式，乐行天下也是走了不同的道路，才进行了销售方法的创新，把重点放在实体体验销售中。为了让消费者获得更多体验机会，目前乐行体感车的销售也更多是通过体验店的模式。周伟说：“我们本来也做电商，但这个产品大众认知度比较低，大部分人不知道这是什么，在网上没法买，也没法搜，不像电脑等产品，大家一般知道怎么买怎么选。体感车的另外一个特性是其强体验性。这两个特性就决定了，你给用户看图片或视频都是没用的，所以我们更多的是通过体验店的渠道来做。现在来讲，渠道本身已经变得非常扁平化，消费者可以直接和厂家沟通，渠道的优势越来越不明显。我们目前还要靠更多的体验让更多人知道体感车是什么，有什么用途，以使得越来越多的人喜欢这款产品。并且希望他们在骑体感车时获得开心的体验，让快乐也成为一种刚需，常伴随人们左右。”

周伟特别强调了乐行体感车与汽车的搭配应用。他说：“想象一下，如果要去公园或植物园，到了以后可以骑体感车去逛。而不是说，直接骑这个车就去海滨公园了。”同时，周伟指出，购买体感车的主流群体一般是 30 ~ 35 岁已经有了一辆汽车的人，而最喜欢体感车的人其实是 20 多岁的人，但这部分人的购买力比较低，目前还不能马上购买。而对于有小朋友的家庭，想有体感车的也比较多。一方面，体感车可以成为爸爸妈妈的代步工具；另一方面，也可以成为小朋友的玩具。

谈到受众的购买，虽然很多人也对体感车或类似的产品很感兴趣，但鉴于其过高的价格，大部分人会犹豫到底要不要入手这样一款产品。针对消费者对价格的需求，乐行也在不断做着调整。周伟说：“目前我们把体感车看为娱乐代步工具，它不是刚需，跟手机等消费电子产品不一样，买手机时大家都知道要为自己的需求花多少钱，但是很多人不知道应该为体感车花多少钱。也有些人把产品做得很烂，却把价格搞到五六千块，这没有意义，最终也没有人买。我们在不断提高产品品质的同时，也在调整价格。我们一开始每台体感车的价格是 19800 元，后降到了 14900 元，现在每台车的价格是 9980 元。随后我们也将陆续丰富产品线，满足更多不同价位需求的消费者。”乐行体感车如今已经获得了更大的认知度，周伟一直认为这是他们整个团队共同创造的成果。在这个年轻的团队里，有强大的创业基因和一腔热血，有包容的批评与自我批评的态度，有对市场需求点的挖掘与适应，有对未来美好蓝图的描绘和不懈的努力。他们的梦想在乘着乐行体感车飞翔，乐行体感车也因为他们走入了更多消费者脚下。未来是未知数，而努力和梦想结合却总会创造奇迹。

“在团队中，每个人都有自己的看法和意见，前期职责还没明确时，会出现很多问题，后来职责明确了，股东权利职责等都分开了，慢慢会好起来。还有我们每年会抽出一个时间，大家一起出去，什么都不做，就是交流，把对产品、公司、未来、彼此等的看法都提出来交流。我们可以对彼此有看法，但如果不释放，会有积怨，到一定程度就可能变得不可调和。虽然相互批评可能不太有人情味，但大家都知道对事不对人。我们中有人会定期搜类似《中国合伙人》的案例给我们看，甚至给我们的家人看。因为大家刚开始出来创业，也都有来自各方面的压力，如家庭的压力、父母的压力、女友或老婆的压力，如何让他们成为你遇到困难时或一无所有时的支持和动力，这是很重要的。”

同时，周伟建议在校的同学，一定要抓住学校提供的资源和机会。现在学校、国家对大学生在校创新创业的支持力度远比当年周伟在校的时候力度大得多，覆盖面积也很拓宽了很多。大学时间过得很快，一定要在有限的时间中多做一些事，这样毕业之后回过头来想想，才能对得起自己这段最青春的年华。

扎根农业，上下求索

项目名称： 紫花苜蓿规模化种植

完成者： 张振华　朱甜甜　邹　浩　徐　晴　王丹阳

完成时间： 2017年

推荐学校： 华中农业大学

1 学生参与“国创计划”项目情况

我叫张振华，男，汉族，内蒙古人，华中农业大学植物科学技术学院农学专业2014级本科生。国家级大学生创新创业训练计划“紫花苜蓿规模化种植”项目负责人。

我家在内蒙古呼和浩特市郊区，家周围几十公里都是蒙牛和伊利集团的奶牛养殖场。过度放牧使内蒙古草原的植被破坏严重，导致水土流失、风沙肆虐，农民的种植热情不高。2008年三聚氰胺事件以后，奶企对原奶品质要求几乎到了苛刻水平。奶农们因为长期按照传统饲料配比喂养奶牛，产奶蛋白含量低、经济效益差，甚至还出现奶企不愿意收购导致奶农含泪用奶浇地的情况。这些都刺痛了我的心。

2015年我以远高于学校录取线分数，第一志愿考入华中农业大学，并获得校长特别奖学金。我的目标很明确，就是学习前沿的农业知识，将所学知识运用到实际生产来改变家乡的现状。进入大学后，我开始接触紫花苜蓿产业的研究。一花一世界，通过这朵小小的紫花，我看到了一个无比美好的世界。

紫花苜蓿是牧草之王，蛋白含量最高，是目前市场上高端奶品产奶区最好的青储饲料。在美国，紫花苜蓿的种植面积超过2500万公顷，约占世界紫花苜蓿种植面积的1/3，再加上种子、饲料等一系列下游产品的研发加工，产业市值超过200亿美元；而中国商品紫花苜蓿种植规模很小，基础还很薄弱，对于巨大的畜牧市场来说远远不够。奶牛产奶要好必须要用高品质的牧草，但是中国高品质牧草需要大量进口而且价格极高。每年冬季从美国、澳大利亚进口的紫花苜蓿的价格达到3000元/吨。面对这个巨大的市场缺口，我看准了机会。

我先是鼓励农民种紫花苜蓿，但是农民觉得这个“毛头小子不靠谱”。于是不信邪的我，拿着奶农的订单让农民种，农民还是摇摇头，说祖祖辈辈都没种过。我碰了一鼻子灰后，明白了农民是对新东西不信任，需要人带头。

耐不住我死磨硬泡，最后在家人支持下，我周转了1000亩地，从市农技推广站租赁了设备，从内蒙古草原研究所获得了适宜本土生产的种子，第二年就把种子播了下去。次年我就从这1000亩中赚到了100余万元，扣掉各类花费，纯收入70多万元。

我的牧草不仅为周围4个牧场解决了饲料问题，还成功激发了当地农民的种植热情。

2015年，我和小伙伴们申报国家级创新创业训练计划创业实践项目，并顺利获批立项。项目团队从2015年正式注册公司，注册金额人民币500万元。目前拥有企业独立法人，具备完整的组织机构代码。我的创业愿景并不是简简单单地种草，而是希望能改变中国草业现状。

很快，种植面积扩大到3000亩，我逐步与种牧草农民形成合作社关系。种草大学生的“美名”不胫而走，找我咨询的农民越来越多，不仅有内蒙古的，甘肃、河北、山东等地的农民也到我家、到学校来找我。

2015年3月12日，我收到了央视“创业英雄汇”发来的“英雄帖”，邀请我两天后到北京介绍创业项目。但是正是农忙时节，学业也紧，还有对陌生事物的担心，让我犹豫起来。去北京到底值不值？创业和学业如何均衡？这让我左右为难。来自学校的鼓励，坚定了我去试一试的信心。学院还特邀豆科作物专家、博士生导师赵剑教授作为我的技术顾问和指导老师，与我一同踏上了北京寻梦之旅。

在北京栏目组面试那段时间，我很紧张，压力问答、项目路演不断在脑海中徘徊，连续一周每天只能睡四五个小时。我笑着说，不适合上台面，还是适合当农民。凭借我们项目的优秀前景，以及风投对我个人和已完成事业的肯定，我获得了100万元融资，在现场与投资方签订了意向性合同。

从北京回来后，一时间各投资人争相到华农与我洽谈合作。但是我并没有沉迷于喧嚣之中，而是依然坚守自己当初的信念，和农民在一起，一步一步按照当初的规划稳步前进。改变农业现状不是钱的问题，而是激发农民学会运用新知识保持耕耘的热情。

在大学，我有两个导师：一个是内蒙古牧草遗传育种研究室副主任于林清教授，他帮助我找到了最适合内蒙古的品种“中草3号”；一个是华中农业大学紫花苜蓿专家赵剑教授，他在美国从事紫花苜蓿研究十余年，对于苜蓿的育种、栽培、病害防治、产业发展都很了解。赵剑教授帮助我认清了紫花苜蓿产业的格局，大大减少了我在自然风险和技术风险层面的担忧。

扩大种植需要投入巨额资金和大量时间，来自学校与学院的鼓励、支持坚定了我的决心。在学校的支持下，我有自己的实验团队和实验基地。学校的傅廷栋院士、曹凑贵教授等专家领导还多次到内蒙古我的牧草繁育基地进行指导鼓励。我的紫花苜蓿事业，也引起了湖北各地区的兴趣，湖北京山县畜牧局、京联公司与我的团队签订50万元科研合作。我在湖北、河北、河南三省建立了自己的实验基地。另外我还把种植规模扩大到了5000余亩，年纯利润600余万元。

公司目前已在内蒙古呼和浩特市、内蒙古乌兰察布市、山西省朔州市、河北省石家庄市、湖北省钟祥市建立了紫花苜蓿种植基地。目前公司估值3000万元，与中合三农集团达成战略协议，形成了牧草种植、牛羊养殖、肉食产品加工的产业链。

与此同时，我在自己创业扶贫公益路上越走越顺。家乡的防风林因为树龄老化已经逐步丧失了其生态功能，急需进行改造。我积极投身到改造残林的公益事业之中，仅 2016 年我个人就投入 50 余万元，改造老化防护林 300 余亩，种植樟子松 20 万棵，并与呼和浩特赛罕区的多个村委会签订了 10000 亩的老化防风林长期改造合同。在导师的帮助下，我探索出“两行一带”的新模式。

因为学农爱农，以农创业，以农帮助农民脱贫致富，我先后被团中央、全国学联等评为中国“大学生创业英雄年度 10 强”，荣获 2016“创青春”大学生创业大赛实践挑战赛金奖、公益挑战赛银奖，全国“互联网 +”大赛铜奖，四次获得各创业大赛、省赛金奖。先后被中央电视台、内蒙古电视台，以及《中国青年报》《农民日报》《科技日报》《中国畜牧兽医报》《湖北日报》《内蒙古日报》等主流媒体报道百余次，得到团中央书记秦宜智、内蒙古自治区人民政府副主席王玉明、伊利副总裁包智勇等社会各界人士的接见和肯定。

2 学生后续创业发展情况

抓住市场机会和政策红利，提升公司在呼和浩特的占有率，建立稳定的供需关系，实现公司较高的现金回报。建立起苜蓿种子农业合作社，扩大紫花苜蓿的种植规模。同时与科研单位建立联系，将收益资金投入到种子的研发，培育出 1 个适宜亚热带的品种，1 个适宜西北牧区的品种。

公司现与呼和浩特市赛罕区巴彦镇白塔村村委会、呼和浩特市赛罕区榆林镇潮岱村委会、呼和浩特市赛罕区榆林镇苏木沁村委会签订了从 2016—2028 年共 5240 亩土地的承包合同。为增大规模报酬，公司将复制模式，与更多周围村落签订土地承包合同，实现将种植规模扩大到 15000 亩的目标。公司同时新建呼和浩特市赛罕区榆林镇安格斯肉牛（澳大利亚进口）产业化项目，建设时间从 2017—2018 年，使当地进口安格斯牛养殖向优质、高效、规模化、生态化养殖发展，建成一个集种养结合、澳大利亚进口安格斯牛繁育、安格斯牛养殖于一体的规模化生态养殖示范基地，同时也带动当地三个自然村 280 户农民通过养殖安格斯脱贫致富。

3 主要经验与启示

青春敢担当，创业能扶贫。创业 4 年来，我一直努力帮助家乡农民脱贫致富。我是农村的孩子，农村还那么穷，我们不能熟视无睹，要试着去改变这种状况，早一天行动，就多一分成功的希望。

然而，这仅仅是迈出了通往成功的一小步。农业项目回报周期长、自然风险较高、前期投入巨大，作为项目的负责人，我在创业路上每走一步都要去克服各种各样甚至根本无法预料的困难。农业是一国之本，关系国民生存，关系国民健康，不管未来通往何方，我始终会坚持走在带动农牧民致富和改良西北生态环境的路上，为西北地区的农牧业发展做出自己应有的贡献。

性教育创业梦

项目名称： 无锡守护童心有限责任公司

完成者： 胡佳威　贺加欢　袁绘然　李颖妍　张　敏

完成时间： 2016 年

推荐学校： 江南大学

1 学生参与“国创计划”项目情况

1.1 剑走偏锋的创业工科生

无锡守护童心有限责任公司是 2014 年国家级大学生创新创业训练计划创业实践立项项目，于 2016 年 6 月顺利完成结题。项目组主要成果有：开展了 6 场儿童性教育公益课程，辐射 1000 名小学生；新媒体运营方面，截至 2016 年 6 月 1 日，企鹅媒体平台阅读量达 44 万，微信主页关注人数 4988 人，微博粉丝数 1535 人，共计推出 86 篇文章，覆盖 50 万余名家长；完成视频《我从哪里来》《我的青春期》的制作，并完成视频脚本的设计；完成 APP 架构设计及 7 张 APP 游戏界面设计；完成绘本内容设计并已出版儿童防性侵绘本《我来保护我自己》，定向捐助 2000 册儿童性教育绘本，通过出版差价获取盈利 8000 元。团队于 2015 年 1 月 28 日在江南大学国家大学科技园成立了无锡保护豆豆科技有限公司（无锡守护童心责任有限公司工商审名未通过），成功引进上海 GIC 公司副总裁公衍涛先生、上海骆明投资咨询有限公司共计 35 万元的种子投资，并获得 2015 年灵青社会创新大赛全国二等奖、英国大使馆社会企业投资论坛点赞社会创投奖等。团队积极联系多家媒体、知名网络官方微博、拥有大量粉丝的微信公众平台等，向其投稿，从而获得了一定的知名度；团队成员分工较为完善，拥有设计、动画、会计、物联网等专业学生；借助指导老师沈力晔的资质背景，同时积极联系北京师范大学儿童性教育课题组刘文利教授，审核并修改相关内容文章，从而保证了内容的权威性；在设计上，指导老师王晔凭借丰富的实践经验，提供了宝贵的建议，保证了项目在设计上达到较高的水准，从而更好地完成项目。

中国是一个性教育不够普及的国家，一提及“性”，大多数人都会避之不及，这与我们的传统文化有密不可分的关系。正因如此，绝大多数孩子在成长过程中或多或少面临着各种各样的危险与诱惑。2014 年被媒体报道的全国恶性儿童性侵案高达 503 起，平均 0.73 天就曝光 1 起，也就是每天曝光 1.38 起，是 2013 年的 4.06

倍。从 2011 年就读江南大学开始到现在，是我参与青少年性教育及儿童性教育领域的第 6 个年头，我的创业项目曾获得过无锡市大学生创业能力大赛三等奖、Dandee-enacuts 玩偶设计大赛一等奖、东方硅谷创业大赛优秀奖，也因为出色的能力和创业理念获得“2014 年中国青年创想家”称号。2015 年，我成功地拿到了 20 万元天使投资，并且获得了英国大使馆文化教育处社会企业投资，成立了一家致力于儿童性教育的科技公司。

1.2　热心公益，结缘性教育

2011 年 9 月，我以优秀的高考成绩考入了江南大学食品学院食品质量与安全专业。由于我打扮入时，性格活泼开朗，是个善于交流的大男孩，在被大众普遍认为是无趣死板的工科生中，我常被认为是个奇葩。

大一时，非常偶然的一次机会，我作为江南大学心理志愿者参加了无锡市计生协组织的同伴教育主持人培训，这是我第一次接触青少年性教育。我以义工身份参加，一做就是四年，并成为江苏省高校同伴教育培训师，先后给江苏省 40 多所高校开展同伴教育主持人培训。

从小学开始，我做过许多小生意，但真正着手创业，还是进入大学以后。进入大学的第一个学期起，我就立下了创业的目标。当时我和 4 位大学朋友一起组建了一支创业团队，做的正是当时十分火热的电子商务。这是第一次真正意义上的创业。但由于缺乏成熟的团队管理经验，项目达到瓶颈期后一直无法突破，最后无奈宣布失败。在创业的这两年里，我发现了自己的不足并下定决心潜心学习。大三一整年，我学会静下心去学习，去反思，为后来第二次创业打下了坚实的基础。

第二次创业成功，离不开学院老师的鼓励和帮助，离不开“大创项目”的支持。我报名申请进入江南大学创业学院，接受更为系统的创业教育；申请并成功申报了国家级创业实践项目，在实践中提高了我创业的整体思维和实践经验，为第二次创业奠定了基础。

1.3　一波三折，二战告捷

2014 年 3 月，我决心成立守护童心工作室来推广儿童性安全教育。我通过自己的朋友圈，号召了一群人加入自己的公益事业。我吸取上一次创业失败的经验，在成员设置上，先后找到了包括设计、动画、经济、物联网等各个专业志同道合的队友。

起初，几乎没有学校接受我们的观点。有时是“死”在了小学校长的手上，有时就直接“阵亡”在了学校门卫的面前。他们听到我们是来讲性教育的，连门都不让进。好不容易见到了校方管理人员，他们给的答复也大都是“担心性教育会让孩子提早发生性行为，担心学校开了相关课程会引起争议”，或者用“孩子升学压力大，没有时间开活动”类似的话语来敷衍。功夫不负有心人，2014 年 4 月，团队终于进入了第一所小学，开展了第一次活动。我们再接再厉，2014 年 7 月，我们又第一次进入了社区。现在已经有越来越多的社区和我们建立了合作关系，保证了稳定的授课量。

随着与社区和小学合作的深入，校方和家长开始质疑我们是否有足够专业的儿童性教育资质。为了具有更强的说服力，我利用暑假时间在北京师范大学儿童性教育课题组学习专业的儿童性教育知识。由于资金有限，为了降低开销，我租住在 16 个人挤在 20 平方米的一间地下室，没有电风扇、插头、窗户、手机信号，在炎炎夏日过了整整一个月。

2014 年下半年，为了获得创业启动资金，我跑遍了上海、北京，参加了数十场投资路演。终于在 2015 年春节，我找到了人生中的第一笔 20 万元天使投资，并于 2015 年 1 月 28 日正式注册成立了无锡保护豆豆科技有限公司。投资人告诉我，给我投钱并没指望能有多大的回报，只是单纯觉得我是一个有潜力的创业者。

现在，在学校的推荐和帮助下，我和其他三家公司在江南大学国家大学科技园合租着一间 98 平方米的办公室。加上国家每年的创业租房补贴等，我们创业团队每月只需交 240 元的物业费，加上 200 多元的水电费，500 元就是公司场地每月的全部开销。现在公司的主要产品是儿童性教育绘本，以及儿童性教育的 APP，产品没有明显的地域性。当然除了创业成本适宜，邻近学校方便吸引更多大学生加入团队，也是我在选址时的重要考虑。“公司就在我们学校旁边，团队里也有很多还没有毕业的学生，平时工作在公司，学习在学校，我们这里相当于是大家一起追寻梦想的地方，所以大家都是不计报酬地在创业。”

2 学生后续创业发展情况

公司要如何发展，是我的团队考虑的首要问题。由于性教育目前依然是一个特殊、冷门的领域，尽管有非常成功的学者，比如北京师范大学的刘文利老师、中国性学专家李银河老师等，也有很多关于性教育的专著论文，但当家长真正遇到生活中一些细小的问题时，他们很少翻阅整本书籍，也很少向专家学者请教，他们需要的是一个场景下最简单有效的解决方法。为了解决家庭儿童性教育的难以启齿的社会问题，公司基于微信公众号“保护豆豆”为家长提供儿童性教育公开课、社群、直播及微信咨询等诸多在线服务，帮助家长和孩子共同学习儿童性教育，成为儿童性教育细分领域的 IP，将枯燥、难以理解的儿童性教育学术知识转变成有趣、易懂、可操作的场景化技能。

“不羞学堂”是无锡市保护豆豆科技公司的主打项目，其同名在线儿童性教育学习平台，借助在线教育模式，融合视频教学、图文学习、绘本销售等多种在线模式，并结合线下不同形式的学习和活动，打造出儿童性教育的在线学习社区。慕课的学习模式，能够让使用者利用碎片化时间有针对、有系统、高效率、低成本地学习；同时，伴随着互联网的在线学习，线下提供陪伴学习的实践、可操作的教学工具和面对面儿童性教育知识的交流。

保护豆豆通过出版众筹在 1181 个社会爱心人士的帮助下，已为 27 个公益组织免费提供了共计 2000 册的儿童防性侵绘本《我来保护我自己》。

2015 年、2016 年，两年时间内在全国 17 个省 60 个市 73 所小学、幼儿园及 8 个社区成功开展了保护豆豆的儿童性教育课程。

2016 年 7—12 月，联合智行基金会为 6 名志愿者老师提供儿童性教育培训，为河南艾滋病遗孤开展为期三个月的网络课堂。

2016年8月，联合无锡市团市委，举办“我的身体我保护”之“身体教育”系列沙龙。

2016 年 9 月，开创全新栏目——豆豆讲故事，每周为家长孩子讲一个儿童性教育相关的绘本故事。

截至 2016 年 12 月， 保护豆豆共开展大型直播 4 场，家长微信公开课 90 余场，覆盖家长人数超 10 万人次；包括微信公众号、头条号在内的媒体平台累积阅读量超过 100 万次。

我的心中有一个儿童性教育的梦想，希望通过互联网帮助家长对孩子进行性教育，引导孩子掌握全面、健康的性知识。我想成为中国当今社会儿童性教育的推动者。

3 主要经验与启示

正是因为我们是年轻人，我们才肩负着更重的社会责任。我们公司的目标是：成为一家以解决社会问题为宗旨的企业。虽然我走了一条大部分同窗好友都不会选择的荆棘之路，但宝剑锋从磨砺出，历经打磨，削铁如泥，锋利无比。一路的荆棘又何惧之有！

从蓝莓里走出来的“桃子的小屋”

项目名称：桃子的小屋•健康养生堂

完成者：陶予琦　徐湾湾　金苏红　周　雨

完成时间：2017 年

推荐学校：南昌大学

1 学生参加“国创计划”项目情况

“桃子的小屋” 创业项目（以下简称“桃子的小屋”）起步时间为 2013 年下半年。起步伊始，创始人以大兴安岭百健蓝莓饮品公司产品代理起步，先期在校园内推广宣传，后通过发展区域经销商扩大产品市场。

2014 年，仅野生蓝莓单项产品一项，在南昌地区拓展多个经销商，产品覆盖南昌市 300 余家实体门店。2014 年底实现过百万的市场年收益。受到今视网的报道。

2015 年初，发起人着手拓展深圳、兰州、武汉、烟台等地市场。同时，成为大兴安岭百健蓝莓饮品有限公司的全国总代批发商。

在南昌大学协助下，发起人于 2015 年 4 月成立江西丹红商贸有限公司，注册“桃子的小屋”商标，并在南昌大学前湖校区的创业孵化基地内设置了展厅。展厅产品涉及全方位的纯天然养生保健系列产品逾两百种，货源地覆盖东北三省、海南、广西、云南、西藏、新疆，以及俄罗斯、日本、韩国、越南等地区。

自 2015 年公司成立至今，已在武汉、兰州、烟台、南昌等地成功开设四家连锁专卖门店。四家门店月均过 10 万元盈利。自开业来不断收获客户和市场的良好反响。

依托大学创业平台，“桃子的小屋”创业团队逐步打造纯天然的养生保健连锁品牌。2015 年 4 月，创始人作为 90 后特邀嘉宾在由江西省教育厅、江西省国资委、江西省广播电视台联合举办的“江西省首届创业公开课”上，与南昌大学师生分享创业体悟，并获封“创业榜样”称号。

“桃子的小屋”创业团队事迹受到省日报社、新华社江西分社、今视网、省教育电视台、网易新闻、新浪江西、凤凰江西和《信息日报》等多家媒体刊物的采访报道。

2015 年底，“桃子的小屋”与校团委、校招生就业处、经济管理学院在校内联合发起 “桃子的小屋——爱心你我他”义卖募捐活动。通过义卖自有产品野生蓝莓来募集善款，扶助本校内贫困学子，以及南昌市太阳村。义卖事迹受到今视网特别报道。

2016 年初，“桃子的小屋” 项目与江西地域品牌泰和乌鸡成为战略合作伙伴，共图大健康事业，致力造福 21 世纪人类社会。

随着“国创计划”创业项目的开展，我们团队也加入进来，并在参与过程中受到诸多启发，这为我们项目后续发展提供了新思路、新方法。

2 学生后续创业发展情况

2016 年，总公司江西丹红商贸公司分别成立两家子公司：江西红雨湾贸易有限公司和江西白婷贸易有限公司，分别主营珠宝和茶叶等新类产品，并在每家分店内增设珠宝及茶叶专柜。同年，分别在兰州、南昌新增分店。

2016 年末，“桃子的小屋”成立了“养生大讲堂”，每晚的健康晚课让大家受益颇多，这些讲师们也深受大家的喜爱。“桃子的小屋”健康文化已日渐深入人心，并帮助了许多人培养和建立正确的养生意识。

2017 年初，“桃子的小屋•爱心义教课堂”项目一经提出，便获得了社会各界人士的肯定，义教分为“老年班”和“儿童班”，目前分别在“桃子的小屋”武汉店和南昌店试运行，效果十分不错。将来“桃子的小屋”每一家门店都将有这两个班级：一个是为了让孩子们打下坚实的基础，培养综合素养（如英语口语、茶艺等）；另一个通过课堂给已经退休的老年人提供与一个学习健康养生知识的机会，也希望以此让更多已退休的老年人充实自己的生活，从精神上获得满足，结识更多同龄朋友也有利于心情的愉悦。

2017 年，联合南昌大学教师共同提出 “万家诊所健康联盟” 项目计划，并已提上日程，“桃子的小屋”将与千万家小诊所进行合作，让真正的大健康走进老百姓的日常生活中。

3 主要经验与启示

现在很多人提到创业，下意识会想：做淘宝还是开店？也许大多数人对“事业”和“生意”，对“创业”与“赚钱”，对“企业”与“公司”等诸多概念混淆不明。有人觉得创业就是大老板，有钱任性；抑或是很多人创业时会盲从表面十分火爆的项目；还有些人，仅凭短时间的得失来武断结论。而“桃子的小屋”所选择的创业方向，在老概念下结合学生创业，开发纯天然的市场空白产品，贴地气、接生活，讲求实际，关乎民生。初期并不引人注意，但从前景看，则是能长远发展的健康之路。

2015 年央视的“3·15”节目，曝光了“辣条”的生产黑幕。其实“辣条”生产有黑幕路人皆知，可这种最能戕害身体健康的零食却横行市场多年，甚至仍被许多知识青年时尚白领热捧，令人扼腕。如果我们的童年建立在“辣条”上，甚至延续至青年，那我们真的是输在了起跑线上。

这不是危言耸听或者虚张声势。当大多数大学生头疼于八百米的跑步测试，当太多大学女生在这个年纪虚弱不堪贫血严重，当太多人膳食不当、作息不规律、内分泌系统紊乱而面色蜡黄，不禁慨叹一代人的体质竟然如此羸弱。以往常听父母道：你们这一代的体质实在不如我们以前了。现在才体会到了这个道理。

作为全年经济发展的风向标，2017 年的政府工作报告中对城镇化、新能源、物联网、大健康、农业现代化等等领域都做了重点规划。大健康作为一个经济学概念，在我国尚未形成。而如今我们的努力，是将健康养生概念与大学生创业结合，打造“桃子的小屋”健康潮流文化品牌，让健康养生观念从年轻开始，如同当初在南昌开发新产品野生蓝莓一样。我们成为健康连锁目标的设想和努力也是在填补中国产业链的一项空白。

是谁说过，无知者无畏；又是谁说过，凡成大事者，总是低调。越钻研，越博知，越惶恐。在中华民族传承千年的中医养生理念的指引下，“桃子的小屋”仍有一段征途要跋涉。回首，是为更好地展望——时刻自我提醒：这条路已经走了有多远。坚守初心，义无反顾！

一路兼程，不忘初心

项目名称：南京安夏电子科技有限公司
完成者：谷敏骏　任　潇
完成时间：2016 年
推荐学校：南京理工大学

1 学生参加“国创计划”项目情况

1.1 勇立“双创”潮头，彰显青年担当

我是谷敏骏，南京理工大学公共事务学院公共事业管理专业 2016 届毕业生。2015 年 8 月，自主创立南京安夏电子科技有限公司，运用“互联网 +”及大数据、云计算等核心技术，在全国率先探索出通过数据计算进行智能追踪的监控解决方案，荣获南京市青年大学生特别优秀创业项目（获得创业资助金额 50 万元），产品现已在江苏省纪委等相关单位成功推广使用，市场反馈优秀，销售金额迄今为止已超过 1500 万元。2016 年 3 月，南京市委黄莉新书记一行莅临公司考察调研，并对我们的创新创业成果给予高度评价。

1.2 敢想敢闯，敢为人先

“GDP 增速 6.9%”“25 年来最低”，当社会舆论聚焦于不断加大的经济下行压力时，创业不到一年的我正在向大众书局的高层管理者介绍自己公司的大数据服务在大众书局运营中的具体应用，一份新的战略框架合作协议已经签约完成。2016 年，我的公司将继续拓展业务，目前还有更多已初具意向的项目正准备开始实施。

信心来源于我对国家科技创新发展方向的准确把握和自己创业成功的扎实脚步。凭借自身丰富的见习实习及就业创业经验，我在 2015 年 4 月就自主创立了南京玄牝文化传媒有限责任公司。2015 年 8 月，我带领团队研发出具有在线监测、数据分析、行为判断及实时处理功能的智能监控产品，并创建南京安夏电子科技有限公司。短短不到半年时间，公司就从学校的大学生创业孵化园起步，入住学校科技园，成为第一家也是唯一一家入驻南京理工大学科技园的大学生创业公司。

信心来源于我敢想敢闯、敢为人先的拼搏精神。我其实是一名不折不扣的文科学生，为实现自己的“双创”梦想，一方面自学数据分析、互联网应用及云计算等相关知识；另一方面，不断提升个人营销管理、市场把控及金融实务等重要技能。凭借着自己的努力，我成为学校模拟招聘大赛及创业竞赛的双料冠军，更是第二届

中国“互联网+”大学生创新创业大赛“建行杯”江苏省选拔赛二等奖，以及南京市青年大学生特别优秀创业项目的获得者；还以突出的“双创”事迹，荣获 2015 年度南京理工大学最高荣誉“校长奖章”。

1.3　一路兼程，不忘初心

“刚进大学的时候就知道文科生就业压力较大，所以想努力提升自己，锻炼综合素质，适应社会需求。”这是我回想自己刚进大学校园时的打算。从大一起，我就从未放松过对自己的要求：学业上，我兢兢业业，一丝不苟，良好完成自身大学课程；学校里，我身兼数职，担任过学校志愿者，参加过学院学生会，担任过班长；课余时，我主动寻求实习见习机会，曾在腾讯公司、宏基集团、中国联通及苏宁云商等不同类型、不同行业的公司和企业实习。可以说大学期间除了过年回家我没有给自己放过一天假。

“记得实习的时候有一次和企业老总座谈，他的一句话让我印象深刻，他说青年人不要抱怨国家为你做了什么，而要多思考你能为国家做什么。”正是这句话触动了我，我从适应社会需求出发，开始思考青年到底应该“为国家做什么”这个命题。在国家“大众创业、万众创新”的浪潮下，我敏锐地把握住实习中发现的企业发展共通点，即“互联网+”、大数据及新媒体的广泛运用，在实践中不断学习相关知识，成功胜任学校新媒体研究会主席，创建学校官方微博、微信，并以此作为自我追求的目标，走上创新创业之路。

2　学生后续创业发展情况

现已迈出成功第一步的我从未停下创新创业的步伐，还未毕业的我为公司的未来发展定下了两条主线。

一方面，要让自己的成功创业经验及公司现有创业平台成为样本和资源，带动更多学校的科技人才投身国家“大众创业、万众创新”的时代浪潮。我公司已经吸纳了一批涵盖计算机、电子技术、自动化、金融管理等专业的优秀学生，储备了一批科技前沿的创新产品，创新创业成为公司发展的新常态。

另一方面，将科技创新与服务民生结合，坚持“创新、协调、绿色、开放、共享”的发展理念。公司现已研发了专为盲人服务的智能盲杖，未来一旦投入生产，将为盲人出行提供极大便利。

3 主要经验与启示

我认为，公司虽然是我创立的，但却应该是属于社会的，应当服务于国家经济社会的发展，应当承载更多的社会职能和社会责任，我觉得这就是我们青年能为国家做的，这就是我们青年的时代担当。

以科技为翼，放飞创业梦想

项目名称： 南京关拉尼电子科技有限公司

完成者： 苗　可　王子毅　邹四维

完成时间： 2014 年

推荐学校： 南京理工大学

1 学生参加“国创计划”项目情况

我是苗可，男，2009 年 7 月毕业于南京理工大学航空宇航制造工程专业，硕士研究生学历（创新人才免试研究生），毕业后放弃了待遇优厚的工作，自主创业，创办了科技创新型企业——南京关拉尼电子科技有限公司，创业项目——“智能药房”获得了南京市青年大学生优秀创业项目评选一等奖，并获得了紫金创业投资资助。

1.1 路漫漫其修远兮，吾将上下而求索

在四年的大学生活中，我积极参加各种创新创业活动。我曾获得全国大学生数学建模竞赛一等奖（2005）、南京理工大学创新杯二等奖和首届江苏省机械创新大赛一等奖。我曾代表南京理工大学参加了 CCTV 举办的 ABU 亚太大学生机器人大赛国内选拔赛，作为队长，除了全队的管理工作外，我还主要负责手动机器人的机构设计、程序编写、硬件电路设计、制作和调试工作，并作为全队手动操作手代表学校上场比赛，团队成功进入 32 强争夺赛阶段比赛，实现了历史性突破。

研究生阶段，我参加 2007 年江苏省科技攻关项目——1250 吨数控液压机开发，主要负责了整机的电子线路的设计，以及控制系统的软件编程，对整机进行了调试生产，各项指标合格，通过省内验收。除此之外，我还担任过机械学院 2003 级学生会学习部部长、副主席、主席。丰富充实的大学生活培养了我的学习能力、适应能力和领导能力，让我有丰富的团队合作经验，经历过大赛考验，有着良好的心理素质。

1.2 君子藏器于身，待时而动

2005 年，上大三的我产生了创业的念头，但是经过仔细考虑，一毕业就创业会面临巨大的风险，我意识到应该积累社会知识和工作经验，所以选择了先就业。我就职于中国商用飞机工程技术服务部，在那里工作了三年，从事民用飞机机械、结构维修性设计及可靠性、维修性分析评估工作。先后担任 C919 飞机 AD/ED 分析技术项目经理，C919 飞机 MSG–3 辅助分析软件项目经理，C919 飞机结构间隔确定技术项目经理。

在中国商用飞机工程技术服务部工作的三年中，我从一个社会经验极少的硕士研究生成长为一个经验丰富的公司技术骨干，不仅积累了技术方面的实际经验，而且学会了为人处事的方法。我感觉到创业的时机已经成熟，只有自己创业才能完成大学时的梦想，值得放弃现在安逸稳定的生活为之拼搏。如果一个人在一个阶段内没有把现有的工作做好，怎么能够走好下一步呢？小学不能毕业怎么去上中学呢？所以一定把自己的工作做好，每一步脚踏实地，只有登上山顶高处才能看到更高的目标矗立前方，等待攀登。

1.3 乘风破浪会有时，直挂云帆济沧海

我找到了一群志同道合的同学开启了创业之旅。从 2006 年开始，我对智能药房这个项目有了想法。智能药房产品是针对医院药房管理及药品发放与存储的现状，解决取药等待时间长、药品调剂率低、药剂师工作强度高、用药咨询缺失等问题，提升信息化时代医院的服务水平，降低医院人力成本，提高管理效率的自动化药房管理设备。这是大势所趋，在不远的未来，自动化技术将大幅度取代落后的人力资源。这种自动化设备应该具有以下特点：“全新设计理念”“完善的管理保障功能”“个性化解决方案”及“高可靠性”。拥有以上特点的智能医用设备才能真正取代现在的落后取药方式。这就是我科技创业、创新创业的产品定位。科技性的项目来源于创新性的想法，创新性的想法的源泉是我对创新创业孜孜不倦的追求。任何一项微小的优化、改进耗费的是创新者辛勤的心血，任何一次艰苦的营销、谈判都凝结着创业者奋斗的汗水。正是在无数次的项目洗礼中，我笃定了创业的想法，在创业之路上不断前进。

2 学生后续创业发展情况

2013 年 1 月，我准备好一切开办公司的手续，注册了南京关拉尼电子科技有限公司，并担任公司法定代表人，我的创业之旅踏上了崭新的台阶。经过公司长期艰苦的研发攻关，智能药房产品已经进入正轨，目前已与远东国际租赁有限公司签订全国总代理协议，与南京理工大学签订项目合作实施意向，转入正式实施阶段。

一个充满活力的科技型企业绝不会局限于单个项目，强有力的市场竞争力来源于多领域的发展，而多领域的发展往往可以为创业者带来不同的创业视野。我把目光转向了集装箱自动喷砂机的研发工作，同时提供龙门架式自动喷砂处理生产线产品，致力于提高集装箱喷砂处理效率和质量稳定性、解决人力成本不断上升的问题，实现喷砂工序全自动化、智能化作业。在集装箱焊缝喷砂处理工序上，目前仍由人工进行作业，存在很多问题，采用龙门架式自动喷砂处理生产线产品后，能够有效解决作业成本高且难以进行控制的问题、工作环境恶劣、粉尘和高噪声对作业人员

构成潜在健康风险的问题、由于操作状态不稳定带来的质量稳定性问题等。该产品目前正在跟南通中集集团进行合作洽谈。

3 主要经验与启示

创业的可持续性困扰着许多创业实践者，我对此有不同的想法。创业失败的团队往往不具备互补性和原则性，而是只用同学情和亲情来联系到一起，这是一个危险的做法。相互的迁就并不科学，矛盾积聚到超过心理承受能力时就会爆发出来了。我解决此问题的秘诀就是稳定，公司的股东稳定，公司的运作模式稳定，稳定的团队是企业发展的核心动力。

在创业道路上，我在一切事务处理上遵循着科技创业、创新创业的原则。我认为，创业团队在某些问题上可以有争议、有讨论，这样才会有思想的碰撞，也就有了创新，绝不在公司搞危险的个人英雄主义，只要是利于创新、利于科技进步的想法都是值得肯定的。一个企业找到合适自己发展的路子，准确地定位，有益于团队的建设。我组建了三支队伍：一为业务部，负责产品销售；二为商务部，负责公司的财务、后勤、采购；三为技术部，负责公司的项目实施、售后服务和研发。

目前我的创业事业正脚踏实地地向前迈进，各项工作都已步入正轨，相信通过不断努力，公司定会成为充满竞争力的高科技公司，成为真正践行科技创业、创新创业的明星企业。

航模科技，放飞创业梦

项目名称：南京水中游鱼智能科技有限公司

完成者：游安华

完成时间：2015 年

推荐学校：南京理工大学

1 学生参加“国创计划”项目情况

我是游安华，男，中共党员，南京理工大学机械工程学院航天工程专业 2015 届研究生，2014 年创立了南京水中游鱼智能科技有限公司。公司将实验室科技转化为产品走入市场，致力于无人机教育培训方面产品的研发、生产、销售和培训，为多所高校和企事业单位提供了多种类型定制无人机及方案，同时开发无人机教育培训系列教学课程和教学套材。公司现已与多家小学及培训机构针对无人机教育培训建立合作关系，并与港澳台地区的企事业单位开展了多项业务。

1.1 逐梦之翼——航模梦初露锋芒

我的航模兴趣是在一次国家级航模科研训练中被激发出来的。经过不断的刻苦钻研，我从一个菜鸟逐渐蜕变成一个飞行高手，第一次参加比赛就取得了中航工业杯——国际无人飞行器创新大奖赛二等奖。之后我向学校提议成立一个团队专门研究航模和无人机，在学校和专业老师的指导协助下，南理工无人飞行器协会诞生了，我的身份也由学生转换为协会教练，身上有了另一份职责。我希望能给南理工爱好航模的同学创造一个学习航模知识的地方，让大家的航模梦都能翱翔蓝天。

仰望蓝天，脚踏实地；德才兼备，知行合一。在学习上我认真刻苦，屡获奖学金，还获得过校五四表彰校园先锋“创新先锋”称号，江苏省“我的青春故事”大学生成长故事会科创之星。在 2011 年的“首届中航工业杯——国际无人飞行器创意大奖赛”中代表南京理工大学获得竞技组二等奖。2012 年至今带队参加科研类全国航空航天模型锦标赛和全国模拟飞行锦标赛获得 2 个团体第一，6 个一等奖、16 个二等奖和 14 个三等奖，同时被评为优秀指导老师。我代表协会曾受到工信部部长苗圩、副部长刘利华和江苏省副省长何权等人接见，接受国内外各大高校和团队的科技考察，得到了各级领导的高度肯定。

1.2 筑梦之旅——从航模到无人机

2009 年，我报名参加了学校孙波老师指导的国家级航模科研训练，需要在实验室里手工加工一架展翼 3 米的飞机。由于当时学校在这方面还没有完善的设备，实验室条件不好，冬如冰窖，夏如蒸笼，使得这个挑战更为艰巨。那时候我们的每个周末和节假日基本上都与实验室为伴，最终依靠无限的耐心和大量机械性重复地用锉刀和砂纸打磨出来成品。

飞机做完之后，新的问题又出现：飞机没人会飞！要知道飞机模型制作得再好，若不会飞，等于徒劳。因此，为了培养自己飞控的本领，我开始模拟飞行练习，待模拟得差不多的时候才开始组装飞机，学习如何焊接调试电子设备，直到最终将飞机送上蓝天。这个过程历时半年，非常漫长，期间遇到很多技术上、经验上的问题，为此我经常请教另一位对我影响很深的指导教师余劲天老师，获得了许多帮助和指导。

一次偶然的机会，余老师和我聊起无人机，让我意识到了航模相对于无人机来说仅仅是小菜一碟：航模终究只是航模，必须要有人运用遥控器进行控制飞行。而无人机却可以简单地通过自动驾驶仪实现自主飞行，看似很简单，但无人机的科技含量相对高得多。这让我对无人机开始产生了浓厚的兴趣，当余老师问我“有没有兴趣一起来搞无人机，飞大个的飞机？”，我当即便应了声：“搞！”随后，机会来了。2011 年国内首次举办了无人机飞行盛会——首届“中航工业杯——国际无人飞行器创新大奖赛”。在这次比赛中，我们团队的无人机“海星 5 号”在两轮的比赛里成功勾住了第三根拦阻索，获得了江苏省高校第一、全国第六的好成绩。这次比赛成功开启了我的“无人机”之路，余老师也成了我航模事业上的伯乐。

喜欢航模和无人机的同学逐渐增加。我当上协会会长和教练之后开始带领队员参加比赛和各类学习交流活动，在短短 3 年间，我带领协会成员多次参加国内外比赛，也吸引了更多的同学加入，将来也许能为祖国的航空航天事业贡献自己的一份力量。

1.3 展翅起飞——水中游鱼的创业梦

我热爱航模，可以忍受实验的孤独与单调，经过了无数个日夜的努力，如今我已经拥有了自己独立研发的微型多旋翼无人机。在别人看来，我的梦想实现了，但对于我说，梦却刚刚开始。

在我就读研二的时候，心里就萌发了创业的想法。对于很多模友或者还没入模的人来讲，体积较大的多旋翼无人机具有一定的危险性。因此，我决定设计一个迷你微型四轴无人机。在多位老师和同学的支持下，经过了几个月的努力，夜以继日地焊接调试，最终完全手工打造出一台巴掌大的迷你微型四轴无人机。带着这台迷你微型四轴无人机，我受邀到全国机器人大赛中进行过表演，场面反应很热烈，还曾被众多公司企业选中，进行参展表演。

由于迷你微型四轴无人机体积小，重量轻，便于携带；安全性能好，结构坚固，不怕“炸机”；飞行性能好，飞行过程中很稳定，吸引了一批欲购买的爱好者。我抓住时机，尝试性地把手工制作的迷你微型四轴无人机放在淘宝网上销售，销量很不错。可是手工制作效率实在太低，委托工厂进行大批量生产也不现实。随着无人机技术的成熟和使用经验的丰富，多旋翼又具有门槛低、危险小、易改装和维护等特点，受到越来越多航模爱好者的青睐。面对前景广阔的无人机产业，特别是在学生的无人机教育培训市场上，我产生了创建公司的想法。

2014 年，我成立了南京水中游鱼智能科技有限公司，带领着 5 人团队潜心研究无人机技术，并面向市场提供无人机定制服务。在近一年的时间里，我们自主研发生产的微型四轴飞行器作为教辅器具，受到各培训机构和学校的青睐，在大陆及港澳台地区已售出 2000 多台，团队营销总额已达到 50 万元，成为南理工学生创业队伍里的一匹“黑马”。自创业团队成立以来，我们已经在各大航模和无人机爱好者论坛发布了近百篇飞行器精华图文教程和视频教程，受到了广大航模爱好者的认可。

2 学生后续创业发展情况

千里之行，始于足下。对我来说，微型四轴飞行器仅仅只是开始。让更优秀的无人机设计产出，更广泛的学生参与研发，更多的大学生，甚至中小学生能够学习无人机相关知识并使他们儿时当科学家的愿望及时得到实践，才是我心中最大的梦想。因为在我小时候没有这样的机会，所以我立志通过自己的努力，“从娃娃抓起”，培养一批又一批能够对祖国的航空航天事业做出贡献的人才。

在公司成立不久后，我确定了团队未来的四个目标：一是改进技术，公司能拥有全自主知识产权的产品设备；二是拓宽思路打开市场与业务，让更多学校及机构搭建起类似水中游鱼团队心目中的无人机实验室平台，让更多的人见识到无人机的长处与本领；三是吸纳更多有技术有资金的合作伙伴，提升公司硬件条件；四是，也是主要的目标，就是为更多学校搭建无人机实验室，同时打造无人机教育培训产品及课程，通过套件的形式让更多的大学生、中小学生参与进飞行器设计制作中来，让更多大学及中小学有个更好的环境与空间，让学生能有更多的动手实践机会，同时投身祖国的航空航天事业中，这也是我创业的初衷和理想。

3 主要经验与启示

对于创业者来说，搭建理想的“梦工厂”同现实有难以逾越的鸿沟。青年创业企业的共同问题是缺乏资金支撑，难以走得长远。对我来说，如何在企业创办、日常管理、发展融资等方面获得帮助是最需要得到解决的问题，同时这也是在倡导大力发展民营经济，尤其是鼓励青年创业的今天，社会各界需要思考的问题。对这个阶段的水中游鱼团队来说，现在急需一笔资金进入，快速扩大市场规模。我认为，不仅企业的生产技术、能力十分关键，发展速度也至关重要，“按照现在的速度，很容易被对手赶上，甚至被超越”。因此，我计划在近两年内抓住一切的融资机会，尽快拓展市场，夯实基础，扎实地搭建好我心中的“梦工厂”。

追寻梦想，坚持不懈

项目名称： 基于无人飞行器的水稻害虫目标监测系统

完成者： 邓海啸　王克寒　沈丹洁

完成时间： 2014 年 6 月

推荐学校： 南京农业大学

1　学生参与“国创计划”项目情况

该系统是利用飞行器代替人工监测大片水稻田的病虫害情况，通过对机载相机拍摄的照片进行分析处理，来对发生的病虫害信息进行预警，达到及时发现病虫害并果断采取防治措施的效果。好处是利用无人机可以大范围地监测病虫害，节约劳动力，并且效率是人的几十倍，也不会对农田造成损坏。

1.1　选题渊源

我从小就想当飞行员，却因为视力不达标被拒。人上不了天，但心是自由的，一直想让无人机承载着我梦想，翱翔自由的天际。来到南京农业大学，我如愿地分配到了自动化专业，从大一开始潜心研究飞行控制系统，每天一个人不分早晚地在操场试飞飞机，一次次试飞失败，飞机坠机，提着惨不忍睹的飞机残骸，回到寝室用胶水进行修补，手臂经常被螺旋桨打得伤痕累累，衣服上都是黑一块白一块的 502 胶水，眉毛经常被热风枪吹得焦煳，室友笑我太疯癫，我笑他人看不穿。人若没有梦想，如同行尸走肉。我常常想：独乐乐不如众乐乐，何不带着同学一起玩无人机，一起去追逐蓝天呢？说干就干，我向院团委递交成立无人机协会的申请。起初困难重重，老师考虑到无人机具有危险性，不太赞成我们成立协会，我就换一种方式跟老师说，无人机可以锻炼学生的动手能力，提升研发力度，还可以为学校航拍，还可以代表学校参加各种全国性的比赛，并且无人机还是全运会的体育项目，最终老师拍板叫好，无人机协会正式成立。成立第一年，我带了 70 余位“学徒”，从此操场不再只有我一个人的身影，而是一群人掌控无人机穿梭蓝天伴随的欢声笑语。

一年后，我从无人机协会会长的位置上“退役”了。有一天我的班主任路过操场，看我用无人机挂着小米 1S 手机在航拍校园全景，就过来跟我探讨无人机是否可以用在其他领域，比如农业领域。她说无人机可以用来对农场巡视，代替农民去巡视大范围的农田。我当时也在脑子里认为这个想法是不错，但是否可行呢？班主任说正好马上 SRT 要开题了，可以用这个项目做 SRT 课题，组队进行研究。实践是检验真理的唯一标准，不试试怎么知道项目不行呢？于是我找了王克寒和沈丹洁两位好友组成小组，命名为“无人机特战队”，开始查资料，对无人机检测害虫的可行性进行研究。

1.2 不可能事件

转眼间两个月过去了，我们查了很多资料，也分析可行性了。此时学校开始对每个项目进行立项，每组需要准备 PPT 进行汇报，评委最终会分析项目是否可行，并毙掉 30% 的不可行项目。到我们答辩的时候，第一个评委就给我们当头一棒，说这个项目不可行，因为无人机的风场会扰动作物的叶片，在叶子左右摇晃的时候无人机拍的照片是模糊不清的，根本没法识别。当时我们就蒙了，根本没想过这种情况，那种在台上冷场的感觉终生难忘。后来台下的另外一位评委给这个问题做出回应，化解了我的尴尬。本以为我们的项目就这样被毙掉了，没想到后来局面扭转，台下的五位评委有三位对我们的项目是寄予厚望的，3 比 2 险胜。不过我们回去之后对评委提出的问题进行分析，确实存在这样的问题。有问题没关系，关键是去找方案去解决。我比较喜欢做有挑战性的事情，挑战自我，超越自我，把不可能变成可能，这才是我的性格！

1.3 困难重重 柳暗花明

我们很快地收拾好了情绪，从立项成功的喜悦中走了出来，投入到研发当中。三个臭皮匠赛过诸葛亮，我们每天除了上课的时间，其他时间都在一起讨论方案，调试飞行器，修理飞机，每天重复却乐此不疲。项目进行不久，我们就被卡住了，商用的飞控没法进行二次开发，没法根据我们想要的功能进行开发，我们必须要从头研究飞行控制系统，要从最基础的源头去了解多旋翼飞行器的起飞、转向、定点巡航、数据链传输、通信协议等原理。时间紧，任务重，我们仨决定暑假不回家，留在实验室集中精力干。按照学校规定，暑假实验室是必须关闭不能留人的，也不会专门为我们几个人开放，因为确实存在安全性隐患。但我们没有实验室的仪器就做不了实验，凭我们当时的实力还买不起那么贵的实验仪器。我们想出了一个折中方案，向学校借仪器，放到宿舍。经过我们三番五次的申请，学校同意借给我们仪器放宿舍做实验，确保仪器归还后是完好无损的，这才解决了“仪器门”事件。我们遇到很多问题，却一个一个迎刃而解，享受这种过五关斩六将的成就感。

一年后，项目顺利通过验收。

2 学生后续创业发展情况

2015 年，公司重新运转，招聘新人，重整旗鼓，把无人机改造成可以喷洒农药的、适应大型农田的植保无人机。

半年后，第一代植保无人机 JK161 问世，可以利用它给小麦、水稻、果树喷洒农药。一架无人机每天可以喷洒 300 亩，效率是人力喷洒的 30 倍。自重 50 千克，可携带 20 千克农药，可覆盖方圆 2000 亩农田。对于农村的农民来说这是个福音，免得他们背个喷雾器在田里冒着酷暑喷洒农药了，也容易农药中毒，而现在只需要在手机上给无人机设定好航线，无人机就可以自动飞行，不用遥控器操作，更加智能。第一批十多架无人机很快被销售一空，还因为产能不足造成几十架无人机没法交货，丢失了不少客户。盘算着这一年算是有了一百多万元的收入。

3 主要经验与启示

3.1 得人心者得天下

要说到管理之道，我觉得“得人心者得天下”可以概括我的管理理念。公司只是个组织形态，公司必须由员工撑起来，要怀有一颗对员工的感恩之心。就像建设一幢大楼，我只是画了图纸，剩下的是员工一砖一瓦地去砌，没有员工的辛勤付出，那这幢大楼只能停留在图纸上，永远破不了土。我一直跟员工强调，不要以打工者的心态来我们公司，要把公司当成是自己的公司，当成自己的事业而奋斗。我承诺给员工股份，让员工拥有归属感，我也承诺干满三年配车干满五年配房。正因为这样，我们员工的离职率为 0，忠诚度和幸福感特别高。我从没有要求过他们加班，但公司每天晚上 12 点还是灯火通明，在赶进度。他们知道这些付出未来会有超出想象的回报。我们没有加班工资，但员工还拼命似的加班，别人每天工作 8 小时，我们每天工作 16 小时，我们的进度是别人的 3 倍、4 倍，甚至更高。没有一个人抱怨，大家都在为着同一个目标、同样的梦想奋斗着。人在一起叫聚会，心在一起叫团队。

3.2 克己

我考察员工有三方面准则，一是品德，二是才能，三是态度。品德放在第一位，品德不过关什么都是空谈，一个优秀的员工，首先要懂得感恩，懂得孝道，懂得尊敬，这是最基本的素质。才能是第二考虑的要素。为什么你找不到工作？是你能力不行。为什么能力不行？学的知识不够。那么，就不要再去怨天尤人，强制自己去学习吧，让自己变得强大，变得优秀。那样的话，就不是公司去选择你，而是你去选择公司了。具备以上两点可以基本满足我的要求，最后一个态度也是比较关键的，态度决定高度，态度决定一切，不把态度摆正，是做不好事的。对待他人要以宽容的态度，对待工作要以严谨的态度，对待科研要以神圣的态度。对员工这样要求，必须自己先做到，才能要求员工做到。我每天到公司都在 8 点之前，我是第一个到公司的，没有比我更早的。每月进行员工考核，我会跟员工互相打分，相互批评，纠正错误。每周员工要向我汇报工作计划和成果，我也是每周写工作计划报告给员工，让他们知道我每周在干吗，在跟他们一样努力奋斗着。只有我起着带头作用，员工才会跟着我闯天下。

3.3 颠覆传统行业

做了几年的公司，我觉得公司必须提供有价值的东西给客户。做过互联网项目，我知道了用户体验的重要性。

3.4 注重悟道

24 岁的我，有着 34 岁的心态， 年龄不大，却已在商海沉浮多年。我所经历的、我所看到的都是同龄人无法理解和体会的。我把自己定位成企业家，而不是商人。商人和企业家是有区别的，商人关注的是眼前的利益，企业家看的是长远的战略，需要承担更多的社会责任。我必须要对社会做出更大的贡献，生命的意义不在于索取而在于付出，站在越高的层面看东西，看到的东西越不一样。

3.5 学会感恩

与感恩的人为伍。我所得到的一切，都是在别人的帮助下完成的，要感激在创业路上帮助过我们的导师、朋友、家人，正因为有了他们，我才能走到现在。在我四面楚歌的时候帮助过我的人，我会铭记于心，等到适当的时候，我会奉上我所拥有的一切。

永不言弃，砥砺前行

项目名称：嘉兴市“两分两换”政策的农户满意度和影响因素研究

完成者：冯沁雅　王　双　贾铠阳

完成时间：2017 年 5 月

推荐学校：南京农业大学

1　学生参与“国创计划”项目情况

1.1　准备阶段

2015 年年底，在接到学院发布的“国创计划”项目动员通知后，我们小组三人就迅速集结，并结合了本专业已经学习的“土地资源学”和“土地经济学”等课程后拟定了若干个备选课题。随后我们根据学院老师的研究方向及研究成果与我们拟定的课题领域邀请到了邹伟教授担任我们的指导老师。经过与邹老师多次面对面的讨论，我们基于一年期研究项目可行性和合理性的考虑，最终确定了课题为“嘉兴市‘两分两换’政策的农户满意度和影响因素研究”。

为了能够把握住这次难得的科研能力锻炼的机会，我们小组在寒假期间就开始了项目申请书的写作。小组成员们分工合作，紧密联络，大量阅读并整理了与研究方向相关的文献，并就老师对于申请书结构、格式等提出的意见进行修改。返校后本小组成员继续广泛地搜集与研读文献，不断完善申请书的内容。经过多轮的反复修改，申请书最终定稿。经过一个多月的努力，我们申请的课题通过了院里专家组的考核，成功申请到了国家级创新训练项目。一年的课题研究也正式开始。

1.2　实施阶段

1.2.1　制定研究计划

项目申请成功之后，我们完全没有松懈对于研究课题相关知识的深入学习，持续进行着“两分两换”政策相关文献的阅读和研究，查阅了百余篇文献。通过查阅文献及与老师的交流，小组对已有的研究成果进行进一步的归纳总结。由于缺乏研究经验，我们多次向指导老师和研究生师姐请教和询问，安排各个阶段的研究计划。同时，阅读关于同类型研究课题的核心期刊文章和硕士论文，对研究方法、流程等有了更加深入的了解，并通过小组讨论，制定了初步的研究计划。

1.2.2 初步问卷设计与预调研

为了能够在2016年暑假对我们的调研地点嘉兴市进行正式的实地调研和数据收集。我们在2016年5月就开始了调研问卷的初步设计。参考类似主题的硕博论文使用的调查问卷，以及结合“两分两换”政策现有的研究成果，我们对问卷应该具备的主要内容进行了归纳和分类。与此同时，通过“土地经济社会调查”课程的老师对农户的问卷设计注意事项的讲解，我们设计了初步的调查问卷。基于问卷的形式和是否很好地服务于我们的课题，任课老师也对于我们的问卷提出了非常中肯的建议。在2016年6月3日至5日，我们小组三人前往嘉兴市姚庄镇试点进行了预调研，回收问卷20份。针对预调研中问卷暴露出的问题及当地政策开展的实际情况，我们进行了总结，并对问卷内容、问题顺序进行了进一步的修改与完善。

1.2.3 问卷设计与实地调研

在经过最后的问卷修改和详细制定了调研计划后，我们小组三人在结束期末考试后就前往嘉兴市开展面向“两分两换”政策参与农户的实地调研。小组在7月14日至22日于嘉兴市“两分两换”政策试点的新仓镇芦川花苑、龙翔街道柞溪小区开展了第一阶段的调研；于7月25日至8月5日前往姚庄镇桃源新邨、七星镇三家浜社区进行了第二阶段调研。虽然调研过程中几乎每一天都是高温烈日，但我们还是按照调研计划基本完成了实地的问卷调研。最终共完成问卷227份，其中有效问卷203份，有效率为89.43%。

1.2.4 数据处理与分析

针对调研获取的203份有效问卷，小组成员进行了数据录入，并对数据进行了统计和描述性分析，对样本农户情况及其对“两分两换”政策的满意度和可能的影响因素有了一定的把握。我们针对调研中收集的各地政策具体安排进行梳理，对数据分析结果进行了总结和整理，形成了部分阶段性成果，并于2016年11月16日通过了学院组织的国创项目中期考核答辩。

由于从未接受过计量经济学课程的学习，我们利用了较多的时间，在2016年11月至12月自学入门计量经济学，通过查阅相关满意度影响因素研究的文献，并结合课题研究的目的。选取了多分类Logit模型寻找满意度的影响因素。由于选取的变量比较多，并且是第一次自己构建模型，我们花了大量时间对模型进行调整。在此期间，我们在图书馆翻阅了计量经济学和STATA操作的相关书籍，也多次就模型构建的问题请教研究生师姐，并最终完成了模型的构建。

1.2.5 撰写论文与研究报告

基于现有的文献整理、“两分两换”政策实地实施情况、农户满意度和生活现状及满意度影响因素的研究结果，我们分别着重就农户满意度和影响因素开始进行论文的写作。写作期间，我们继续深入研读了大量相关的文献，并在论文初步完成后请教导师，导师也非常耐心地对如何合理安排论文的结构、研究成果的呈现及政策建议的书写等提出了许多建议。我们也花费了大量的课余时间，针对老师的建议进行文章的修改，并开始尝试发表论文。

1.3 结题阶段

临近项目结题，我们提前了一个月开始参考研究报告的内容与格式对研究项目一年以来所有的研究过程、方法和成果进行了梳理和汇编。通过指导老师的审阅后，形成了项目的研究报告。2017 年 5 月 17 日，我们也成功通过了学院组织的“国创计划”项目结题答辩，顺利完成了为期一年的“国创计划”项目研究。

2 学生后续创业发展情况

2.1 专业研究素养的提升

我们的“国创计划”项目主要关注的是“两分两换”政策，与专业结合紧密的点为土地流转与宅基地置换。承包地流转与宅基地置换都是我国土地资源管理领域的特色和重要举措。在之前的学习中，我们都只是学习了理论知识，并没有进行实质的深入理解。而在“国创计划”项目筹备前期准备时，我们搜集了大量相关文献资料阅读，对比和总结了相关学者的研究内容、方法和研究结果，进一步充实了自身对于理论和已有成果的把握。之后深入嘉兴市农村进行的实地调研，则帮助我们更加具体地观察和体验了宅基地流转与承包地置换在实地给参与农户带来的成效和出现的问题。

总之，在一年“国创计划”项目锻炼之后，我们对于专业知识和理论不再只是应付考试，也不只是纸上谈兵，而是对于现实中遇到的与专业相关的问题更加敏锐，并且是更加积极主动地去观察和探究，运用目前掌握的知识和成果开始形成研究思路，自发地去思考完成一项课题该如何去准备及完成。

2.2 熟练掌握基本研究技能

经过一年“国创计划”项目的锻炼，我们能够熟练掌握较多基本的研究技能，如在知网查阅所需领域的期刊、博硕士论文，进行调研问卷的设计，以及后期数据分析，计量模型的构建，报告、论文的写作等。这些都是在之后的毕业论文写作和研究生阶段学习中所必需的。而接受了“国创计划”项目磨炼的我们，对于这些可以说是更加得心应手了。

3 主要经验与启示

3.1 经验

课题选择要有时间上的可行性和合理性。参与者需要慎重选择项目的课题，确保课题对于本科生来说不能过大和过难。这样才能够避免拔苗助长，真正提升参与学生的研究能力。课题过大可能会导致参与者花费很多精力却依然不能在一年时间内完成主要的研究内容，并且可能对其正常的课程学习和考试产生影响；课题过难则可能会让研究计划难以推进，取得的研究成果也因此比较有限。而一个合适难度和研究量的课题可以使参与者在一年的有限时间和能力范围内，保证项目较高的完成度和对学生研究能力的更好锻炼。

研究计划安排必须详细且有弹性。对于需要实地调研的项目来说，要根据调研的实际情况提前做好调研时间的安排及与调研地相关人员的对接，以提高调研的工作效率。由于我们的调研主要面向的是为户主的农户，而这部分农户在周一到周五都需要工作，因此在工作日，我们会选择在下午 4 点左右出发前往调研的社区，这样就能在户主下班之后进行问卷调查，避免了调研人员体力和时间的无谓损失。同时，还要做好对于实地调研可能出现突发状况的预案，比如若遇到下雨，则可以进行内业的问卷数据录入，避免突发情况对于调研安排产生过大的影响。

3.2 启示

在实证研究过程中要“瞻前顾后”。“瞻前”指在整个研究过程中需要时常回顾已完成的研究，考虑已完成的部分是否与原目标发生偏离或者存在哪些在目前看来不合理之处，发现问题之后就要及时做出调整和修正，以免影响后期的研究进展；“顾后”指每一步研究操作都要考虑是否便于和有助于下一步和后期研究的进行，如果发现后期需要的数据有缺失则要马上调整目前的研究安排，补充遗漏的内容。如此一来，才能保证研究过程的连贯性、严谨性和成果的完整性。

做研究不可妄自菲薄也不可妄自尊大。在做“国创计划”项目之前，我们作为本科生其实都没有经历过完整的科研项目训练，一开始可能会无从下手，对自己的学习能力产生怀疑，有时候也会对下一步丧失信心，但这些问题并不是不能克服的。在模型的学习中，我们从一开始的抵触和拖延到在实际操作中一点点解决疑问，自学了解了整个计量模型建立的过程和注意点。之后对于陌生的操作或者技能也不会望而却步，而是更加自信从容地将困难瓦解。科研确实是不易和严谨的，但其实研究也不是那么遥不可及，高不可攀，通过不断的学习和钻研，一步一步，我们也可以完成自己的研究，所以对于整个研究不可妄自菲薄。

但做研究也不可妄自尊大，尤其对于社科领域来说，很多问题的探究都与现实情况息息相关，因为各地经济背景、自然环境、人们观念相差巨大。因此，实证研究可不能闭门造车，基于一点自己的理论分析和前人研究结果的总结就对发现的问题妄加推测是不可取的。而是要扎根基层，去倾听和观察一线情况，这样才能掌握更多实际的信息，基于现实情况分析问题，让研究成果更加“接地气”。

不曾驻足，步步前行

项目名称： 特写影像工作室

完成者： 张　皓　张闯闯　杨　瑾　刘永恒　周光辉

完成时间： 2014 年

推荐学校： 青岛农业大学

张皓，男，1990 年 9 月出生，中共党员，青岛农业大学动漫与传媒学院 2011 级本科传播学学生，2015 级农业信息化硕士研究生。青岛市大学生创新创业联盟主席，青岛农业大学绿禾大学生创新创业联盟主席，青岛农业大学虹星创客联盟主席。曾获“中国大学生自强之星”“齐鲁最美青年提名奖”等称号。2013 年由 5 位创始人联合成立特写影像工作室，利用微电影制作的优势并结合农业院校优势，为 CCTV-7《农广天地》栏目和山东卫视《乡村季风》制作农科栏目片。2014 年由于业务需要，引入动漫制作团队，结合中国传统文化及农业文化内容，利用高校资源，参与制作崂山传奇动漫作品，使公司的发展进入新的领域。2014 年 8 月和 2015 年 10 月，共青团中央学校部副部长李骥和共青团中央志愿者工作部副部长王明学先后到工作室指导工作，给予了充分的肯定。2016 年，正式注册成立青岛光印映画文化传媒有限公司。参与动漫项目获得山东省文化部 200 万元资金支持。开展“一田二农”农产品品牌推广项目。获得全国“互联网 +”大学生创新创业大赛银奖，大赛现场受到国务院副总理刘延东高度评价。山东省“互联网 +”大学生创新创业大赛金奖，山东省“创青春”大学生创新创业比赛铜奖，2016 年 10 月入选为山东省“泛海扬帆”计划。2017 年 6 月获得青岛市“赢在大学生”大学生创业活动银奖。

1 学生参与“国创计划”项目情况

我们的项目是青岛农业大学 2014 年国家级创业实践项目特写影像工作室。我叫张皓，很荣幸，能够代表我的团队讲述我们的创业故事。

我和我的小伙伴们真正的创业是从 2013 年开始的，我们是通过自己的专业，发现市场的空缺，然后用自己的所学创立了自己的影视公司。其实一开始说创业，更多的是学校和国家给予的机会成就了我们。我非常感谢我的专业课，我是学传播学的学生，非常喜欢摄影。当时我才是大一的学生，买不起相机，就跟学长和老师借相机学习。在大学里我刷过盘子、发过传单，很多兼职都干过。但是一次偶然的机会，我以勤工助学的身份加入了学校的传媒学院实验中心，这里管理着全学院的影视设备。这里也是我梦想开始的地方。

在实验中心我一开始只是负责擦桌子扫地，后来渐渐地跟着老师们学习设备的维护，渐渐地学会了影视设备的使用。那时候老师们出去拍摄，我们跟着打下手，久而久之也就渐渐上手。后来一次偶然的机会，去帮老师朋友的公司做个小项目。我得到了一笔不小的报酬，更多的是我发现学校周围的婚庆市场中缺少专业的影视拍摄人才和剪辑人才。

于是，我跟家里人商量后，通过分期贷款买了一台佳能 60D 单反相机，加上保险花了近 9700 元，对于当时的我而言那可是一笔非常大的开销，其实买了相机后压力挺大，就怕用不好。也正是因为这种想法，感觉用自己的所学，能够把单反相机的钱赚回也是一种收获。

后来，我跟着学长们一起搞影视创作，慢慢地，我们就大胆提议开一个自己的工作室。其实一开始，我们几个都是学生，还是挺担心的。第一，我们资金不足，租用办公室是一笔不小的费用；第二，我们缺少创业经验，平时出去接点小活干，还能赚点，真的去和企业签合同，连合同怎么签都不知道。

正好当时看到了学校申报大学生创新创业立项的通知，我当时就和老师商量能不能申请一个立项，结果老师很耐心地给我讲解了申报大学生创新创业立项的好处。和老师交流后，我们 5 个人用我们所学的知识和专业技能，对周围市场做调研，然后写了我们的创业计划书。没想到经过两轮答辩，学校顺利通过了我们的创业方案，而且还同意我们免费使用学校的创业实践基地。这对我们无疑是一个天大的好消息。除了学校给予资金支持，工作室水电全部免费。这样让我们迈出了创业的第一步。就这样，我们 5 个最要好的哥们儿，在学校的帮助下，有了自己的特写影像工作室。

一开始工作室运转并不是那么顺利，首先我们面临的就是客户资源缺乏的问题。一开始跑客户的时候，没有样片，没有经验，别人不认可我们，做起来非常难。后来为了扩展业务，我们带着自己打印的名片挨个公司跑，一点点地推广业务。有的公司一听我们是学生，连搭理都不搭理我们。创业期自己感到压力很大，经常熬夜到很晚剪片，慢慢地，我们有了自己的样片，也有了自己独特的制作经验，做起来也得心应手很多。

后来我们开始做政府企业类的宣传片、婚礼艺术片、学校的专题片、产品介绍片，以及各种会议活动的摄影摄像，同时也做公益的视频宣传。凭借团队的认真劲，拍出的片子得到认可，大家口口相传，特写影像工作室在学校内外有了知名度，有了固定的客户资源，给我们打下了好的基础。

2014 年 6 月毕业季，当许多大学毕业生还为找工作发愁时，我们已有了自己的办公室。从大一开始着手拍片，次年开了自个的工作室，经过一年多发展，现在的我已建立了自己的客户关系，工作室年收入达 8 万多元。看准自己的兴趣和专长去创业，我相信能够在青岛站稳脚跟。

同时，我还要特别感谢学校给予我们的创业辅导支持，除了为我们提供国际国内先进的创业理念知识，进行了专业化的课程培训之外，还为我们邀请了创新创业导师进行创业技能培训，帮助我们完善创业理念，构建合理的创新创业工作体系，并且积极培育我们参加各类大型的创新创业赛事。在工作室创立的过程中，学校的资源注入无疑为我们的发展奠定了一个非常扎实的基础。

在项目执行期间，2014 年 8 月和 2015 年 10 月，共青团中央学校部副部长李骥和共青团中央志愿者工作部副部长王明学先后到光印传媒指导工作，给予了充分的肯定。

在国家创业立项结题时，我们认真总结经验，顺利完成了我们的结题报告，答辩的通过，也预示着从校园走向社会的过渡。我们的工作室继续正规化运营下去，进一步开展全面推广工作，我们做出符合社会要求、文化发展特点的片子。像我们这样做媒体的人，我想每个人或多或少还是有个小小的电影梦的，如果有可能的话，我们也考虑能从微电影中逐步走出去，走上更高水平的领域。

我们的工作室在创作的过程中也取得了很多专业上的新突破，2013 年拍摄微电影《破茧》获得新东方杯视频邀请赛全国六强奖，2014 年 5 月参加并制作大型手语 MV，呼吁社会关注公益，作品获得第十三届山东省大学生科技文化艺术节音乐片一等奖；2014 年，我本人作为中国导演代表，到韩国清州大学拍摄制作友谊交流纪录片，获得中日韩动漫设计大赛二等奖。还获得其他各类影视奖项几十余个。

2 学生后续创业发展情况

2014 年项目结题，但是我们奋斗不止。在取得一系列成绩的过程中，我们欣喜地发现，公司影视业务不断升级和发展，较先引进高性能航拍设备，6 台 GOPRO 设备和铁笼，用于拍摄全景视频，具有青岛市较为先进的 VR 视频制作能力。这是对我们工作室的肯定和我们进行下一步发展的最大推动力。

由此，我们抓住时机，2013 年，以特写影像工作室为前身，注册成立了青岛光印映画文化传媒有限公司，并得到了快速的发展。

青岛光印映画文化传媒有限公司是以网络微电影为基础打造青岛特色动漫产业和影视产业的文化传媒公司，公司拥有获得过“中国电视金鹰奖”和“泰山文艺奖”的动画制作人员，专门从事制作商业动漫片和 3D 建模影片制作。

同时，公司影视业务不断升级和发展，较先引进高性能航拍设备，拥有专业的航拍影视制作技术，赢得了广大客户的好评和欢迎。

在 2014 年，我们的公司获得快速发展，先后立项并完成一个国家级大学生创新立项，一个国家级创业实训立项，获得2万元资助。同时，为CCTV-7农科栏目和农广新天地栏目制作农业题材栏目片。2014年由于业务需要，引入动漫制作团队，结合中国传统文化及农业文化内容，利用高校资源，联合制作出多个崂山传奇动漫作品，并获得山东省宣传部第一批齐鲁优秀传承文化《齐民要术》——农耕文明动漫电影作品创作权，使公司的发展进入了下一个阶段。2015年公司基于高校的一个学习交流平台，为高校学生提供良好的实习、实训机会，与大学生分享专业的动漫影视制作技术，为在校生就业打下坚实的基础，同时节约了企业的成本。

现阶段，公司旨在创立自身的自媒体平台，利用整合营销传播理念，实现媒体资源的深度整合，以原有的影视动漫产业为依托，在保持基础产品优势的情况下，继续延伸拓展至特色农产品的营销平台上，构建原有基础产品保持活力，新增特色农产品迅速发展的融媒体一体化，并形成有所侧重有所发展有所创意的自媒体平台。

主要推行“一田二农”项目，即打造特色农产品推广平台，利用自身的影视技术重新设计包装推广，打造深度独有的特色农产品品牌，将之品牌化，制作符合每一个特色农产品的最适合的推广营销策略，利用广告，视频及网站的建设，打造出完整的包装推广营销整个服务。

“一田二农”特色农产品推广平台，它是指一份良田由两种人来耕种，一种是地地道道的特色农产品生产者，另一种就是我们科技人员。公司成员出身于农业院校，几年来一直从事农业生产相关的视频制作，能为农民提供科学的种植方法和品牌化推广。“一田二农”运营方式，前期通过我们原有的为CCTV-7和“农广新天地”制作农业片的经验，选出适合做品牌推广的特色农产品和农副产品，针对产品的拥有者，我们将农民自身的故事进行改编，并将产品和人物介绍做一个5分钟左右的纪录片，通过这个纪录片让产品具有人文色彩。这样我们在对产品的外包装进行设计，使其品牌化，最后通过互联网营销。“一田二农”项目结合“老徐带你逛果园”项目，已经服务于数万农民。

2016年，我们公司的此项目代表青岛农业大学参加山东省“创青春”创业大赛获得铜奖；获得山东省“互联网+”创新创业大赛金奖并得到了山东省教育厅副厅长郭建磊的高度评价；获得全国“互联网+”大学生创新创业大赛银奖，项目受到国务院副总理刘延东肯定。

我们公司与百胜集团、新东方集团、山东航空公司、城阳宝龙和胶州宝龙等多家500强企业建立了战略合作关系，目前肯德基豫鲁市场的点餐面板视频全部由我们公司制作。

在市场经验增长上，我们将实行三步走计划。第一步，加速运行打造专属门户网站，继续发展；第二步，通过公益视频推广拓展收入渠道机构，扎实企业发展以200万元的融资为发展方向；第三步，准备引入VC融资，改善股权结构，为冲击资本市场做准备。

3 主要经验与启示

回首过去，感慨中勇往直前。展望未来，乐观中锐意进取。虽然在人生的道路上我已经取得小小的成就，但责任和义务鞭策着我成为更好地自己，更好地服务于社会，服务于人民。从一个小小的5人工作室，一步一步发展到30人的公司，一路过来，荆棘满路，我有过辉煌，也经历过失意。但正是怀着这种感恩社会、不屈不挠的进取精神，我得以不断进取。我坚信：只有不断努力，让自己不断强大，才能更好地反馈社会，为社会贡献出自己的力量。

创业五年来，我参加过国家大学生创新性实验计划、泛海扬帆山东省创业行动帆友培训、中国广播协会电视电影设备展、中国HRD联盟青岛区培训、百胜领军人物经理培训课程等多次培训。多次的培训帮助我形成了系统的创业知识和技能体系，提高了我的综合素质，增强了我的沟通能力、组织能力，在接受挑战的同时，也增强了我的勇气、信心和能力，让我有机会把构想变成现实。在与其他高校交流学习时，我有幸结识了许多志同道合的朋友，并与他们形成了创业合作关系。此外，在他人引荐下，我结识了商界和法律界人士，为未来创业创建了良好的商业关系网络。

创业路上收获的点点滴滴，对我来说是终身受益的。回顾一路过来的心路历程，我总结了一些经验心得，希望能为当代大学生及创业者提供一些有益的思路。

创业一定要与自己的专业相关。通过大学四年系统的专业学习，我们的逻辑思维和专业素养已经在潜移默化中慢慢形成，在创业时，能得到更好的运用。

在创业过程中，一定要记住服务他人就是在帮助自己。我对待每一个客户都如同对待朋友般真心，每接到一单生意，我都会与客户交流，了解好他们的要求与需求，争取给他们最好的作品。遇到问题或与客户出现分歧时，我及时联系客户，并及时给出解决方案，正是这种态度和信念，让我有了越来越多的客户，让我在创业的路上越走越远。

立志要趁早，行动要及时。每个人的性格态度很大程度上决定了其未来发展的方向，环境锤炼人格，磨砺铸就品质，清贫的少年时光使我早早立志要成为优秀的人。投身公益，学业优异，不惧困难大胆创业……有什么心就可以做什么事，创业的想法不是哪一天突然就有的，但机会总是留给有准备的人。立志一定要趁早，并且尽早充实完善自己为理想的实现打牢基础。

别惧怕苦难，因为只有在苦难中才能铸就英雄。创业路上确实有很多困难，生活、学习、创业、社交方方面面的问题都有可能影响着我们……如果我自卑于出身、气馁于失败、止步于失误，我不知道我的生活现在会是什么样子。人一定要有一股傲气，不惧怕任何困难的傲气与义无反顾勇往直前的冲劲，只有这样，我们才有机会成为人生路上的佼佼者。

珍惜大学时光，学会统筹兼顾。大学四年可以完全改变一个人，你可以选择庸庸碌碌地虚度光阴，也完全可以选择去做自己想做的事，踏实进取。如果大学四年里，你能学好专业课程，铸就一身专业技能；多参加社团活动、社会实践、志愿服务，摸索组织管理的方式与解决问题的技巧；选择有益的社交，建立广泛的人际关系；利用资源、充实丰富自我；大胆创业，敢于接受挑战：那么四年后，你必定是个全新的自己。

创业是社会发展进步的永恒动力，青年是创新创业的骨干力量。青年强则中国强，广大青年唯有勇敢肩负起时代赋予的重任，志存高远，脚踏实地，大力弘扬创业精神，努力提升创业本领，全力投身创业实践，才能使创新创业成为全社会的价值取向和自觉追求，在立志创新业、矢志创大业中展现青春风采、实现人生价值。

“十三五”时期，我国经济发展的显著特征就是进入新常态，这是我国经济向形态更高级、分工更优化、结构更合理的阶段演进的必经过程。实现这样广泛而深刻的变化对我们是一个新的巨大挑战。

回首以往，我时常感激自己的付出，未来将充满未知与挑战。我会带着初心，踏踏实实走好人生每一步。

萌 小 助

项目名称： 萌小助

完成者： 李正强　张曌宇　李悦鸣　陈经超　白　林

完成时间： 2015年

推荐学校： 厦门大学

1 学生参与“国创计划”项目情况

2015年3月我们成立了属于自己的公司，注册资金1000万元，主要服务于高校自媒体运营者及对高校资源有需求的企业，为企业提供高校媒体渠道的同时也为运营者提供了商业能力。该项目参加了第八届全国大学生创新创业年会。

2 学生后续创业发展情况

当前存在主要风险及应对手段如下。

（1）政策风险。内容：我们会继续加深与高校间的合作，规避新一波的智慧校园政策来临时的风险，更加紧密地与高校建立联系，提供数据分析，智慧校园等增值服务。

（2）市场风险。APP的发展还存在若干尚未被很好解决的硬伤。缺乏不可替代性，大部分APP还只是停留在作为互联网在计算机上的应用基于手机开发出来的外延产品，单纯地成了“移动”的互联网，这会导致推广渠道和应用广泛度的局限性。

缺乏有效的盈利模式，暂时的APP盈利模式并不具备长期占有市场并且长期获利的能力，这对于投资方而言是最不愿意面对的结果。

APP应用体验下降，用户需求标准提升。当越来越多的嵌入式广告出现在APP的使用过程中，当免费试用的范围越发缩小，面对的却是经历了更多的APP应用，对于应用标准愈发苛刻的用户群时，用户满意度的下降似乎已经成为不可避免的问题。

（3）财务风险及应对。在公司成立之初，由于一切都是从零开始，难免会遇到资金周转不灵的情况，从而引发经营危机。一方面，我们要积极开展业务，获得收入，提高资金周转率。另一方面，我们会尽可能地节约成本，减少不必要的消费。

（4）技术风险及应对措施。在软件项目开发和建设的过程中，战略管理技术因素是一个非常重要的因素。项目组一定要本着项目的实际要求，选用合适、成熟的技术，千万不要无视项目的实际情况而选用一些虽然先进但并非项目所必需且自己又不熟悉的技术。如果项目所要求的技术项目成员不具备或掌握不够，则需要重点关注该风险因素。重大的技术风险包括：软件结构体系存在问题，使完成的软件产品未能实现项目预定目标；项目实施过程中采用全新技术，由于技术本身存在缺陷或对技术的在掌握不够深入，造成开发出的产品性能及质量低劣。

预防这种风险的办法是选用项目所必需的技术，在技术应用之前，针对相关人员开展好技术培训工作。首先，做好各阶段的技术评审工作，通过集体智慧确保项目所采用技术的可行性及技术方案的正确性。其次，对新技术的使用要谨慎，要循序渐进，尽量采用成熟的技术方案完成软件开发工作。最后，在技术创新与技术风险之间进行平衡，并做好创新技术的研究和试验工作。需要对软件项目过程中使用的各种技术进行评估，软件项目管理在制定软件开发计划时必须考虑这些因素，并做出合理的权衡决策。

3 主要经验与启示

通过这次的创业项目，我不仅学到了关于新媒体运营业务的专业知识、新媒体平台主要运营方式和流程及高校业务的主要进行模式，更重要的是让我了解了创业的艰辛，知道一切都没有想象中那么简单，只有付诸了实践才能有真正的感受和体会。

面临毕业，回首过去的四年，我想最难忘的一定是这次的创业项目。在这个创业项目中，我们遇到过无数的问题和挫折，但是我们都一个个地解决，一次次的不认输不放弃让我们一次次地进步。我们由刚开始的散乱到后来的团结合作，在团队合作中不断解决各种问题，我想我们都会铭记我们相互指出缺点、相互鼓励的日子。我不知道我在毕业之后踏入社会将会有怎样的遭遇和经历。但经历过这一次创业训练之后，我想不管以后遇到什么，我都能够乐观冷静地去面对，不会再逃避，因为，路不过是蜿蜒到下个路口。

壹 盏 灯

——壹心爱家，何敢喧嚣

项目名称：壹盏灯——壹心爱家，何敢喧嚣

完成者：岑 荪 张基乾 杨佳鑫 张立城 杨晨旭 王逸菲 李舒雅 孙铁研 周毅航 黄秀芳 林希凡

完成时间：2017 年 4 月

推荐学校：厦门大学

1 学生参与“国创计划”项目情况

作为在校生，能够有机会参与创业，缘于学校的大学生创新创业训练计划（以下简称“国创计划”）项目。“国创计划”鼓励我们进行创业实践，而校友郭奇学长创立了云境智能有限公司，一直寻找合适的人加入团队，于是在揭上锋老师的引荐和指导下，我们加入了该公司，做“壹盏灯”及其他创意产品。从起步到发展壮大，实属不易。

在创业之初的我们仍旧需要经历许多曲折，这些都是理论和实际磨合过程中必经的阶段和困难。比如：产品究竟如何定位？如何到达客户手中？如何给客户提供区别于市场上其他类似产品的体验？我们的产品有什么竞争优势？经过讨论，最终大家觉得要在产品上下功夫，以及尽可能获得更多的制造商、分销商等多方面的支持。在书本上学到的理论在实践中都经过残酷检验。比如制造商的选择，通过业内人士推荐，以及我们自己到实地考察，经过认真比对才慎重做出选择。初始创业团队人数并不多，却要负责产品设计、运营、财务、营销等多项工作，我们团队尽量做到协调分工，不懂的地方与郭奇学长和老师多沟通。

2 学生后续创业发展情况

在创业的过程中，我们的思路在探索中逐渐变得清晰：在高新科技主导的创新思路的时代，我们坚持将高新科技和传统的制造业相结合，将高新科技产品带到拥有广泛市场的家居环境中，融入人们的生活，让创新和生活真正地结合到一起，改善人们的家居生活。我们倡导“轻奢、智能、健康、美居”的生活方式，致力于将智能硬件悄然无声地融入人们的生活，为亿万人家带来好睡眠。我们并不试图改变

人们业已形成的生活习惯，而是从人的最深处的心智模式出发，深刻洞悉人们的行为特征、心理诉求，从而有针对性地设计能满足人们需求的产品。

在“壹盏灯”的制造过程中，我们遭遇了资金和供应链的双重压力。资金不足，我们东拼西凑，在规模生产过程中，我们的账户里一度只剩几块钱。为了加快不同供应商融合，我们轮流驻守工厂，现场出问题，实时解决。功夫不负有心人，3 个月的修磨，试磨，调包装，调系统，最终做出了第一批“壹盏灯”。“壹盏灯”刚出来，欧莱雅公司一眼看中，定制 10 万台。但是由于生产能力和供应链配合度不足，我们只能眼睁睁错失机会。那晚我们开了 3 个小时的会议，反思问题，反思执行力。

痛定思痛，我们团队进行整改，把执行力放在第一位，以快打快，迅速建立起分销渠道。“壹盏灯”不仅扩展了其分销渠道、线上线下同时销售，同时也和 Dior、连卡佛等国际品牌进行了合作。

3 主要经验与启示

产品创意产生和形象塑造是非常不易的，在生产过程中还要与制造商保持紧密的联系。我们的经验比较少，但是大家都认真负责，一天工作十五六个小时是常态。销售过程我们坚持同一个团队经手，全程责任负责、跟踪，产品价值链的每一个环节都不容疏忽；同时也少不了外界的支持，比如产品宣传文案和海报的制作者们。经历过第一次的失败，到真正拿到第一桶金 20 万元的当天，我们都开心地哭了。20 万元的净利润对于企业来说是一小步，但对我们来说是创业的一大步，意味着我们初步的成功。对于做创意产品的人来说，最担心的恐怕是苦思冥想的创意不被认可，产品没有市场。我们经历了一个产品的小小成功，也期待着更多产品的成功和公司的成长。

因为还在创业初始阶段，所以我们经常会参加一下展会、比赛等活动，宣传自己的产品和理念，也期望能受到更多关注和投资。为此我们不断修改文案、应对突如其来的变化，时刻都保持着紧张的状态。然而这一切都是非常值得的，产品和品牌都在不断成长，在各个活动中都取得了不错的成绩。我们在第九届全国大学生创新创业年会中被评为“优秀创业项目”，在 2016 年“创青春”中航工业全国大学生创业大赛创业实践挑战赛中获得银奖，在第二届中国“互联网 +”大学生创新创业大赛中获得铜奖。这很大地鼓舞了我们，这些成绩在另一方面显示了我们的产品和创意受到了更广泛的认可，同时也代表着我们团队也获得了更多人的认可，这毫无疑问也是一个不小的阶段性胜利。

团队迈出了创业艰难的第一步，然而“行百里者半九十”，我们并没有满足于当前取得的成功。因此目前公司正在构思二代产品，提升产品竞争力和市场适应力，不断发掘产品自身的潜力，并使之成为产品和公司成长的原动力。同时，团队还需要寻求更多的合作和投资，我们的创业之路还有很长，需要团队里的每个人一起不懈地奋斗。

内容创业的朝圣者

——“蜗角”创业记

项目名称：“蜗角”工作室

完成者：高永淳　李梓涵　张晓东　国世卓（辽宁大学）

孙泽华（山东艺术学院）

完成时间：2017 年 6 月

推荐学校：山东财经大学

1 学生参与“国创计划”项目情况

本团队原课题名称为“织舟”校园书屋，最初设想是以短视频为形式、以自媒体为平台进行精准读书推荐，在响应李克强总理“全民读书”号召的同时通过图书售卖、广告赞助的形式实现盈利，具有一定的公益性与社会性。在项目开展的过程中我们发现，短视频这一形式具有很强的内容广泛性，如果仅仅局限于“读书推介”，将会极大地削弱这一特性，造成受众范围狭窄、影响力关注度有限的弊端。所以经小组成员讨论后一致决定，放宽思路，将团队重心放在短视频制作上，并将更多源自生活的内容与题材包罗在短视频这一形式当中，将视频题材分为“故乡情”“观世界”“新生代”“知生活”等多个方面。同时吸纳来自山东艺术学院、辽宁大学广播影视学院的两名相关专业的同学加入团队，成立“蜗角”工作室，意为“蜗角虽小，包罗万象”，致力于拍摄精美、有趣、有深度的视频短片，并利用微博、微信等公众平台进行推送。坚持一个视频、一段故事、一个产品、一种文化的拍摄理念，主要目标人群为在校大学生群体，通过短视频简洁的表达方式及网络平台的高效推广模式，迎合大学生对于彰显家乡地域文化的心理需求，满足大学生开阔眼界、猎奇求新的诉求。通过把控网络流量、拍摄优质产品广告、开展视频与产品配套的电商服务等模式实现盈利。项目已经完成了第一阶段，拍摄了第一期短视频《出门饺子》，并申请、注册了微信公众平台“蜗角工作室”。

2 学生后续创业发展情况

由于团队成员面临毕业，延缓了视频继续拍摄的进程，经团队商议后我们决定将于 2016 年 12 月再拍摄二至三个视频，积攒一定内容后，通过张朝同学联系各大公众号进行全面推广，避免出现推广后没有内容跟进，关注度下降，增加宣传成本的问题。

我们计划在第一期视频发出后，扩大影响力，开始面向社会招募团队成员，并坚持“一人一故事”的原则，向大学生群体征集视频题材。一旦发现具有代表性的题材后，邀请题材提供者参与文案设计，通过其对题材的深刻了解，增加视频内容的群体认同感。

3 主要经验与启示

我的名字是高永淳，“蜗角工作室”团队的队长。一开始我想通过短视频的形式给大家推荐图书，可后来发现短视频可以包含的内容太多太多了，如果局限于图书推荐，反而限制了团队的思维。产生了这个想法之后，我就开始考虑人员扩充的问题。我校作为经济类院校，以经济类人才居多，没有自媒体、短视频等相关专业的人才，所以我就联系了我高中、初中的有关同学，把自己的想法讲给他们之后，他们觉得很感兴趣，就开始着手制作了。

对这个领域我是陌生的，但是有这样一种文化创业的情结。因为我觉得文化是根基，一个国家、一个民族、一个群体，都需要文化的积淀。而现在我们的社会，我们的大学生群体，可能关注更多的是浅层的、表面的、简化的文化碎片，而缺少对这些碎片背后的文化底蕴进行探究的精神。我同样也属于这一群体中的一分子，有一天我开始反思，如果我们一直关注碎片化的信息，不去对其背后的文化根基进行探究，对我们自己来说，我们的思想也会变得简单、幼稚，没有自己的思想来源，就会容易被诱导、被煽动，失去独立思考的深度；对整个社会来说，传统的文化因失去应有的关注度而出现传承断代。所以我想通过文化创业的形式告诉大家在进行文化探究的同时也会产生经济利益，并不是要通过某一形式让大家接受我的价值观与文化认知。因为我并不比其他人高明多少，我只是希望大家可以看到我的一种思考过程。我提供一种思路，抛砖引玉让大家一起去静下心来思考，同时唤起大家对文化传承、文化保护的重视。

这次创业项目的实施对我的影响远比我想象的要更大。首先在视频拍摄的过程中，我徒步走遍了我的故乡——博山的大街小巷，认真去拜访了那些一直在我身边，并在我身上留下了烙印的历史痕迹。我像朝圣一般，在电机厂的工人剧院前驻留，在文化宫的老电影院前俯首，在博山大街的青石板路上缓慢踱步，在夜晚的原山上望着漫天灯火与烟花的交映，在十五的月光下去文姜广场参拜博山人独有的神明。我生平第一次以一个记录者的视角去看我生活了 21 年多的家乡，第一次真切地感受到了她的美丽。同时，我更是体味了我们这样做的意义——用我们薄弱的力量为家乡文化的传承做出贡献。“忘却就意味着背叛”，而那些极易被忽略，被改变的传统正是我们想要让大家去铭记的。我记得我在拍老电影院的时候，因为是延时摄影，来来往往的人都会凑过来看一看我们的取景器。有个老人说：“年轻人拍拍博山的老建筑很好，以前博山还有很多，可惜都拆掉了。”对我的赞赏里透着满心的惋惜。我也常听老一辈人说起，博山的巷子、博山的老牌坊，来了济南还能听到老师们在念叨着拆了的火车站，我也是惋惜的。过去有时候就是让人无比地怀念，我们不应遗忘，我们更应意识到去了解、保护那些现有的历史文化痕迹的紧迫性，毕竟“往事不可谏，来者犹可追”。

除了家乡的历史痕迹外，这次实践对我改变更多的，还是我对家庭的理解。视频的主题是“出门饺子”，取自老话“出门饺子还家面”，这是老一辈常跟我们念叨的一种习俗，而我一直没能理解它背后藏着的那种牵挂与祝福。出门要吃饺子，饺子像元宝，祝福在外生财走运；饺子身形滚圆，祝福在外平平安安，圆圆满满：这都是家中的亲人对远行人的牵挂和祝愿。确定了这个主题之后，我们将故事的主角确定为苏启英女士，她是我的姥姥。在我的记忆里，姥姥总是安静和沉默的，我没见过她发脾气，她似乎已经将一生经历的所有坎坷都深深埋进了心里，只留下了淡然与安详。她从来没有过多地用语言来表露自己的情感，思念也好，牵挂也好，她对家人表达这些情绪的方式只有一种，就是给孩子们打个电话，对他们说：“我包了饺子，晚上过来吃饭吧。”我也是第一次以记录人的身份同她交谈，姥姥就像一本书，封面是一张旧得泛黄的牛皮纸，可内容却是一本有关生活的著作，她不会让你从头到尾读完，只会把其中最真实的篇章拿出来同你分享。我们如今更多去关注的也许是网络媒介上那些名人的光鲜，去关注那些经过修饰的、夸大的奇闻逸事，而对真实的生活、真挚的情感失去了兴趣。不能否认，经过加工的总是比原汁原味的更加吸引人，可最终我们是存在于真实生活之中的，我们是真实存在的，我们总要面对撕开伪装后的生活。这也是“蜗角工作室”今后将贯彻的一种原则——将最真实的生活体验、最真切的生活情感呈献给观众。

最后，回归到内容创业中来。内容，永远是这一创业形式最为关键的核心要素。我们的思想不能够肤浅，更不能够枯竭。我深切地认识到，技术是容易实现的，而难以实现的是思想内容的独特性；怎样去保证你的思维、你所要传达的思想易于被大众接受，但又能保持独创性与先进性，才是最为困难的。这反省到人力资源上来，就是团队成员，尤其是团队领导人的思维层面。在提高思想深度的这一方面，作为队长，我还任重而道远。

“国创计划”成就创业梦想

项目名称： 报考 U+

完成者： 裴寒婴　任冠群　陈　浩　秦　静　邱晓明　赵　倩

完成时间： 2017 年

推荐学校： 山东财经大学

1 学生参与“国创计划”项目情况

我们的团队研究该项目的目的在于打造一款接地气的报考 APP。“报考 U+”将综合现有一些简单 APP 的基本服务，使得分散信息得以具体化和系统化，另外添加新颖元素，深入挖掘用户的迫切需求。智能手机的广泛使用，使得我们项目的推广及受众有所保证。国际市场调研机构 Marketer 公布的最新数据显示，到 2016 年，全球使用智能手机的人数将超过 20 亿，占世界人口的 1/4 以上，而我们“报考 U+”可以在这个信息大爆炸的时代，切实有效地帮助考生和家长快速有效检索信息，避免由于网上信息鱼龙混杂、不成系统而导致的误导。

我们这款产品构想和推出的主要目的在于迎合愈来愈多的高考生所面对的报考迷茫和消极报考等现实需要，能切实缓解当前国内高考生普遍存在的报考问题，比如缺乏对大学和专业的了解、不知道自己喜欢什么专业、对毕业后的就业一无所知等等。

“报考 U+”能切实帮助考生避免专业选择三大误区：① 对专业所学内容缺乏了解，仅从专业名称表面去理解其含义；② 唯家长命是从，忽略孩子本身的爱好；③ 吃香专业跟风现象，不考虑适合与否和就业前景等。切实地提供高考生所必须明确的足够的报考信息，进而帮助他们对未来进行一定的规划，让学生自己发掘自己的专长，使每个人都能在适合的领域内发挥自己最大的作用。

“报考 U+”能切实有效地帮助高考生查询到更多有效和全面的信息，也能一定程度上帮助学生独立规划自己的未来，避免唯父母之命不可违的现象；帮助父母更好地为孩子规划和选择，极力避免信息源不够准确、道听途说带来的遗憾；更能帮助各高校培养出适合各个学科、各个领域的专业化、精英化人才。

我们坚信“报考 U+”会对目前大学生屡屡出现的厌学、退学等现象有明显改善的作用，及早地增强中学生对某些有耳闻有兴趣的专业认知，以免造成进入大学后失望等情绪导致的一系列问题，减少国家教育资源和家庭财力精力的浪费。同时，“报考 U+”能一定程度地增加大学生就业率，促进某些社会问题的解决，为青少年实现自己梦想提供平台。我们坚信“报考 U+”的推出，能切实提高学生的学习兴趣，提升学生某些专业素养，在报考志愿等方面做到最大化的满足，为社会培养专业突出的人才。所谓“三百六十行，行行出状元”，我们的“报考 U+”一定能发掘社会各种人才以满足社会日新月异的需要。

2 学生后续创业发展情况

之前我们团队曾试图通过新奇的创意吸引投资，但是却屡屡碰壁。虽然这样的事情在国外有过，但是在今天已经是几乎不可能的了，现在投资人看重的是产品的技术含量有多高，在多大程度上是不可复制的，以及市场盈利空间有多大。

在我们开发完“报考 U+”这一款产品之后，我们首先在大学和高中进行推广，将大学生与高三学生吸引到线上来，在该产品中每个人都是信息的获取者与提供者，但知易行难，为期 3 个月的推广成效不理想。

尽管这次创业没有达到预期目标，可是我们团队却没有放弃，吸取教训，再次投入创业中。

3 主要经验与启示

通过参加这次学校组织的“国创计划”项目，让我更明确了自主创业道路的艰难，创业对于大多数学生来讲，并不陌生但也不亲近。创业无疑是实现理想的一种很“光鲜”的方式，与此同时，创业往往伴随着高付出、高风险、知识面有限和技术能力不够等，这使许多大学生望而生畏，更多人则认为自身能力不足。受国家鼓励大学生创业的影响，同时中国经济这几年的飞速发展让很多年轻人看到了自主创业盈利的契机与希望，中国的大学生创业风潮在国家和相关社会力量的支持下风起云涌，不过大学生创业的艰辛与困难也是可想而知的。看了俞敏洪教授在创业课堂讲创业心得，很有收获，也很喜欢他讲的人生励志，从中也略有体会：要把创业转变成对生活的态度。俞敏洪教授写了几个创业的关键词——目标、坚持、耐心、勇气，并指出就创业很简单，就是每到一个阶段给自己制定一个小目标，要踏踏实实走好每一步。

我们有两种生活方式：第一种是像草一样地活着。你尽管活着每年还在成长，但是你毕竟是一棵草，你吸收雨露阳光但是长不大。人们可以踩过你，但是人们不会因为你的痛苦而痛苦，人们不会因为你被踩了而来怜悯你，因为人们本身就没看到你。所以我们要选择第二种方式，像树一样地成长。即使我们现在什么都不是，但是只要你有树的种子，即使被人踩到泥土中间，你依然能够吸收泥土的养分，自己成长起来。当你长成参天大树以后，在遥远的地方人们就能看到你、走近你，你能给人绿色。活着是美丽的风景，死了依然是栋梁之材。这就是做人的标准和成长的标准。每一条河流都有自己不同的生命曲线，但是每一条河流都有自己的梦想，那就是奔向大海。我们的生命有的时候会是泥沙，你可能慢慢地就会像泥沙一样沉淀下去了，一旦你沉淀下去了，也许你不用再为前进而努力了，但是你却永远也见不到阳光了。不管你现在的生命是什么样的，一定要有水的精神。像水一样不断积蓄自己的力量，不断地冲破障碍，当你发现时机不到的时候，把自己的厚度积累起来，当有一天时机来临的时候，你就能够奔腾入海，成就自己的生命。

石头机械的创业路

项目名称： 卡车刹车自动喷雾冷却系统
完成者： 杨　坤　张文龙　刘小龙　高河山　杨昊婕
完成时间： 2017年
推荐学校： 山东大学

1　学生参与“国创计划”项目情况

济南石头机械科技有限公司成立于2015年9月，公司致力于研发一套安全、高效的卡车刹车安全保障系统，旨在改变现有市场产品落后、质量参差不齐的现状，为用户提供最可靠的行车保障。

项目、专利均为公司创始人所有，在山东大学CAD/CAM国家级实验室王勇教授和海尔创客实验室陈言俊教授所带领的技术团队指导下，对产品进行持续研发。

1.1　目标客户

长途运输的载货卡车、半挂车。

1.2　产品功能

通过红外和激光检测解决倒车、转向事故；
通过智能控温解决刹车失灵、轮胎起火和爆炸的问题；
手机客户端实时监测、预警，通过数据分析提出车辆维护的合理建议。

1.3　产品的优势

安全性能，卡车刹车与倒车预警双重保障；
环保性能，节水和提高刹车毂寿命两不误；
经济性能，产品批量生产成本在2000元左右，价格远低于等同类功能产品。

1.4　市场分析

中国2015年重型卡车保有量超过560万辆，其中85%为个人所有，其中60%的私人车辆需要安装此类装置保障行车安全。根据市场规模 = 售价 × 市场容量计算，仅山东省内市场规模约为3.92亿元。

1.5　合作伙伴

研发基地：CAD/CAM国家级实验室、海尔创客实验室。

生产基地：山东大学机械厂、济南融通汽车改装公司。
市场推广：红门创业咖啡、青岛萤火虫创业工坊、山东大学创客空间。
获得资助：山东大学创业基地班、北京泰有投资管理集团。

1.6 奖项荣誉

2014.08	山东省大学生机电产品创新设计竞赛	特等奖
2015.04	山东大学大学生节能减排大赛	一等奖
2015.06	山东大学青苹果创业大赛	金奖
2015.07	山东省联想大学生创业大赛	亚军
2015.08	山东省大学生物联网创新创业大赛	一等奖
2015.11	山东省齐鲁大学生创业计划大赛	特等奖
2015.11	国际大学生 ICAN 创新创业大赛	二等奖
2016.01	山东省制造业与信息化创业大赛	一等奖
2016.04	创青春山东大学创新创业大赛	金奖
2016.05	山东大学大学生创新创业大赛	特等奖
2016.05	创青春山东省创新创业大赛	银奖
2016.05	国家级大学生创业训练项目	一等奖
2016.07	山东省互联网 + 创业大赛省	银奖
2016.11	中国青年互联网创业大赛国家	铜奖
2016.12	山东省制造业信息化创业大赛	金奖

1.7 创业团队核心成员

（1）陈言俊，技术顾问，山东大学教授。

陈言俊教授是全国著名电子大赛辅导专家，中国机械工程学会会员，中国造船学会会员。多年从事实践教学和电子创新实验室工作，组织学生参加省内外各类创新大赛并获奖，近年来主要培养学生参加机器人大赛和电子设计竞赛。在2005年组建、指导山东大学大学生 CCTV 机器人大赛团队，并代表山东大学第一次参加全国大学生 CCTV 机器人大赛，进入十六强并获优秀奖。2005 年 8 月组织指导 10 个学生队参加全国大学生电子设计大赛，并获全国一等奖一项，全国二等奖两项，省一等奖三项，省二等奖一项。

（2）刘甜甜，技术指导，山东大学工程师。

刘甜甜是山东大学工训中心创新开放实验室创新指导教师，从事创新教学及指导工作近十年。主讲通识核心课程、选修课程、暑期学校强化培训等，开创水中机器人、慧鱼机器人、NAO 机器人等创新型实验训练项目，指导学生获世界冠亚军 5 项、全国冠亚季军 25 项、国家一二三等奖百余项。运营山东大学创客空间，参与重点教改立项 2 项，参编高教社教材 4 部，撰写教研论文 4 篇，获教育部、教指委等优秀指导教师奖 5 项。

（3）杨坤，CEO，山东大学学士学位。

山东大学机械学院本科生。科研、实习经历丰富。

2014 和 2015 年度参与国家级大学生创新创业训练项目各一项，获得国家实用新型专利，获得 2015 年度山东大学创新创业活动先进个人。

曾担任英特尔公司校园实习生，组织“i5 爱英雄”校园路演；2015 年 9 月创立济南石头机械科技有限公司，入驻山东大学联通未来青春创业社，并与青岛萤火虫创业工坊和红门创业咖啡达成合作，获得山东大学创业基地班立项资助；同时担任山东大学创新创业俱乐部理事。成立至今，公司累计获得创业类奖项中的国家二等奖、省特等奖、省一等奖、省亚军和校级金奖各一项。

（4）张文龙，项目负责人，山东大学学士学位。

山东大学 2013 级机械设计制造及其自动化专业学生。热衷于科技创新，平时喜欢将一些自己的想法转化为现实，有很强的创新和实干精神。曾组织及参与基于 Delta 机构熔融沉积式 3D 打印机、组合式螺旋板齿种子玉米脱粒机、智能硬币分拣包装一体机等项目的设计及制造，并取得了第六届全国大学生机械创新设计大赛二等奖一项，在第十一届、第十二届山东省机电创新设计比赛中获得一等奖三项。

他在首次接触创客这个新群体时就很快融入其中，开始将创新的设计运用到创业中去，积极参与创新创业活动，与同学一起创办济南石头机械科技有限公司，致力于卡车刹车系统的研发与测试。

张文龙能够做好项目的机械系统的设计及三维模型的制作。

（5）刘小龙，技术总监，山东大学学士学位。

山东大学控制学院自动化专业毕业。2013 年接触“创客”一词，受开源运动影响，开始深入学习单片机和嵌入式开发。有很强的创新和实干精神，动手能力强，制作过助老机器人、智能公交车等作品，参加过 RoboCup、ICAN、节能减排、电设等比赛，实战经验丰富，多次带领团队获得校、省、国级奖项。热衷于技术，现有国家级创新立项一项，正在从事 Nao 机器人的开发工作。责任感强，充满热情，能够做好项目的软硬件协调工作，完成产品的设计与研发，并进行测试和完善。

1.8 产品原理

我们开发的卡车刹车智能安全保障系统是由液位检测器、气泵、温度传感器、单片机、附加水箱、喷水管、显示器、淋水阀、继电器、压力传感器、蜂鸣器与智能 APP 等组成，由单片机控制装置进行逻辑分析与控制，做出喷水降温动作的装置。该装置通过各部件信息交流、反馈可以完成一个检测轮毂温度和水箱水位，自动淋水降温、报警和灭火的过程。产品原理如图 1 所示，产品控制集成模型如图 2 所示。

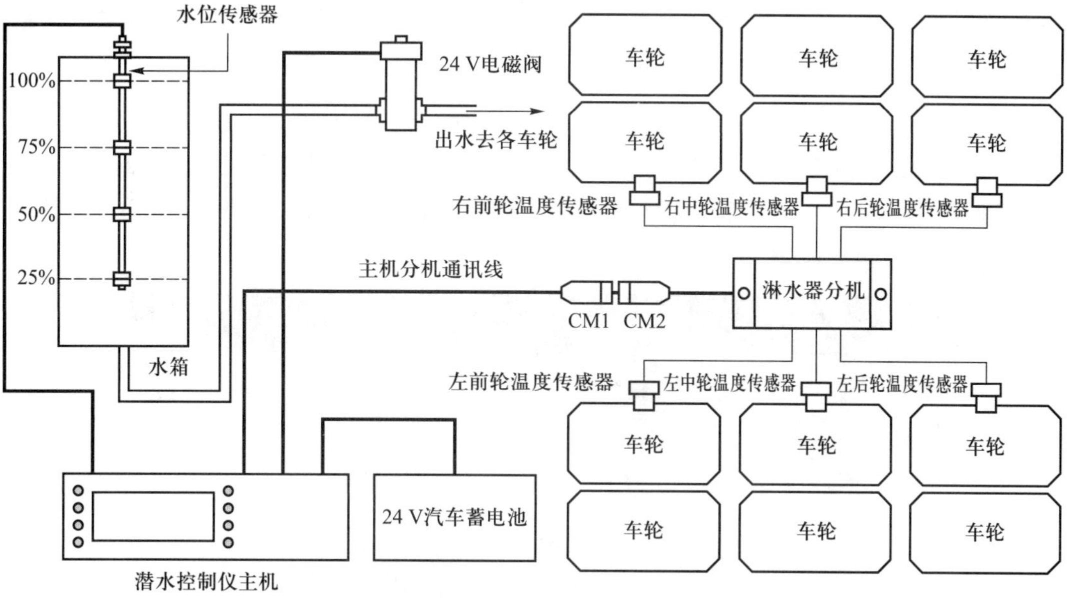

图 1　产品原理图

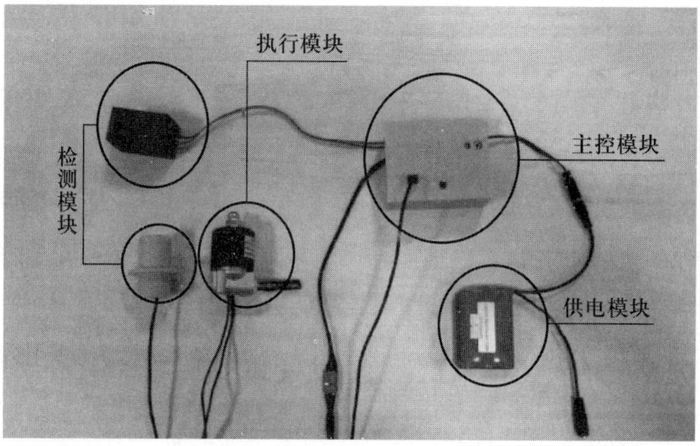

图 2　产品控制集成模型

其中温度传感器刹车毂内测，液位检测器和气压表安装在附加水箱上。温度传感器各车轮进行温度测量，由单片机控制装置进行逻辑分析与控制，显示器将散热器和各车轮的温度值逐个显示出来，判断温度是否超出安全值（即所设置的开启淋水的温度阀值），若超出单片机立即控制气泵工作，自动开启淋水阀淋水直至散热器和车轮温度降至安全值（即所设置的关水的温度阀值）后自动关闭淋水阀，停止喷水。

水位传感器负责对水箱内的水量进行监测并将数据传送给显示器，当水箱中水量低于预设值时单片机控制蜂鸣器向驾驶员报警，驾驶员了解这一情况后可自行解除报警。显示器安装在驾驶室里，以数字的形式实时显示轮毂温度和水箱水位，方便快捷。而喷水管安装在汽车尾部一旦起火可利用气泵将水喷出，迅速灭火。单片机还不断地对本身、各温度传感器、通信线等进行全面的自诊断动作，一旦任意部件出现功能异常，会立即由自动模式转成手动模式，并长鸣报警提示注意采用手动淋水。极大程度上提高了出行安全系数，降低了事故发生的可能性。

与硬件配套使用的“智慧卡车”APP是由我们团队自主研发出来的手机软件。它的主要功能主要是与硬件进行连接，对我们产品的工作状态进行实时的显示，并将行驶状况通过互联网实时传输到总机处，进行数据的监控、收集与分析。智慧卡车APP截图如图3所示。

图3　智慧卡车APP截图

在卡车司机的手机用户端实时显示的内容主要有轮毂温度、水箱水量、已行驶时间、剩余水量和预计还能行驶的时间等数据。司机可以根据季节、地形、车重等具体情况通过手机上的客户端自行设置装置降温的临界温度。当轮毂温度高于设定值时手机客户端会提示“轮毂温度过高，已开始喷淋降温”，并且单片机会自动控制喷淋系统进行喷水喷雾降温，直到轮毂温度低于设定值5℃时停止喷水，并向手机客户端进行反馈“轮毂温度已正常”。而当水箱水量剩余量低于20%时会向手机客户端发起警示，告知“水箱水量已低于20%，预计还能行驶××时间，请及时加水”，并在手机客户端上提醒司机附近的加水地点以备选择，以便让司机按照实际情况计划加水。

手机客户端通过互联网与在物流公司的总机进行实时的数据传输。通过对于上传数据的实时监控，可以方便地知晓对应卡车的运行路径、行驶时间、载重量、车辆轮毂与刹车片的健康状况，方便物流公司与卡车车队对于运行车辆的监管与了解。并可以通过对后续收集到的大量的数据分析，得出卡车的健康指数及其衰减曲线，方便物流公司与卡车车队对卡车的保养做出经济合理的规划。

2 学生后续创业发展情况

团队预计 2017 年底实现第一轮融资，目前正在与投资人积极洽谈协商；另外，团队目标在 2017 年 8 月，推出第二代产品，实现 100 辆以上卡车安装，目前存在资金的困难。

3 主要经验和启示

如今创新创业成为社会的主流，许多高校学生都会或多或少地接触，参与创业活动能够开阔视野，有助于职业生涯规划的形成。但是不要盲目地投入创业，大学生成功率更低，参与其中获得提高是比较好的方式。

稷下咖啡与国创共成长

项目名称： 稷下咖啡

完成者： 李　豫

完成时间： 2014 年

推荐学校： 山东理工大学

1 学生参与“国创计划”项目情况

1.1 引言

我是李豫，本科就读于山东理工大学，于 2014 年 6 月注册成立了淄博齐稷文化传播有限公司。公司主要运营“稷下时光”咖啡品牌。团队曾获“创青春”大学生创业计划竞赛全国银奖、“挑战杯”创业计划竞赛沃派专项竞赛山东省一等奖等奖项。

1.2 创业萌芽

我的校园创业经历要追溯到 2009 年，那一年我上大一，负责组织一年级工作部的“山东理工大学团体心理活动设计大赛”的活动，要负责全校 20 多个班级参赛作品的评选及颁奖晚会的统筹。这次活动组织的成功给了我极大的信心，不但成功地拉到了赞助，还认识了联通公司校园工作的负责人。在第二年的秋季，联通公司在山东理工大学举办“迎新生活动”，我又荣幸参与其中。从此，山东理工大学的校园中多了一个活跃忙碌的身影。

从那以后到青创社成立的那段时间里，我策划过很多的项目，但都因为没有得到认可和支持而一直搁置。有两年的时间，我就徘徊在这些自己设想的项目中，但是不能创业，我便把精力放在了学习上。

这种情况一直持续到 2010 年 5 月，共青团山东省委和中国联通山东公司共同发起成立“未来青春创业社”，在山东经济学院举办启动仪式后，山东理工大学随即也成立了创业社，很荣幸我被推选为山东理工大学创业社的首任社长。被推选为社长的那一刻真的是受宠若惊，但随即便是战战兢兢。当时的我并不认为自己有能力带好这个社团，自己的当选可能是跟学校团委和淄博联通公司混了个脸熟的关系。怀着这种忐忑的心情，我穿梭于所负责的几个创业社团的会长之间，讨论项目，交流经验。就这样，我跟几位骨干成员带领着山东理工大学创业社起航了，我们都相信前途的光明和校园生活的充实。

就任创业社长不久，我迎来了社长生涯中最令人欣喜若狂的时刻，我把大一时期那些被搁置的想法，比如“稷下时光”咖啡店、大学印务社、快递超市等搬到了青创社这个平台上，得到了学校团委和山东省青创办的支持。学校团委和省青创办除了提供创业指导外，还对个别创意较好的项目给予了资金方面的支持。

除了资金支持，学校还给我安排了办公室。在学校及联通公司的帮助下我们团队获得了营业场所4处，总营业面积在500平方米左右。这些让我最为头疼的问题就这样被化解了，这不禁让我大喜过望。信心满满的我随即对创业社组织架构进行了改革，并对创业项目进行了整合和扩大。截至我卸任社长职务，青创社共募得创业基金32万元。经历了大学三年的探索与积累，“稷下时光”高校连锁咖啡厅项目终于诞生了。2013年9月1日，经过半年的筹备，该项目的第一家咖啡店在山东理工大学校园内开业了。该门店总投资22万元，完全由合伙人许笑媚筹得。

1.3 个人成长与创业发展

全世界最早的大学是“稷下学宫”，比柏拉图创办的雅典学院要早20年。百家争鸣这一文化盛事也是发生在“稷下学宫”！潍坊市已经把风筝这一地区特色炒得火热，为什么淄博市不把这么有历史文化底蕴的“稷下学宫”给推广出去？我现在的“稷下时光”咖啡店走的就是文化艺术路线，联合高校内形形色色的学生社团开展一系列饱含正能量而又令大学生喜闻乐见的文化活动，重现当代大学学术的“百家争鸣”！同时也将咖啡店做成传播大学文化的场所，让现在浮躁的大学生真正地“记下”自己的大学时光。

但是咖啡店的运营之路也并非一帆风顺，在迅速发展的同时，许多难免会遇到的难题也都相继浮出水面。学生兼职员工上班时间难固定、咖啡饮品口味更新频率要求高、单一店铺无法在校内形成品牌优势等一系列问题接踵而来。我没有被这些问题难倒，发挥自己团队领袖的优势，召开原始合伙人会议，经过三次讨论我们制定了三个计划。一是：“东征西夺计划”，利用人际关系及风险投资所带来的资金优势迅速扩张，吞并附近高校内半数以上饮品店并进行改革；二是：“加多宝式品牌塑造计划”，利用连锁门店数量优势，通过大力赞助校园文化活动等途径迅速提高校区内品牌影响力；三是：“修身养性计划”，团队精力全部回归各门店，稳扎稳打修炼内功，提高咖啡饮品质量、接待能力及装修质量，将所有门店盘活。经过稷下时光团队一系列计划接近完美的实施，首家门店于开业短短半年时间便回收了60%左右的初期投资。第二家店也在一店开业7个月内成功开业。到目前为止，一年的时间，我所带领的稷下时光团队“时光小组”已经对接天使投资，成功开设了7家门店，全线门店总投资达到130万元。2014年6月我注册成立“淄博齐稷文化传播有限公司”，注册资本50万元。此外，由我带队的“稷下时光高校连锁咖啡厅”项目也成功获得“创青春·全国大学生创业计划竞赛”山东省金奖，并顺利通过国赛考核进入全国总决赛环节。我们团队成员很有信心在全国大赛获得冠军。

2 学生后续创业发展情况

我的三年规划是这样的：第一年内开设 7 家门店，并在运营的同时完善门店管理制度和连锁管理制度；第二年开始进行品牌推广及风险投资对接，尽快将咖啡店品牌做强做大并在山东省内高校开始高速复制；第三年，目标对准全国的高校，尽力一搏。

很多人问我门店扩张速度是否过快，我认为每个人的创业激情都是在不断改变的，我也不能确定五年以后的我是不是会安于现状不再有今天的热情，所以我的规划都很赶。而且我们时光小组的平均纪录是每 39 天开设一家新门店，我的想法再不超前一点那不是拖了团队的后腿吗？而且大学生是图书及咖啡类饮品的主要消费群体，我们所要面对的客户群较集中。除此以外，高校内形形色色的社团有很多，依托他们可以办很多有意义的文化活动，也可以尽量避免“咖啡店八成不挣钱”这一现象。有了这些保障，我们的门店扩张速度不算快。

目前，我们的 7 家门店平均日流水额都在 1800 元以上，门店及公司共雇用应届毕业生 23 名，且在学校内提供了上百个勤工助学岗位。现在大学生就业压力巨大，我认为我不去占用有限的工作岗位并且尽可能多地创造勤工助学或者正式工作岗位是我能为母校乃至社会做的最大贡献。

3 主要经验和启示

我认为当代大学生对于自主创业一直保持若即若离或不敢触碰的态度。国内创业环境差、创业氛围欠缺、创业培训不普及、初始创业投资难以募得等很多问题仍需解决。但这并不是阻止大学生勇敢踏出创业第一步的借口。2013 年为全国大学生最难就业年，2014 年就业情况缓解但仍然不容乐观。避开毕业大军就业岗位的争抢而选择创业将不仅节约全国就业岗位还将创造就业岗位。淄博齐稷文化传播公司及稷下时光高校咖啡厅连锁项目已成功解决 23 位应届毕业生的就业问题，我本人也通过创业进入了公司管理层的行列。

纵观我的创业经历，以及对于自己毕业后工作生活的规划，不难发现，淄博齐稷公司和稷下时光咖啡厅项目不是一个“90 后”年轻人锋芒毕露的幼稚决定，也不是一个应届毕业生争强好胜的一意孤行，而是一个 24 岁小伙子对于自身未来发展充满信心的无悔选择。青春朝气、想法超前、待人和善，这就是我，一位年轻的创业者！

朝北美术教育用心开启明天

项目名称： 朝北美术教育
完成者： 张润奇　杨兴娜
完成时间： 2016 年
推荐学校： 山东理工大学

1 学生参与“国创计划”项目情况

1.1 引言

随着我国素质教育的不断推进，美术教育对提高学生素质的作用不断凸显，它能够有效地帮助学生陶冶情操、完善人格，对学生世界观、价值观、人生观的形成具有重要的作用。目前，国内学校美术教育还不够完善，存在着诸多问题，这一现象在欠发达地区尤为突出。

校外美术教育培训是校内美术教育的补充与延伸，是一个需求巨大的市场，也是一个竞争激烈、日趋饱和的市场，其背后是当前美术教育培训链条的野蛮生长。据不完全统计，目前我国各地区美术类培训机构有数十万家，因美术教育培训具有市场需求大、行业门槛低、利润高及风险低等特点，一直是高校美术类学生毕业后创业的第一选择；此外，随着高校美术生的不断增多，当前美术教育培训由学校周围逐渐向社区化蔓延，形成遍地开花的常态。

“艺术源于生活”，美术教育可以启发学生认识生活，启发他们发现美、创造美，提高学生观察力、想象力、创造力及鉴赏力，对学生树立起良好、正确的审美观具有重要的作用。校外美术教育作为校内美术教育的补充与延伸，近几年来深受学生和家长的热捧。校外美术教育培训是以兴趣培养和学生个性化培养为教学特色。目前在我国大中小型城市，甚至是在农村，大大小小的美术培训机构此起彼伏，数不胜数，其师资力量、课程设置与安排、教学质量等因素是制约当前校外美术教育培训系统化发展的主要因素。

1.2 朝北美术的开创

作为美术专业的学生，我们的团队成员专业功底深厚，步入山东理工大学美术学院后，利用课余时间在校外美术教育机构从事兼职美术教学。像大多数兼职教师一样他们按照培训机构的教学计划授课，在积累教学经验的同时，我们自己的内心中充满了各种不同的感受，尤其是对培训机构的教学理念、课程安排等产生了截然不同的看法。此时，我们通过长期的兼职美术教学也萌生出创业的想法。

2011 年 9 月我和杨兴娜同时考上了山东理工大学美术学院的研究生，我们创业的想法在长期的思考后决定加以实践。我们利用充足的课余时间，积极走访张店区各大美术培训机构加以调研；同时，我们深入学校、社区，走访学生、家长，发现在各类大小美术教育培训中大多存在师资队伍良莠不齐、教学质量偏低等问题，特别是在教学过程中以教师的自我标准来衡量学生作品的好坏，完全抹杀了学生的想象力与创作力，不利于学生的艺术成长；而家长则是期望通过学生参加校外美术培训进一步培养学生兴趣，提高学生观察力、想象力、创造力及鉴赏等能力；作为培训的学生则对传统的教学理念、课程设置等深恶痛绝，想学的学不到，不喜欢的被灌输，逐渐产生厌倦的心态。

1.3 朝北美术的发展阶段

1.3.1 初创期（2012 年 3—7 月）

充足的市场调研为朝北美术的开创奠定了基础，在学院领导和同学的支持下，我们初步在研究生教室（11#311）开设了周末教学。最初的学生也多是之前我们在学校兼职时所教的学生，教授课程主要是以素描（石膏、景物）、儿童画为主。最初的 12 个学生通过 3 个月的授课后，水平不断提高，受到学生和家长的肯定；此外，通过校外招生和学生家长的相互介绍，学生数量不断增加，学院教室已经远远不能满足日常的教学。

2012 年 7 月—2013 年 7 月，我们培训机构由学院教室搬至凯瑞溪园，教室约有 40 平方米，房租 800 元 / 月，画室正式取名为：朝北美术。在简单装修后，正式开启了创业之路。学生数量增至 20 多人，原有课程不变，仍是以初中生、小学生为主。初中以素描石膏、素描静物、水粉静物为主；小学以儿童画为主。初创期课程设置如表 1 所示。我们将主要的精力用到教学中。在长达一年多的教学中，在此学习的初中学生在中考中取得了较好的成绩，90% 以上的学生考到淄博市实验中学、五中等高中。通过家长与学生的口碑传播，学生数量不断增多。此外，小学班教学也取得了十分显著的成绩。

此时的小区地址紧靠凯瑞园小学，北面、东面分别有祥瑞园小学、张店八中、张店七中、张店九中、建桥中学等学校，附近小区由凯瑞碧园、凯瑞溪园、凯瑞景园、瑞贤园、博大花园等中高档小区，这为今后的招生提供了充足的便利。

表 1 朝北美术初创期课程设置

课程名称	授课内容	课时计划	授课人数	收费标准	上课时间
素描（1）	石膏体	24	小班	720 元	周日上午
素描（2）	静物	24	小班	720 元	周日上午
水粉	静物	24	小班	720 元	周日下午
儿童画（1）	植物、动物	12	小班	300 元	周六
儿童画（2）	线描	12	小班	300 元	周六

1.3.2　发展期（2013 年 7 月—2014 年 7 月）

2014 年 5 月随着学生数量的不断增加，原有画室不能满足日常的教学活动。在仔细思考之后，校区搬至瑞贤园教工宿舍（80 多平方米，隔为两间），因是学校住房，房租较为便宜，每月 800 元。学生数量增至 40 多人，课程设置增添成人班，主要教授成人国画、油画课程，有成人学生 6 人。成人班课程与中小学课程不同，主要是以作品完成数量收费，提供原料，国画写意课 100 元 / 幅（完成稿）、国画工笔课 150 元 / 幅、油画 150 元 / 幅。小学版增添手工课、书法课（硬笔）。授课教师外聘兼职 2 人，一名为国画教师，一名为手工教师。（注：因利润分配问题有所摩擦，两名教师干满一年后离职。）发展期课程设置如表 2 所示。

表 2　朝北美术发展期课程设置

课程名称	授课内容	课时计划	授课人数	收费标准	上课时间
素描（1）	石膏体	24	小班	720 元	周日上午
素描（2）	静物	24	小班	720 元	周日上午
水粉	静物	24	小班	720 元	周日下午
儿童画（1）	植物、动物	12	小班	300 元	周六
儿童画（2）	线描	12	小班	300 元	周六
书法班	硬笔	12	小班	300 元	周五晚
手工课	手工制作	12	小班	300 元	周六
成人班	国画、油画		小班	100 /150 元	晚上

1.3.3　成熟期（2014 年 7 月至今）

在瑞贤园校区运营了 1 年后，因山东理工大学物业管理问题不得已需要搬迁。经过多方考察，新校区搬迁至张店紫园南门对面，上下两层，240 多平方米，学校规模扩大，教学质量提高，学生人数现在已达到接近 100 人，目前还在不断增加中。课程不断细化，不再是以单纯的学生学习内容加以划分，而是转变为以学生的学习能力和进度加以调整，极大地提升了教学质量。成熟期课程设置如表 3 所示。学生与家长在看到学生的成长与进步后对朝北美术更加的信赖，也为今后的发展前景开启了新的规划。

表 3　朝北美术成熟期课程设置

课程	课程安排	课时	授课	授课内容
素描	初级班	24	小班制	石膏体、单体静物
素描	中考班	48	小班制	组合石膏、静物
素描	高考班	48	小班制	头像、静物、水粉
儿童画	兴趣班	24	小班制	儿童画
儿童画	ChuSiuPak	24	小班制	核心课程

续表

课程	课程安排	课时	授课	授课内容
儿童画	提高班	24	小班制	基础造型塑
书法班	初级	24	小班制	硬笔
书法班	提高	48	小班制	软笔

2 学生后续创业发展情况

传统校外美术教学在发展初期具有不同的目标学生，一般分为小学、初中、高中，针对不同年龄阶段的学生开设不同的课程。小学美术课程重在培养学生的兴趣、想象力与创造力，主要开始的课程包括儿童画、动漫、线描、书法（软笔、硬笔）、手工制作及简单的素描石膏体，课程内容较多，多为复式教学，相关课程穿插教授；初中班主要是为应对中考升学压力，重在培养学生的基本造型能力，主要开设素描（石膏体、石膏头像、静物、真人头像等）、水粉（静物、风景）两门课程；高考班主要是针对的高中艺考学生，授课内容主要有素描（头像、半身像、石膏头像、真人头像）、色彩（色彩风景、静物）、速写（人物速写、风景速写）等。

针对目前我国大多数校外美术培训机构调查发现，其优势在于：①在课程设置上多是以内部培养计划为课程教材，所设置的课程种类多样，采用弹性化的分配课程时间；②在课堂教学中采用小班制，教学空间相对开放，注重培养学生的主体学习地位；③在任课教师上年轻化，授课富有激情，关注学生的兴趣与主观能动性的发挥。劣势在于：①自主招生，学生数量参差不齐，年龄跨度较大；②学校规模大小不一，教学质量一般；③教师教学经验不足，且发展空间较小，多是以兼职教师为主；④教材不统一、不完善，课程设置缺乏系统性。

2.1 任课教师的选用与培养

针对以上优劣势，朝北美术在发展中十分注重自身的提升。积极招聘有教学经验教师，通过试讲、试用、考核、反馈，不断提升任课教师的教学水平。任课教师定期外出学习、交流。在课堂教学中采用小班制，弹性化课程安排。在小班制中依据学生自身美术素质水平，加以弹性化调节；此外，课程时间上更加灵活自由，会在假期中统一给请假学生补课。在兼职教师的聘用中采用五五制工资分配，即学生交的学费由学校与任课教师各占50%，同时设定奖金。这样既能保证兼职教师的授课质量，也能提升兼职教师的教学热情，从而保障学生完成目标学习。

2.2 科学合理的课程设置与编排

针对不同年龄段的学生，设置相关的课程计划、培养目标，以小学素描课程为例，其学习内容为石膏体、静物，掌握好最基本的造型能力后，逐步增添石膏体、静物数量，进行综合性培养，以便形成系统化的课程体系。在小学班中，从最初的兴趣班到 ChuSiuPak 再到提高班，本身就是一个循序渐进的过程与培养。在书法课堂中，依据学生年龄阶段及水平，划分成硬笔与软笔两个课程，由简到难，由硬笔到软笔，循序渐进地授课，从而保障授课质量。

2.3 参与式教学

在小学美术班中，运用参与式教学方式，邀请学生家长参与到学习中，在充分发挥学生主体性的同时，教师与家长协同完成课程目标；此外，ChuSiuPak 课程作为小学班中最为核心的课程，是与北京一美术学校共同研发而成，此课程更加注重培养学生发现美、创造美的能力，积极引导学生将自我审美表现在画面中，课程中学生成为主宰画面的主体，教师主要是加以引导。

2.4 教学质量的提升

任课教师的选聘与培养提升了教师的教学能力与素养，课程的优化不断提高了课程的系统化与完整性；此外，通过教学研讨、家长反馈、学生意见等多种渠道，不断升华课程内容，提升教学质量。

朝北美术的教学理念不断优化，不仅满足了日常教学计划的完成，也在校区周围形成了良好的口碑。目前，校区内在校学生接近 100 人，全职任课教师 5 人，兼职教师 6 人。虽然目前取得了较优异的成果，但这些转变慢慢无法满足朝北美术今后的长远发展。

3 主要经验与启示

朝北美术自 2012 年 7 月正式成立以来，学生数量不断增多，课程设置不断优化，一系列的调整与今后的长远发展仍具有一定的差距，因此，在其发展中需要不断地加以创新和调整。

转变教育理念，创新少儿美术课程。搬至新校区以来，通过长时间的宣传招生，少儿班学生数量增多，但原有的美术教学方式方法已经远远不能满足现代教学的需要。在少儿美术教育中儿童美术 6.0 时代已经来临，当前的美术教育培训已经不再是仅停留在培养兴趣爱好上，而是如何让孩子们拥有一双发现美的眼睛，感受生活的美好。因此，在假期中，我们在上海、北京、广州多次考察，后在北京一美术学校研修 30 多天，通过学习极大地提高了自身对美术教育的能力。与该美术学校共同研发了 ChuSiuPak 课程，以美术学为切入点，达到对儿童美术知识的传达与审美能力的培养。依据不同年龄阶段的学生特点开设针对性的美术课程，引导学生发现事物的造型特点、色彩关系，逐渐寻找到美的规律，在画面中表现美。朝北艺术课堂是快乐的，所做的不是辅导，而是引导。

朝北美术通过参加淄博首届教育博览会，举办“非你莫属”夏令营、免费公益课堂、朝小北（中国）瓶盖计划，参加绿丝带公益组织，举办艺术之旅•北京游学夏令营、儿童美术成绩课程Demo课体验等众多活动加大宣传，积极参与各类公益活动，通过活动让孩子们了解绘画，养成积极的生活态度，帮助孩子们发现美、创造美。

在淄博首届教育博览会（2016年7月2日）中，通过了解各类艺术才艺及展示，帮助孩子把兴趣转为实际能力，共筑孩子的五彩童年。在举办的“非你莫属”夏令营中，倡导“无痕教学”，将课程与儿童的身心发展规律相结合，让孩子们以快乐心情去做自己喜欢的事情，让体验转化为内在修养。在朝小北（中国）瓶盖计划中让孩子们收集瓶盖，保护海洋生态环境，最后运用5000多个瓶盖创作了一幅海龟，让孩子们在参与中成长，树立良好的生活意识，保护家园环境，从小做起。在艺术之旅•北京游学夏令营中让孩子们近距离观赏艺术大师的作品，通过讲解把艺术美、生活美、自然美翻译传达给孩子，让孩子在自由、平等、快乐的环境中充分地观察美、感受美、表现美，培养其独特的审美能力。

对于未来的发展，我们充满了期待与憧憬，今后美术教育还会进入7.0、8.0时代，但我们仍然在不断地努力着、改变着。对于未来，“其实我们所做的很简单，却又不平凡，帮助孩子们发现美、创作美，让孩子成为天生的艺术家”。

在创业过程中，虽然一路艰辛，但我们却认为非常有意义，我们通过实际行动在为美术教育贡献自身微薄的一份力量。

新时代的大学生创业咖啡

——以致青春文化传媒有限公司为例

项目名称： 致青春文化传媒有限公司

完成者： 张容川

指导老师： 齐丹丹

完成时间： 2016 年

推荐学校： 山东理工大学（商学院）

1 学生参与“国创计划”项目情况

创新驱动发展战略下，创新创业已成为经济转型和保增长的引擎。大学生是国家宝贵的人才资源。创业不是少数人的专利，而是多数人的选择，对于朝气蓬勃的大学生更是如此。李克强总理曾批示，大学生是实施创新驱动发展战略和推进大众创业、万众创新的生力军。尤其是近年来，高校毕业生人数突破 700 万，就业压力进一步加大。

2010 年 5 月教育部下发《教育部关于大力推进高等学校创新创业教育和大学生自主创业工作的意见》，要求高等学校的创新创业教育要面向全体学生，融入人才培养全过程。为鼓励高校毕业生自主创业，以创业带动就业，财政部、国家税务总局同年 10 月发出《关于支持和促进就业有关税收政策的通知》，明确毕业生从毕业年度起三年内自主创业可享受税收减免的优惠政策。2014 年 5 月国务院办公厅下发《国务院办公厅关于做好 2014 年全国普通高等学校就业创业工作的通知》，提出将于 2014 年至 2017 年在全国范围内实施大学生创业引领计划，通过提供创业服务、落实创业扶持政策、开展创业教育等，帮扶更多高校毕业生自主创业，逐步提高高校毕业生创业比例。2015 年 4 月 21 日和 6 月 10 日，有关扶持大学生创业的内容也两次被列为国务院常务会议议题。

大学生有效利用利好政策，提高创业实践能力，不仅可以推进以创业带动就业，缓解就业压力，也可以实现自我人生价值。随着互联网的发展，“互联网+”思维的风靡，原始的经营理念已无法满足新时代的创业需求。大学生应该紧跟数字时代发展步伐，创新经营模式，促进创业的健康可持续发展。

1.1 成立契机

大学生创业引领计划中提出：为大学生创业提供孵化服务，建立一批大学生创业园，为创业大学生提供低成本的生产经营场所和企业孵化服务。大学生创业孵化园是学校为支持在校大学生创业建立的项目运营孵化平台。山东理工大学大学生创业孵化园（东校区分园）由山东理工大学校团委出资创建于2014年6月，占地226平方米，旨在为在校大学生创业项目孵化提供免费的办公室场所、无线网络、水电等，以激发大学生创业热情。9月完成入驻项目的选拔评审工作，并投入试运营，12月正式运营。

了解到国家、学校对大学生创业项目的扶持后，不少有创业想法与激情的在校生跃跃欲试，2013级的我和王肖文就是其中的典型。当时，我担任学生会副主席，王肖文担任创新创业部部长。我们志同道合，追求生活情调、有创业意愿，在学生会中对各类政策的敏感度较高，经常一起交流创业想法。当时学校里自营的咖啡店和奶茶店繁多，但多数经营一年、半年可能就会关门转让。我们通过在学院同学中发放调查问卷、走访等形式了解到，价格不菲、同质化严重、形式较为传统是他们不喜欢这些咖啡店和奶茶店的原因。而大学是一生中最青春和朝气蓬勃的时期，新时代的青年更追求有文化、有氛围、有情调、有时代气息的圈子。当时我们就想：如果创办以“青春”为主题的针对大学生群体的创业咖啡，创新模式、紧跟时代，为学生提供交流平台和圈子，会不会是一个好的契机呢？我们决定试一试。于是，我们积极将自己对新时代创业咖啡的构思做成商业计划书，并顺利通过商学院孵化园入驻项目的选拔答辩，成功入驻孵化园，获批一间60平方米的工作室，初期名称为“致青春创业咖啡”。

1.2 业务定位

致青春创业咖啡吧，是由我们一群拥抱青春、追逐梦想、酷爱咖啡的在校生发起的创业实践项目。以咖啡为媒介，以为青春追梦者提供一个开放、专业、休闲的交流场所和沟通平台为主旨，将“致青春•致梦想”这一主旋律不断演绎，以展现青年学子的激情与梦想、青春与活力，丰富校园文化活动，增进校友交流，提升青年学子发展为目标。致青春创业咖啡吧，立足校园，服务校园。我们致青春创业咖啡吧在经营咖啡店为同学提供饮品、简餐的同时，不定期邀请校友、师长开展创业沙龙、创业交流、人文讲座、职业生涯规划讨论等，为青年学子答疑解惑；开展英语角、音乐电影鉴赏，提高青年学子的文化涵养，努力创造一个充满青春气息，文化气息的交流社交场所。

1.3 团队组建

咖啡店的运营不是两个人就可以完成的，何况任何一个成功的公司，都需要有强有力的工作团队，因此团队组建迫在眉睫。在建设初期，我和王肖文将团队其他人员锁定在各自的同学中，将有创业意愿、相互信任、有能力和热情的4位好朋友吸引到项目中来，组成了6人团队并进行分工。我们一起合作经营、明确分工，暂时不雇用员工，团队成员暂时不领取工资，而是设置收益分配方案，根据营业情况及入股比例，按月获得收益分红。

1.4 融资渠道

对于我们在校大学生而言，资金确实是难题。6位小伙伴商议前期尽量不贷款，先通过申请得到学院的项目启动支持资金1万元；然后自筹资金5万元；最后积极联系创业校友，阐述创业计划以求获得校友投资入股。多数校友对咖啡店并没有太大信心，所以我们高涨的情绪显然被拒绝投资的消息拉低了。我们没有放弃，功夫不负有心人，我校2007级校友、淄博浩辰文化信息咨询有限公司的创始人蔡昊学长被我们的精神所打动，投资了10万元。带着16万元的初始资金（4万元用于店面精装修、2万元用于购买设备、2万元用于购买材料，8万元为机动资金；装修等工作于2014年11月初全面完成），我们开始了创业旅程。

1.5 推广营销策略

为提高大学生对“致青春创业咖啡”的兴趣与认同，我们“致青春”团队的成员经过认真思考和五次头脑风暴，制定了项目发展初期的推广策略：

（1）价值观推广：团队成员将项目的核心价值观定位为，以“提高学生人文素养、丰富学生精神生活，不给青春留遗憾”为己任，“服务学生，传播青春正能量”。

（2）营销推广：创立“致青春创业咖啡”微信公众平台，利用签名档等免费给公司做宣传，利用微信进行营销和管理。为提高咖啡吧知名度及微信公众号的关注度，创业团队与社团和学生会等组织合作，通过赞助或举办有奖活动来提高同学们的参与积极性，如：赞助学校毕业晚会和迎新晚会，凡是关注致青春创业咖啡微信公众平台的同学即有机会通过现场随机抽奖获得价值100元的致青春咖啡吧储值卡；参与“最美商院人”评选活动，关注微信公众平台参与投票，并评出一二三等奖，不同奖项对应咖啡吧提供的不同档次奖品；微信转发集赞活动可免费领取饮品。

（3）文化推广：作为一个具有文化特色的咖啡店，致青春创业咖啡吧为同学记录他们的青春与梦想，记录他们大学生活的点点滴滴，从开学仪式到毕业典礼，用相机拍成照片、视频，并且利用我们的想法为同学制作成充满青春回忆的影集、明信片、青春纪念册。我们留下备份以照片墙的形式展现在咖啡店中，作为店内的一种文化。此外，推出“疯狂青春”系列活动，包括周末电影院（青春正能量题材）、英语角、创业沙龙等，一方面，通过系列活动提高咖啡吧知名度，另一方面，以活动刺激消费。同时，征集同学们对活动效果的反馈建议，以便于后期改进。

2 学生后续创业发展情况

随着前期经营，2014 年 11 月— 2016 年 3 月，致青春创业咖啡吧步入正轨，取得了一定成绩，知名度和业务量均提高，日均营业额为 400 元左右。伙伴们决定正式注册公司，2016 年 4 月 12 日这个值得纪念的日子，淄博致青春文化传播有限公司正式成立了！

2.1 创新创业比赛

为了自己的创业构思和计划能够得到专家的专业建议，为了进一步推广“致青春创业咖啡”品牌，也为了能够学到更多的优秀创业思想，融入大学生创业的优秀圈子，我们不放过任何机会，认真准备、积极参与每一次创新创业比赛。我有较好的统筹、组织、协调能力；王肖文对科创比赛的流程、要点掌握全面；李忠毅具有较好的文字功底；岳燕飞思维活跃、点子多；潘敏芳是财务专业学生，专业基础扎实；楚日喆有过创业经验，且口才较好、现场反应灵活。根据团队成员的不同特点，大家合理分工，相互配合，优势互补，我们最终在多项比赛中取得了不错的成绩。小伙伴们继续向前走，把创业咖啡进一步扩大、完善，坚定了更上一层楼的信心和决心。

获奖情况：

（1）“邮储银行杯”第八届全国大学生网络商务创新应用大赛全国总赛区网络创新应用一等奖、华东赛区网络商务创新应用特等奖；

（2）2015 年 10 月国家级大学生创新创业训练计划立项；

（3）第一届创青春“海尔”青年创客专项赛省级创新奖；

（4）第二届“创青春”山东理工大学大学生创业大赛金奖。

2.2 团队调整

随着时间推移，团队 6 名成员都成为大四毕业生，各类考试、论文、实习等占据了小伙伴们的大部分时间，同时随着业务量增多，人手紧缺成为我们面临的难题。我们商量，如果仅仅采取招聘店长和小时工的方式，可能招聘到的部分人员将这作为兼职，对致青春的感情和文化认同上会有不同。面临毕业，团队后续储备干部的培养选拔、项目在校内的延续传承均是亟待考虑的问题。所以必须招聘有创业热情和一定创业基础的同学，且可以形成凝聚力和团队基础的圈子。如果以创业社团的形式来培养选拔、组建团队，可能效果会好些。当时刚好商学院暂时没有专业的创业社团，经过我们的不懈努力，商学院成立了第一个专门的创业社团——“青年创业精英汇社团”，社团与“致青春”项目相结合和依托。社团聚集了 141 位有创业热情和想法的同学。根据各位同学的特点与表现，43 位社团骨干参与“致青春”的运营，其中 8 人作为后备管理人才分别对接 6 位咖啡吧创始人先前的业务，其余 35 位参与店面运营。公司重新调整了收益分配方案，股东收益占 50%，根据参与运营的社团骨干日常表现，每月分配 35% 的收益分红，剩余 15% 留作青年创业精英汇社团的活动基金。

2.3 业务拓展与“网联网 +”思维

为了满足大学生的多元文化需求，“致青春”适时拓展了业务，业务拓展过程中的资金来源渠道多了一条，即银行贷款 20 万元。

（1）咖啡吧传统业务拓展：邀请校友、师长开展创业沙龙、创业交流、人文讲座、职业生涯规划讨论等，为青年学子答疑解惑；开展英语角、音乐电影鉴赏，提高青年学子的文化涵养，努力创造一个充满青春气息、文化气息的社交交流场所；不定期组织开展创业论坛、创业沙龙、创业培训、学术交流、拓展培训等活动，致力于帮助创业者实现创业梦想；也为同学提供创业咨询、兼职介绍、教育咨询、素质拓展培训等服务；积极向外整合校友关系，促进校企之间的合作，搭建一个校友与在校学生、优秀企业与在校学生沟通交流的桥梁，努力为山东理工大学广大青年学子创造到企业实习的机会。为校友和在校大学生提供贴心服务，成为一家集创业交流、学术交流、兼职发布、教育咨询、资源整合、休闲娱乐为一体的综合性多功能咖啡吧。

（2）致青春咖啡书吧：对于我们大学生而言，文化氛围非常重要。“致青春”要打响文化品牌，仅仅局限于先前咖啡吧 60 平方米区域有些局促。一方面，客流量增多，咖啡吧容量受限，书籍存放有限；另一方面，咖啡吧位于学院行政楼，行政楼并无教学课程安排，在吸引更多学生的参与方面受到限制，如果能在教学楼设立分店，拓展“书吧”业务，既符合教学楼“学习”的主氛围，也能获取更多的顾客。因此，我们向学校提出了申请，于 2016 年 5 月在山东理工大学东校区 3 号教学楼一楼设立了致青春咖啡书吧。

咖啡书吧，以青春作为主题元素，收集了大量适合于大学生成长的书籍，并实时根据时代热点来进行补充。致青春咖啡书吧的盈利方式以书和咖啡为主，定期举办读书交流会、智者沙龙、读书日等活动，并适时接办新书发布会等大型活动，同时为读者打造了特色服务：为读者提供一个明信片储存的平台，开设“寄给未来的自己”的活动；为读者定做个人书摘，帮助读者在信息化泛滥的时代收藏一份属于自己的书藏；为读者定做大学私人相册，打造属于每个读者最独家的记忆。

自此，创业咖啡吧和咖啡书吧相互推广宣传，良性互动。

（3）“互联网 +”思维：随着互联网的发展和技术进步，“互联网 +”的理念和思维越来越被人们认同。于是我们紧跟“互联网 +”热潮，积极进行资源整合，线上线下相结合，创造“互联网 + 咖啡吧”模式：线上积极整合山东理工大学校内外资源，利用校园新媒体等媒介开设校友论坛、师生交流平台、校地合作板块和头脑风暴讨论吧等多种多样的“互联网 +”服务；线下不定期组织开展创业论坛、创业沙龙、创业培训、学术交流、拓展培训等活动，致力于帮助创业者实现创业梦想，为校友和在校大学生提供贴心服务。

致青春咖啡书吧将互联网引入书店，通过互联网的实时共享、跨地域链接、大数据分析的特色打造一个“互联网＋图书”的营销模式，通过对个人的爱好和目标分析、智能推荐，使消费者可以快速有效地寻找到自己需要的书籍，同时将兴趣相投的读者通过线下书吧有机地联系到一起，从而碰撞出更多的火花；并且将电子书作为本店推销特色，为同学们提供大量优质的电子书籍，适应消费者时间短的阅读习惯。

“互联网＋咖啡书吧”依托互联网搭建了四个平台：学生头脑风暴平台、师生交流平台、校友联谊平台及校企校地合作平台。同时，充分利用现有的网络资源，例如微信、微博、QQ 等，多方面推送致青春创业书吧的理念主旨，让消费者进一步理解我们的初衷，从而引起共鸣，不仅仅局限于出售书籍，更是营销当下的青年创业文化。

3 主要经验和启示

随着“互联网＋”、大数据浪潮的推进，致青春文化传媒有限公司整合的“互联网＋创业咖啡”和“互联网＋咖啡书吧”的思维会有较好的发展潜力。

致青春文化传媒有限公司会在创业咖啡和书吧的基础上，条件成熟后，将继续拓展青春主题性业务，文化和传媒并行。公司在山东理工大学商学院孵化成功后，将以点带面，进一步拓展辐射到淄博市、山东省其他高校，进一步对接地市科技园、创业园，并在公司发展壮大中后期，扩大知名度和影响力，推进加盟分店形式，收取加盟费。

创业是一件需要长期坚持并且非常辛苦的事情，需要创业者的坚持与努力，创业之路充满荆棘，有很多风险和挫折，因此就需要掌握一定的必备的常识。

切忌创业项目过于单一，因为资源和资金的集中，在项目选择正确的情况下会给创业者带来良好的收益，但是放大的风险只要发生一次，就能使创业者的财富毁于一旦。切忌投资规模过大，贪大求全几乎是创业者的共性，殊不知种种危机就蛰伏其中，一不小心，就可能爆发。在具体创业时，应留有余力，以防风险发生，手中留有部分资金可以周转，防止满盘皆输。

助梦起航，坚定创业路

项目名称： Wipao 智能投影

完成者： 石志鹏　程梅颖　洪晓纯

完成时间： 2015 年

推荐学校： 汕头大学

1 学生参与“国创计划”项目情况

我是石志鹏，汕头大学长江艺术与设计学院 2011 级平面设计学生，于 2014 年申请创业训练与实践项目“Wipao 智能投影”项目。该项目在于研制与推广集云技术、安卓系统、投影仪与网络机顶盒、智能家居的数据中枢于一体的产品“Wipao 智能投影”。于 2015 年将项目转化为企业，成立汕头市大柑智能科技有限公司。凭借“Wipao 智能投影”项目，我们团队获得“中国创翼”（2015）青年创业大赛全国总决赛二等奖，并作为创客代表在国务院首届“全国大众创业万众创新活动周”启动仪式上得到了李克强总理的亲切接见。

2 学生后续创业发展情况

2.1 运营创业公司，建立创业团队

汕头市大柑智能科技有限公司以“Wipao 智能投影”为主打产品进行推广运营。我们通过组织各种创意沙龙、交流活动，聚集起了一群志同道合的伙伴，包括现在公司的合伙人。这群人中有老师、兄长、师弟、师妹，他们各有所长，有的是技术大神，有的是营销高手，还有不少是拥有众多社会资源的能人。通过广泛的人际交往可以及时寻找创业团队人才，建立一支由信息技术、艺术设计、市场营销等多方面专业人才组成的创业团队，保证企业能够顺利实施。

2.2 进行跨国合作，提升产品质量

为了优化产品的用户体验，公司与以色列企业合作，进行极速视频加速器的联合研发。以色列经济部首席科学家 Avi Hasson、以色列产业研发促进中心主任 Avi Luvton 和高级主管 Merav Tapiero 一行专程访问了大柑智能科技的南京视频加速器实验室，并对产品进行考察指导。Avi Hasson 教授特别对产品的外观设计创意给予了高

度赞赏。

由于中国与以色列在文化、法律上的差异，令中以联合技术研发存在一定的难度。以色列是公认的创业的国度，是全世界高科技新兴企业最兴盛的国家，很多科研人员在自己的专业领域都“钻”得非常深。以往要找以色列合作，需要很深厚的资源和人脉基础，以后则不同了，会有“地利”之便。广东以色列理工学院建立后，汕头大学的科技类学生创业团队将受益良多，也将给高科技成果的产业化带来便利。

2.3 参加创业比赛，获得不俗成绩

大柑智能科技团队代表广东省及华南赛区在“中国创翼”（2015）青年创业大赛全国总决赛中，以第二名的优异成绩获得全国二等奖；同时，作为创客代表在国务院首届“全国大众创业万众创新活动周”启动仪式上得到了李克强总理的亲切接见。总理的话语振奋人心，极大地鼓舞着我，继续艰苦奋斗，锻造过硬的本领，为实现自己的“创业梦”、自己的远大理想大胆作为；为实现中华民族伟大的“中国梦”而奋斗。

在此之后，我们的创业团队在由香港科技大学举办的第六届“百万富翁创业大赛”中获得国际组冠军，在厦门新能源创新创业大赛中获得一等奖。创业项目得到了专家的认可。

2.4 申请休学创业，获得风投支持

为了更好地进行创业，我利用学校的休学政策，申请休学创业。我的努力获得了回报，在休学期间，我们团队成功打开了线下市场渠道。一代产品不到半年时间出货量逾 8000 台，公司得到了风险投资机构的支持，累计获得 2000 万元风险投资。

3 主要经验与启示

3.1 形成多层次创业孵化体系

学校形成“创业教育—创业实践—孵化企业”较为完整的创新创业培育链，依托与政府相关职能部门、行业协会、企业、投资机构及创客中心等单位建立的长期合作关系，整合市场、人才、技术及资金等优势资源，提供全方位、多层次的创新创业服务。学校还实施滚动孵化服务，根据创业企业（团队）不同发展阶段的特点，在场地、资金、创业辅导等方面提供相应的支持。在这一背景下，我们团队得到了学校从创业教育、创业实践及企业孵化方面的支持，促进项目创意向创业项目转化，并最终实现向创业企业转化。多层次创业孵化体系如图 1 所示。

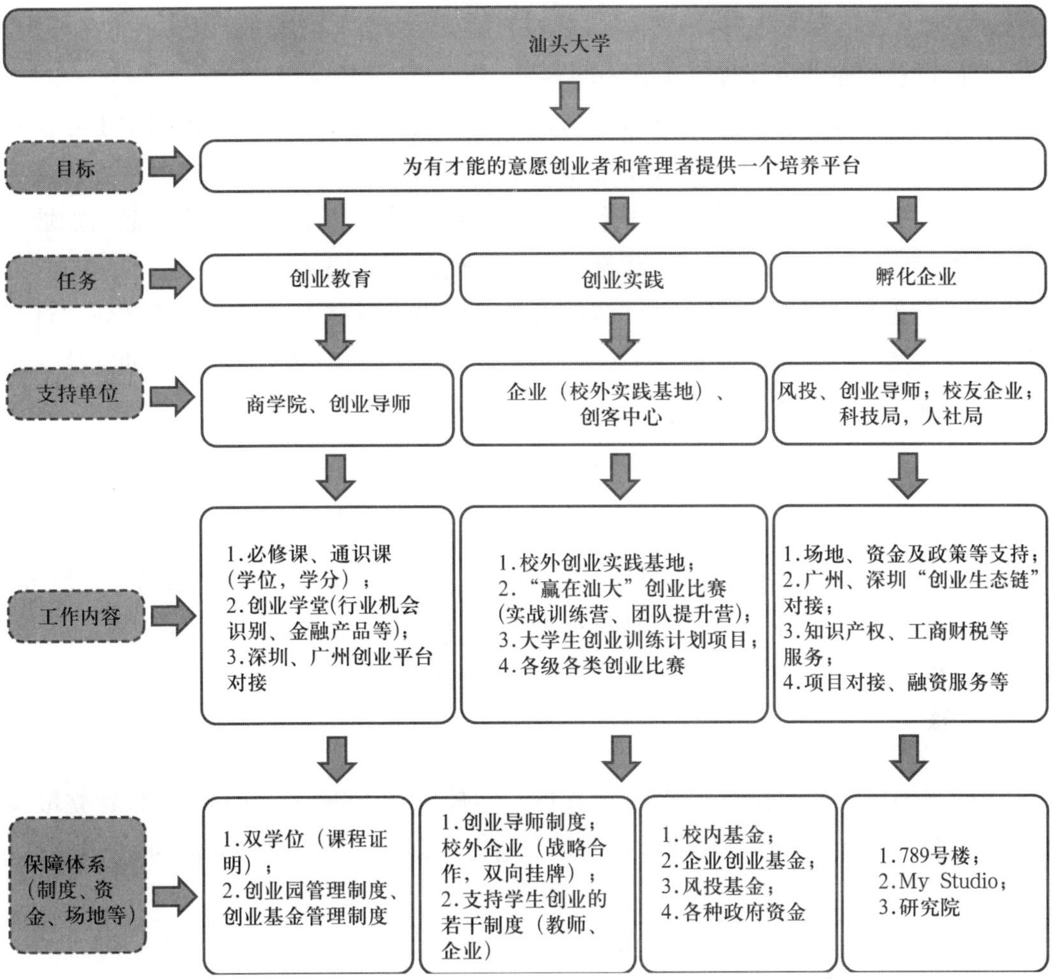

图 1　多层次创业孵化体系图

3.2　建立基于市场机制的创业导师制度

学校建立基于市场机制的创业导师制度，支持与鼓励创业导师以入股形式参与企业运营管理，建立创业导师与创业学生利益共同体。目前，学校已聘请 33 名企业家为创业导师，创业导师通过“1+1”创业咨询、创业工作坊、市场与风险投资资源对接等方面，助力创业企业发展。创业导师在市场资源与运营经验等方面，为我们提供了支持与辅导。

3.3　引入国际创新创业教育资源

学校引入以色列的创新创业教育资源。学校充分利用与以色列理工学院合作办学的契机，积极引入以色列创新创业教育资源，培养具有国际化视野的创新创业人才。以色列理工学院麦特尔教授连续三年面向学校学生开设以价值为基础的创新的选修课。课程特点在于以“价值创新”为核心内容，通过“理论紧密联系实际”的授课方法，在短时间内有效地提高学生们的创新能力。该课程在美国麻省理工学院的夏季学期开设了二十年，广受学生好评。引入以色列的创新创业教育资源，拓展了我们的视野，并为其同以色列企业合作提供了有利的契机。

另外，学校组织学生到境外参加创新创业实践。2016 年，学校组织学生赴新西兰参加由奥克兰大学创新与创业中心举办的首期暑期项目，学生在新西兰可获得免费指导、参加研习班和申请风险投资基金的机会。另外，学校还组织学生赴新加坡、泰国、香港等地，参加创新创业比赛，与境外创新创业团队同台竞技，了解与学习境外先进的创新创业理念与方法。我们参加了由香港科技大学举办的第六届“百万富翁创业大赛”并获得国际组冠军，通过比赛，不仅获得了 25 万元港币的支持，而且获得国际化创业资源支持及境外创业导师的辅导。

3.4 重点支持新兴产业企业

学校积极把握经济转型升级的契机，重点支持信息技术、智能机械、文化创意等行业企业发展，为其提供创业辅导、人员培训、投融资服务、管理咨询等相关服务。相关产业的企业发展潜力大，可持续性强，具有广阔发展空间。项目属于信息技术产业，得到了学校大力的政策扶持，获得长足发展。

3.5 建立弹性学分制

为了对学生创新创业提供制度上支持，学校建立了弹性学分制。学校建立最长 8 年的学制，允许学生休学创业。我通过申请休学创业，参与了创业活动，并取得了不俗的成绩。

由兴趣到实践的创业之路

项目名称：灵动传媒工作室（翼航科技有限公司）

完成者：王雪婷

完成时间：2017 年

推荐学校：沈阳大学（大学生创新创业指导中心）

1 学生参与“国创计划”项目情况

刚刚迈入大学校园时的我，还没褪去中学时期的单纯与稚嫩，对于未来四年的成长规划十分茫然。对于一个终将迈入社会的青年来说，不知道自己“要什么”，对人生没有明确的奋斗目标，实在太过可怕。所以在大一阶段，我积极地参加学校举办的各项社会实践活动和技能比赛，也报名参加许多社团，游走在各种社团活动中。然而大部分活动带给我的成长并不理想，也就是说并没有给我的未来照亮明灯，于是我基本上没有坚持下去。大二上学期，学校开设了创新与创业课程，这是我创业之路的最初启蒙。通过一段时间对课程的深入学习，以及老师的悉心引导与意识培养，这才让我对大学生创业有了一个初步的认识。何为大学生创业？就是指拥有高等教育背景的当代大学生通过学习与规划，将现实可行的想法付诸行动，通过创造来实现自主创业以增加社会岗位、解决就业问题的过程。面对现今就业形势严峻的局面，想要找到一份环境稳定、收入可观的工作越来越难。创业，已是当今社会对大学生的机遇与挑战。创新与创业课程的开设，不仅为我打开了自主谋求工作机会的新灵感，也直接培养了我的创业意识，更是潜移默化地锻炼了个人的创造力，为我后来成立工作室、注册实体公司奠定了坚实的基础。

爱好和兴趣是人在成长过程中产生的美好的化学反应。美国现代成人教育之父、著名的人际关系学大师——戴尔•卡耐基曾说过，人人都应有一种深厚的兴趣或嗜好，以丰富心灵，为生活添加滋味，同时也许可以借着它，对自己的国家有所贡献。可见，一个人的兴趣是有无限潜能的。而对我个人而言，正是平常的一个爱好和兴趣激发了创业的灵感，那就是——无人机。

我在高中时期就对无人机的操作和使用产生了浓厚的兴趣，但由于中学阶段的学习任务紧，对于无人机知识的学习和了解并不是很深入。进入大学后，丰富的课余时间给了我研究无人机的绝佳机会。通过自学的方式，我查阅了很多无人机基本知识和实际应用的文献资料，也向专业人士进行了多次咨询和请教，几个月下来我对无人机的兴趣更加浓厚了。然而单单是书本资料上的理论知识并不能满足我实现真正操作无人机的渴求。就在这样迫切的心情下，我开始转向无人机的真实操作层面，并主动报名参加了沈阳 2016 年第三期 ASFC/RC 飞行员执照考试培训班，认真学习并顺利地通过了 ASFC 考试，取得了私用航空模型飞行员执照，也就是无人机驾驶证。正是这样，我敲开了无人机实际操作的大门，也由当初兴致勃勃的“门外汉”，在普遍意义上“入了门”。

2015 年秋天，我陆陆续续帮助朋友、同学进行了几次婚礼和商业活动的航拍，凭借着不错的技术水平渐渐在朋友圈里有了名气。来找我帮忙的朋友也越来越多，这让我真实感受到了无人机市场需求的前景相当开阔，通过无人机服务盈利也是十分可行的。但个人的力量毕竟是渺小的，正所谓单丝不成线、独木不成林，只有“众人拾柴”才能短时间内达到“火焰高”的成效，于是我萌生了组建团队的想法。就这样，我和几个无人机发烧友一拍即合，于 2015 年 12 月组建了灵动航拍工作室。

工作室的建成对于我们这个刚刚踏入航拍圈子的新手团队来说，是大胆的挑战，也是想要发展的必然选择。俗话说万事开头难，在工作室的起步之初，市场推广的开展十分艰难。一是团队刚刚组成，整体并不成熟，宣传和推广业务通常是通过飞行演示的方法来吸引客户，效果不是很理想；二是不具备丰富的作业经验，每次工作都或多或少地出现一些问题。但这并没有打消我们整个工作室的奋斗热情，而是迅速地促进了我们团队的共同进步。作为主要负责人的我，对每一个环节都严格把控，在各个方面全力跟进，争取将我们的项目做到最好。通过团队的不断努力，灵动航拍工作室在航拍的圈子里逐渐有了名气。2016 年 3 月，我带着自己的团队积极报名参加了大学生创新创业训练计划项目，通过层层筛选最终被推荐为国家级大学生创新创业训练计划项目。在指导老师的引导和帮助及学校的大力支持下，我们的项目成功入驻沈阳大学创新创业孵化基地，并于 2016 年 7 月注册公司，正式更名为沈阳翼航科技有限公司，迅速扩大团队和软硬件设施，开启了团队发展的新篇章。

2 学生后续创业发展情况

翼航科技有限责任公司作为一家以无人机航拍航摄为主要服务的公司，业务紧密结合婚庆公司、婚纱影楼、广告传媒公司、电视台，旨在打破传统航拍服务的局限性，给大众带来更好的视觉冲击。公司目前经营的航拍服务项目有影视制作、广告制作、政府、企业宣传片制作、MV 制作等，公司的主营业务是提高航拍服务及后期的剪辑制作。我们始终以“使用专业的设备，做一流的服务”为宗旨，并积极地进行自主研发设备，不断学习和改进技术水平。我们以创新巧妙的手法和消费者联结起来，致力于保护和提升品牌形象，从而刺激销售，扩大利润。公司的营销队伍主要由市场部总监负责，我们采取与影楼、酒店长期合作和一体化战略，公司采用“虚实结合”的推广手段——现实推广与虚拟网络的宣传，捆绑相关企业公司实现共同盈利。采用亲民的价格，优质的服务。公司在产品生产管理上主要所采取的方式是提高产品的可靠性和行业适应性和积极地进行产品销售的前期技术支持和后期的技术培训工作，并结合成本控制和服务质量管理来合理安排生产经营计划。

一年以来的创业历程，让我在困难和挫折中不断摸索出成功的道路，积累了大量的社会经验，多方面地培养和锻炼了我的综合素质与动手能力，收获了自主创业带给我的巨大财富。在获得荣誉方面，我有幸被评选为学校2016年第四期季度人物，《辽宁日报》等媒体纷纷进行了相关的采访报道；并先后获得国家级创新创业训练计划项目、2016年校级大学生创业大赛一等奖、中国沈阳首届大学生创新创业峰会项目路演展示三等奖等荣誉；现任校优秀创业团队负责人、沈阳高校创新创业工作学生代表、沈阳翼航科技有限公司法人。在创业成果方面，成功地创建了翼航科技有限公司，营业半年就已创造15万元的营业额，商业订单日益增多，市场推广和业务宣传逐步扩大，运营项目也在有计划地开拓中，公司整体发展呈现快速成长的趋势。在个人提升方面，成功创业大大增强了我的自信心，培养了服务意识，锻炼了社会适应能力，开拓了眼界，真正实现自己的“创业梦”，也积极响应了国家对大学生创新创业的时代号召，为社会创造商业价值，实现个人的奋斗目标。

在接下来公司发展的战略中，我有三点新的打算。

一是进行无人机新材料的研究工作。众所周知，无人机产业在高速发展的同时其规模化普及程度并不理想，由于成本过高导致无人机价格始终处于“高空状态”，不够亲民，这也正是无人机在各个领域推广使用的一个瓶颈，是十分严峻紧迫的现实问题。以我个人自主研发无人机的经验来看，一台普通的农业植保无人机的交易价格在7万元左右，但购买机器零件进行自行组装的成本大约1万元，且经过多次测试与调整，自行组装的无人机工作效率和效果与购买的成品相比差别不大。所以我计划通过自主学习与研究，不断地试验多种材料的无人机组装，制造出拥有新型材料结构的升级版无人机，实现降低成本、增强操作稳定性的目标。

二是着重发展无人机在植物保护即病虫害防治方面的应用服务。我国是一个农业大国，随着机械化、集约化的日益加快，传统的农业模式已经不可持续。与我国耕地状况相似的日本，早在30年前便已使用植保无人机进行飞防作业。植保无人机的优势在于工作效率高，平均每分钟可喷洒一亩农田，是传统人工喷洒效率的近30倍，且喷洒效果好，低空作业在作物上方2 ~ 3米处形成风场，使农药能够均匀地覆盖在叶片两面，直达根部，不会造成额外的土壤及空气污染，并能保证人身安全。使用植保无人机进行植保防治已经是现代农业发展的必然趋势，也是现阶段我国农业发展必须要走的现实道路。所以将飞防服务做到区域推广最大化，不仅符合现代农业发展的需要，也能促进公司运营项目的多样化发展。

三是提供一些无偿的社会公益服务。党的十八大以来，全面贯彻落实社会主义核心价值观的理念已经深入人心，作为当代衷心于国家发展的有志青年，通过自己的力量回报社会，帮助有迫切需要而又经济困难的群众，传播社会正能量，也是我人生前进的一大目标。公司将会通过社会调查，针对有迫切需要的人群，如家庭困难的农民朋友，适当进行有计划的无偿服务。

3 主要经验与启示

作为一名已经成功创业的大学生，在奋斗的路程中我也积累了一些感悟与心得。

大学生创业需要树立自信。创业不是一场简单的社会游戏，在追逐梦想的旅程中我们随时都有可能提前“下车”。一个充满着激情的创业者能否战胜创业路中的各种艰难险阻，与其自身的自信程度有着直接关系。拥有自信的人往往不怕失败，在问题来临时始终相信自己的能力，所以打败困难的成功率也要大得多。同样地，如果缺乏自信，那么当他遭遇挫折时很有可能无法重新振作起来。

大学生创业需要将理论联系实际。在通往创业成功的道路上，理论与实践二者缺一不可。作为实践的物质基础，掌握理论知识是一个人能否被激发出创业灵感和创业需要的大前提。试想一下如果创业者只具有灵感而不具备付诸实践的理论基础，那么他的创业历程一定会非常艰辛。所以，作为拥有高等教育背景的大学生人群，想创业，首先要培养自己广泛的兴趣爱好，并有针对地在某些领域进行深入的挖掘和探索，不断储备自身的理论基础，才能有机会进行实践。而实践则是更加重要的创业元素。如何将书本上的知识变成活灵活现的真实事物，在二者的结合程度上进行考虑。相信一个既有想法和知识的创业者，又愿意且努力地付出行动，那他的创业过程一定相对顺利，成功的机会也更大。所以，大学生创业，一定要牢牢抓住理论与实际相结合的有效方法。

大学生创业需要真实地付诸行动。在全民创业的时代浪潮下，空有一番想法而不付出行动显然是纸上谈兵且毫无意义的。说干就干，立即将想法付诸实施，在实践中摸索，才能逐步确定发展方向，才有成功的可能。行动，是一个长久的过程。在追逐梦想的道路上，我们难免会遇到各种各样的突发情况与选择，只有坚定自己的信念，才能守住本心，不断适应社会环境，达到最终的成功。

在这里也提醒各位大学生创业朋友：

（1）确立目标。建立良好可行的目标是创业成功的重要前提之一。在创业路上，可能每天都有很多灵感被激发，我们不可能今天选择这个，明天又去做那个。要客观地进行综合分析，全面地判断我们树立的最终目标是否可行，然后全身心地投入并为之努力，才能有可能达成我们的理想目标。

（2）调整心态。拥有一个强大的心理素质，无论是对于创业还是就业，都至关重要。创业是一条充满着荆棘和变化的道路，随时都会面临各种各样的问题与挑战，这就需要创业者拥有良好的心态，随时做好创业失败的心理准备。毕竟，失败是成功之母，人的一生也不可能一帆风顺，保持平常心才能不被现实的无情打倒。

（3）积累经验。刚刚步入社会的我们，拥有着无限的激情与希望，但由于缺乏社会经验，很有可能导致创业失败。这就需要我们在实践中不断地吸取教训，多多了解社会动向，拓宽创业的范围和领域，不断积累社会经验，提高创业的安全性。

（4）增长知识。创业绝不是掌握某一领域单一的专业知识就能做成的，它涉及运营、管理、营销与金融等多方面的知识。创业之初的团队一定要提高警惕，在社会这个丰富的知识海洋里我们永远是学无止境的，切不可认为拥有了专业技术就放松下来，要在创业这条漫漫长路上不断地充实和丰富自己，才能走得平稳、走得长远。

（5）筹措资金。大学生创业往往需要通过融资或者贷款的方式来启动项目。但由于种种原因，资金的获取并不是很容易。所以在这种情况下，我们一定要警惕！不要掉入不法分子的恶意陷阱里，一来造成不必要的财产损失，二来也会严重地打击创业信心，得不偿失。

（6）提升技术。在现如今这个高速发展的时代，技术的更新换代尤为迅速。所以创业需要跟上时代发展的步伐，不断鞭策和督促自己站在技术发展前列，这样创业才能持续发展下去，不被竞争者打败和取代。

创业是一条长远的征途，要想取得这场持久战的最终胜利，首先要有充足的知识储备和敏锐的市场前瞻力，还要具备足够的经济后盾与技术支撑。在做好充分的思想准备后，大胆且谨慎地投入创业事业中去。总而言之，机会永远留给有准备的人，只要我们把握住人生的每一次机会，就一定能赢得生命的感动与精彩。最后祝愿每一位大学生创业朋友都能心想事成，在广阔的蓝天下打拼出一个与众不同的绚丽人生！

“国创计划”成就创业梦想

项目名称：鹏磊矿业有限责任公司

完成者：蔡长庸　惠　尧　陈　彤　宋文夺　崔嘉桐　吴兆禄

完成时间：2016 年

推荐学校：沈阳化工大学

1 学生参与“国创计划”项目情况

1.1 自我介绍

蔡长庸，男，天津人，汉族，共青团员。

现就读于沈阳化工大学能源与动力工程学院，能源与动力工程专业 1401 班。

曾担任能源与动力工程学院分团委学生会科创部部长，负责学院内所有各项创新创业大赛；同时也担任学校创新创业学院学生会副主席，为“国创计划”“国创年会”“互联网 +”校内总负责人。

在担任各级职务期间，曾多次带队参加辽宁省各项创新创业大赛，并组织、管理、服务、参加各项比赛。有着丰富的创新创业的参赛经验：

曾荣获第三届中国青年创业大赛创意组全国 31 强；

“辽宁省大学生创新创业训练计划”国家级、省级项目共三项；

辽宁省 2016“创青春”全国大学生创业大赛省级金奖；

辽宁省第十三届大学生“挑战杯”省级二等奖；

辽宁省第四届大创年会优秀创业项目奖；

辽宁省第四届大创年会我最喜爱的展示项目奖；

2017 辽宁省大学生计算机设计大赛省级三等奖，

2016 哈尔滨创业大赛百强项目奖等各项奖项。

申请实用新型专利一项，在省级期刊上发表论文 3 篇。

1.2 梦想起航

2014 年 10 月，指导老师有意向研究硼矿行业，我与同学们积极深入探讨，并组建凝宇科技团队。团队成员为五名优秀同学，以能源与动力工程本科在读生为总经理、化学工程专业本科在读生为技术研发部经理、市场营销专业本科在读生为市场部经理、会计本科在读生为财务经理、能源与动力工程本科在读生为生产运营部经理。团队深入市场、了解国内行情、了解硼矿行业危机性与替代品的急需性，制定出公司发展战略和销售经营管理模式、确定市场和总体工作目标，并制定短期目标与长期目标。鉴于硼矿市场资源短缺，企业规模参差不齐，并且国内很多企业不了解硼矿行业现状。团队深入辽东的硼矿市场，给经销商讲解我们的产品，并根据他们对我们的反馈，团队将市场定位在公共建筑。通过近一个月的不懈努力，我们终于完成了创业计划书的初稿，并请指导老师给我们提出修改意见，继续对创业计划书进行完善。

我们是来自沈阳化工大学的凝宇科技团队，此次我们带来的项目为新型富硼渣提硼新工艺。此项目以化工大学化工专业为特色，是振兴辽宁经济发展的项目。凝宇科技团队，共八人，本科及以上学历，涵盖理工、化工、财会、市营、管理等领域，专业技术型人才两人，市营、财会两人，文案工作一人和三名新成员。男女比例协调，平均年龄 21 岁，团队具有较强的凝聚力和向心力，来自不同的专业领域，但都具备积极的创新创业精神和足够的能力，文理兼备，优劣互补。

1.3 成员介绍

蔡长庸：项目负责人，大学本科，专业技术人员。对国内硼矿市场即硼矿行业生产销售有深入的了解。研究领域为冶金化工和资源开发利用。职业技能和综合能力突出，了解市场经济建设和社会发展需要，多方面发展的高等技术应用性专业人才。校内创新创业优秀人才，荣获国家级省级奖共八项，申请实用新型专利一篇，发表省级论文三篇。主要负责核心技术的研究开发与实施，公司大政方针的制定与协调。

惠尧：技术负责人，研究生，专业领域化学工程与工艺，对化工过程与设备、工艺过程系统模拟优化等知识贯穿结合，具有从事科学研究、产品开发的能力。化工方面成绩突出。主要负责生产技术管理和科学研究等方面工作。

陈彤：市场部经理，大学本科，专业销售人员。对中国外贸易的政策法规充分了解，掌握经济学基本原理和国际贸易基本理论、基本知识，通晓最新的国际贸易业务运作方式与基本操作技能，观察力敏锐，营销实际经验丰富。曾获省级奖项三项。主要负责市场定位与制定营销计划。

崔嘉桐：财务负责人，会计师，大学本科，专业财会人员。掌握财务报表及记录企业交易行为，参与企业间的合并、质量管理、信息技术在财务方面的应用、税务战略及企业的管理决策活动。主要负责财政预算及风险缝隙规避。

宋文夺：人力部负责人，主要负责人员的调配与部门之间的协调工作。

指导教师：战洪仁教授。

1.4 公司简介

我们的项目是创业训练项目，正处于创意阶段。

鹏磊矿业有限公司的产品是硼酸和硼砂，该产品是从工业废料富硼渣中提取的，成本低廉，原料丰富，绿色环保。硼酸与硼砂为工业产品添加剂，可广泛用于陶瓷、玻璃、冶金、军工等行业，有“工业味精”之称。

我们带来的项目为新型富硼渣提硼新工艺。此项目以沈阳化工大学化工专业为特色，是振兴辽宁经济发展的项目。

我们采用的“富硼渣的物理化学性质采取两段式冷却新工艺”是公司的核心技术，通过“富硼渣的物理化学性质采取两段式冷却”技术，我们对冷却速率的控制抑制了玻璃的生成，确保遂安石的大量生成，然后用含硼量比硼镁矿更多的遂安石提取硼酸和硼砂。我们所用的原料富硼渣是硼铁矿经炼铁后产生的高炉炉渣，该炉渣一直以来被视为工业废渣严重污染了环境，长期堆积富硼渣的地方甚至寸草不生。我们公司的技术不仅解决了硼酸与硼砂日益不足的原料问题，而且充分利用了资源，保护了环境。

技术优势体现以下几个方面：变废为宝、技术一流、价格低廉、绿色环保，同时结合国家相应政策，振兴辽宁，带动辽宁经济发展。

变废为宝：本公司生产的硼酸和硼砂是由以前废弃堆积或当廉价铺路、建筑原料使用的高炉富硼渣制成。

技术一流：生产工艺简单可行，技术先进。面对越来越稀缺的富硼矿，由贫硼矿生产硼酸和硼渣是必然要考虑的方法，本公司的技术品牌将走在前列。

价格低廉：由于原材料为工业废渣，原料丰富价格低廉，利润高。

绿色环保：对工业废渣进行循环再利用，绿色环保。

由于硼砂和硼酸是重要的化工原料，市场需求不断增大。随着中国工业化的进一步发展，硼酸与硼砂的需求量日益增加，统计数据表明，我国硼酸、硼砂的需求量将分别以 6.5% 和 6.25% 的速度增长，我国硼酸、硼砂 70% 为进口，国内市场缺口严重，2017 年预计总需求量为 106 万吨。但高品位硼镁矿（目前硼酸、硼砂主要的生产原料）已近枯竭，急需找到硼镁矿的替代品。我国硼矿储量虽然较多，由于多年的不断开采，至 21 世纪初期，具有工业价值的高品位硼镁石矿（俗称白硼矿）储量已不足 200 万吨，远不能满足硼工业的需要。我们公司采用先进的技术从废料富硼渣（硼铁矿炼铁后所得的工业废渣）中提取并生产硼砂和硼酸，解决了硼酸和硼砂紧张的原料供应问题。辽东地区硼矿储量丰富，中国硼矿储量在国际分布占有量为 15%，但绝大多数为低品位的硼铁矿。硼矿在我国分布主要在青藏和辽东地区，其中青藏地区自然条件恶劣、交通不便、开采难度大，而辽东硼铁矿储量达 2 亿多吨，占全国总储量的 64.2%，居全国首位，另外，吉林、山东、河北等地也有少量分布。富硼渣作为一种工业废料每年都会产生。根据最新数据显示，2016 年 1—6 月，辽宁省富硼渣生产量为 374.8 万吨。

政治方面：国家发展改革委关于修改《产业结构调整指导目录（2011 年）》有关条款的决定中，硼行业资源综合利用作为鼓励类项目。而我公司采用新的技术手段，实现了资源综合利用和经济利益双丰收。

经济方面：硼砂、硼酸广泛应用于300多种行业，我国硼矿企业生产的硼酸和硼砂日益减少，越来越多的硼砂和硼酸供不应求，一来弥补国内硼产品的需求，二来带动辽宁省的经济发展，为振兴辽宁出一份力气。

总结：根据国家政策、市场需求、原材料紧缺等相关因素，与我们的技术相结合，大力发展新工业，让我们技术能够早日带动辽宁经济发展、振兴辽宁。

2 学生后续创业发展情况

2.1 发展计划

（1）寻求除风险投资外其他的资金获取渠道，争取申请到政府对中小高新技术企业的项目扶持基金。

（2）公司建立之初，应在战略合作章程中明确注明资金的风险与未来因不确定因素撤资方案，以尽量降低来自战略伙伴方的资金风险。

（3）建立相关企业资信数据库，进行企业信誉评级，对于评级过低的企业决不为其提供商业信用。

（4）加强应收账款和应付账款方面的管理，缩短现金周转率。

（5）充分利用大学生创业优惠政策。

2.2 策略安排

初期（1~3年）：因为原材料主要产地在丹东，因此，初期本公司主要市场定位于辽宁省。打造完善整套技术流程。力争在三年内占领辽宁省硼砂硼酸市场。

中期（4~5年）：在初期发展的基础上，从辽宁省扩张到全国，同时采用一体化战略，加大技术创新力度，提高公司的市场占有率，技术入股，改造现有工厂，稳定收入，利润增长。

后期（5年以后）：在前五年的发展基础上，充分发挥公司各项优势，逐步垄断国内硼行业市场，将市场进一步拓展。在富硼渣相对丰富的山东、四川等地开设分厂，转型国内硼矿企业。既完成了硼砂硼酸的生产加工，又解决了富硼渣的堆积问题。实现了经济效益和社会效益的双赢。

3 主要经验和启示

自主学习能力。通过查阅文献，制订实验计划，撰写专利文件与论文。通过中国知网、百度学术等网站的综合应用，查阅大量与我们相关的文献。深入学习研究，整理总结出我们的实验计划与方案，并最初模仿经典案例撰写我们的专利与论文。

实践能力。实验操作，市场调研，财务预算。深入实地考察，多次与辽东地区的硼矿企业对接，交流经验，总结经验。然后调整梳理实验流程，积极地模拟与实验。

团队合作能力。团体答辩，撰写创业计划书。一路走来，我要感谢自己的团队，最重要的是认识到了团队协作的重要性。如果不是我们团队成员之间通力合作，项目就不能圆满完成。团队成员之间的密切合作，互相鼓励，就是“众人拾柴火焰高”。

树立严谨的工作态度。在项目初期，由于知识方面的欠缺，我们进展较慢。通过咨询指导老师、查阅大量参考文献、及时地调整方案，弥补相关知识。该项目真正做起来才发现并不那么容易，需要做大量的工作，并且这些工作都还需要很大的耐心和毅力，比如早期的文献查阅、数据收集、实地考察、市场调查等很多资料的查阅与收集。整个过程中我认识到要有一丝不苟的严谨态度，要本着对科研负责，对创业态度的认真，进行自己的调查与研究，绝对不能弄虚作假。

培养了科研能力、沟通能力、管理能力等，学习到了很多知识。总之，在这次双创实践里，我的各方面能力都得到了很好的锻炼，这些能力将伴随我的今后人生。很感谢学校能提供这么好的平台，让我能够学以致用，同时也感谢我们的指导老师、团队的每一个人，他们的帮助让我拥有了一段如此难忘的回忆。

我把创新分为三点讲述，这也是三年对创新的归纳总结。创新来源于生活，又应用于生活。一是无中生有，这是创新的最高境界。二是取而代之，它强调产品的更新换代。三是“1+1=1”，这是一种组合式创新，把两个不相干的东西结合到一起成为一个新产品。

把创新创造出价值。实现价值，开创事业。根据 Jeffry A. Timmons 所著的创业教育领域的经典教科书 *New Venture Creation* 的定义，创业是一种思考、推理和行为方式，它为机会所驱动，需要在方法上全盘考虑并拥有和谐的领导能力。

创业必须要贡献出时间、付出努力，承担相应的财务的、精神的和社会的风险，并获得金钱的回报、个人的满足和独立自主。

最后特别感谢我的指导教师战洪仁教授对我的关心与帮助，把无知的我们领进宽敞的教室，教给我们丰富的知识。是老师给了我们充足的动力，让我们奋发图强，积极进取。我从老师的一言一行学到了有助于自身提高的很多知识与能力，对于老师的教诲学生铭记于心。

修合不为人知，存心自有天见

项目名称：高黎贡山药用植物多样性现状与分析

完成者：黄钟杰　张绍山　余孟杰　林丽莎　肖柑媛

完成时间：2014 年

推荐学校：四川大学

1 学生参与“国创计划”项目情况

1.1 公司概述

腾冲华星药业有限公司于 2014 年 4 月注册成立，以重楼幼苗和生药重楼的生产、销售及重楼周边产品研发为主营业务。公司凭借三大核心技术——“滇重楼新品系 YDCL03”的选育技术、“从重楼根茎诱导丛生芽快速无性繁殖的新技术”（四川大学华西药学院研究成果），以及公司自主开发的种子繁育技术，在云南腾冲建立了 GAP 种植示范基地，并在四川各地进行“滇重楼 YDCL03”的引种栽培推广工作，实现了规范化种植、高效率生产。

企业理念：修合不为人知，存心自有天见。

1.2 市场规模

重楼，作为止血镇痛的传统名贵药材，是云南白药、宫血宁胶囊等著名中成药的最重要的原料。近年来其使用量逐年增加，然而由于重楼野生资源减少，人工种植难度大，再加上目前尚不能提供规模化商品，导致重楼货源紧缺，供不应求，价格也持续走高。

目前重楼大货价格为 900 元 / 千克左右，统货价格为 750 元 / 千克左右。优质重楼如滇重楼仅在我国西部云贵高原周围高海拔的少数地区有分布。经过多年采挖，资源破坏严重，产量越来越少，价格逐年攀升。而价格越高，采挖力度越大，过度的采挖使种子不能成熟，繁殖能力下降，恶性循环，最后资源枯竭，物种消亡。目前市场重楼实际需求量已达 4000 吨，且这一数字尚在不断增加，但目前重楼年产量仅 500 吨。

1.3 拳头产品

华星的拳头产品是“滇重楼 YDCL03”（多芽滇重楼）（如图 1 所示），已获重楼中药材新材料审批。其主要特点如下：

（1）药用价值高。药用部位根茎有效成分含量高，重楼皂苷总量为1.6% ~ 2.2%，《中国药典》标准为0.6%。

图1　“滇重楼YDCL03”

（2）产量高。5年生以上多芽滇重楼产量高达800千克/亩（干品），普通重楼产量仅为300千克/亩（干品）。

（3）生长周期短。多芽滇重楼从种苗生长到富含有效成的成品为5年，普通重楼则需8年以上。

（4）抗病性显著。感病率低于2%，成品抗叶斑病和根腐病。

（5）适应强。目前，公司在云南腾冲，四川阿坝、郫县、崇州等地试验推广成功。

1.4　已有规模

经过三年摸索与试验，公司总计投资370万元，目前公司已有自包基地100亩，通过合作社征用农民地100亩。基地中30亩为育苗基地，提供种苗，每亩可提供2万多株种苗。70亩成品药材种植基地与农民地100亩，每亩产值5年后是（0.7 ~ 0.9）吨/亩，所以每亩产值预计为77万~99万元。

1.5　合作情况

高校合作。四川大学华西药学院张浩教授、西南民族大学青藏高原研究院副院长刘圆教授和云南省农业科学院陈翠教授的技术指导支持，是公司建立与发展强有力的后盾。

企业合作。主要是与重楼种植加工企业的合作。2016年，云南白药、四川雪草木与我公司达成协议，由云南白药牵头申报国家工信部项目——濒危药材重楼基地建设重大项目。

农民合作。当地农户具有悠久的重楼种植历史，但苦于无力解决购买种苗的资金难题及技术的缺失，当地重楼产业一直得不到有力的发展。因此，基地可以与农户签订产销承包合作协议，基地负责免费提供种苗和技术，农户负责生产管理和采收，公司会派技术人员在当地学校集中培训解决技术问题，农户只出力不出钱，不需要承担任何风险就可获得稳定收入。这样一来，既解决了农户无力购买种苗的资金难题，又降低了公司的种植成本。当然，有经济实力的农户可向基地购买幼苗，自己生产生药卖给药企。

此外，基地也会招收当地农民为技术工人，为当地农民提供就业机会。

滇重楼生产基地的建成，可带动当地林下产业的快速发展，带动农民发展滇重楼专业化、规模化的生产，真正实现科技样板引路，促进农民增收致富。

1.6 商业模式

考虑到项目生产的复杂性和投资的局限性，把各个生产环节分开设置，相互联系，融为一体，在保障产品质量和数量的情况下，项目按照“集中布局、示范带动”进行设置（如图 2 所示）。

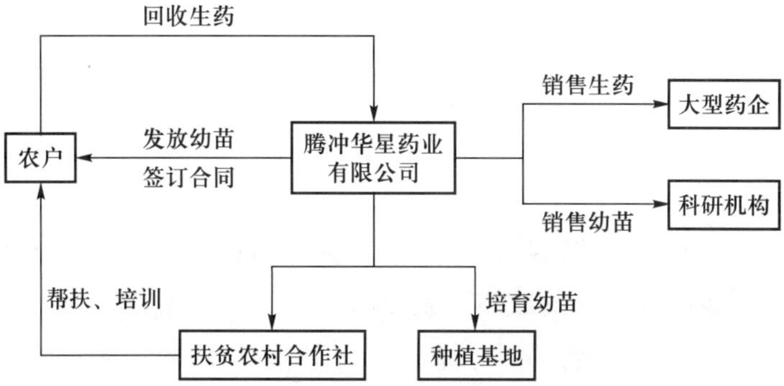

图 2 商业模式

1.7 风险与对策

1.7.1 自然风险

农业靠天吃饭，植物的生长受多方面因素的影响。而滇重楼有“宜荫畏晒，喜湿忌燥”的习性，喜湿润、荫蔽的环境，在地势平坦、灌溉方便、排水良好，含腐殖质多、有机质含量较高的疏松肥沃的沙质壤土中生长良好。

公司采取一系列措施，克服这些自然因素的限制，通过实验验证，选择了腾冲县明光乡白沙河村多雨坝这片开阔地，栽种前先消毒施肥拌腐殖质，起隆开沟作畦方便排水，搭建遮阴网，修建蓄水池、粪池等手段，最大程度减少了来自气候的影响。

1.7.2 技术风险

技术侵权与技术仿冒问题。由于公司种植技术、种子萌发技术在重楼大市场前景广阔，受利益驱使，难免引起行业内人士在技术上模仿和侵权。在法律上，我们的核心技术已经开始申请专利保护。主要技术为“滇重楼 YDCL03”种植规范化技术及种子萌发技术，公司严格把控基地人员的招聘和工作，其他研究者无法复制，目前基地管理人员已经签订了技术保密合同，避免技术外泄情况的发生。另外，公司技术指导核心刘圆教授在重楼研究及种植方面的经验丰富且极具知名度，并且也是公司的战略合作伙伴，公司拥有过硬的自身技术和开发研究新技术的资本。为取得主动性，公司的研发将保证技术的不断更新。

1.7.3 市场风险

面对市场的不确定性和产品推广任务，我们制定了以下的营销策略：制定准确的市场定位，通过示范、广告、售后服务、追踪调查等方式推进销售。而以目前全国重楼种植面积和技术，以及市场需求量，预估10年内市场价格不会出现大幅下降。

1.7.4 政策风险

腾冲地方政府有可能因政绩观或工作重点转移，更注重招商引资等。因此本公司将积极了解农业政策，与政府保持沟通。腾冲市政府中药材种植办公室相关负责人及政府领导对于我们基地很关注，认为项目可以带动当地经济，为农民谋求利益，故政府资源上会得到一定程度上的倾斜。公司目前正在腾冲市工信局、农业局等部门构建联系，联合推动腾冲市重楼种植业的发展，并申请相关项目和补贴。

1.7.5 运营风险

在短期投资中，由于各项运营资金的结构不合理及其他原因的所产生的风险。其极端结果是，可能会使产品的成本和费用升高，公司的利润下降，收益减少。

所以我们应当谨慎评估购买者的财务状况和资信状况，谨慎签订合同；尽量采取现金交易的方式，同时积极利用当地农业小额借贷的优势，更好地与当地银行合作，把应收账款的风险降到最低。而对于降低成本、控制风险我们应当建立责任会计系统，启动全面预算进行成本控制；因地制宜地利用当地的劳动力和技术资源；积极同当地政府合作，把握好有利政策；实行战略成本管理，通过对公司的战略定位，供应链和价值链分析，进行成本标杆管理，争取更多的竞争优势。

1.7.6 不可抗力风险

不可抗力是指不能预见、不能避免并不能克服的客观情况。主要包括自然灾害（如地震、洪水、冰雹等）、政府行为（如征收、征用等）、社会异常事件（如罢工、骚乱等）等，该类事件发生的可能性较小。本公司基地位置位于腾冲市明光乡白沙河村多雨坝，自然灾害较少，政府政策和社会民心稳定，发生不可抗力的可能性较小。对此类事件，在不可抗力发生时应采取适当和及时的防范措施，在发生后需要根据情况将损失降到最小。

2 学生后续创业发展情况

针对企业现状，分析企业现在所处的特定环境，策划合理有效的企业战略，制定利于企业整体性、长期性、基本性的计划，以达到开发核心竞争力、获取竞争优势的目的，促进公司健康快速地发展。

目前企业经营情况良好，已签订种苗购销协议。

近期规划，在以往基础之上，如何高效开展工作，提高重楼产量和质量，降低运营成本会是企业的重点工作。

3 主要经验和启示

公司的重楼产业发展已经推进了接近 4 年，在这个过程中，经历了很多得与失。从 2012 年一开始，在四川大学“大学生创新创业训练计划”的支撑下，我们对云南省高黎贡山重楼属药用植物资源进行了全面考察与研究，发现了重楼这一味神奇的药材，它有很多个品种，包括了长柱重楼、缅甸重楼、大理重楼、皱叶重楼、华重楼、黑子重楼等。在四川大学药学院的实验里，我们从生物学特性、化学成分、药用功效、市场前景等方面进行了全面实验研究分析，发现云南腾冲当地的“滇重楼 YDCL03”（多芽滇重楼）质量好，生长快，好栽培，适合作为发展重楼产业的重点品种。在跟老师和团队不断沟通考虑过后，我们怀揣着投身于中药行业梦想，选择了创业之路，于 2014 年创立了腾冲华星药业。由于重楼产业处于初级阶段，以及种植技术不成熟、周期长、其他干扰因素多、投入高等原因，公司起步时期非常艰难。重楼出苗情况不佳，资金压力大，让我们无比沉重。幸好在学校和老师的帮助之下，经过三年的坚持和沉淀，我们也沉下心来研究重楼的种植，慢慢地掌握了重楼种植技术，整个事业现在渐渐开始有点起色。现在谈成功实在遥远，在这里，主要想说的是，非常感谢四川大学给予平台的支持。在学校和老师的帮助下，我们了解了双创政策，我们通过比赛跟外界竞争，我们获得了项目的扶持，我们建立了一个团队，这一切让我们开拓了眼界，增长了知识，认清了目标，收获了成果！中药种植，是一个很难做但值得去做的行业，我们必须坚持下去，只有坚持才有希望，我们愿意脚踏实地，辛勤耕耘，成为一个平凡但有梦想的“华西药农”！

成就创业梦想

项目名称： 成都睿鑫金融创新有限公司

完成者： 刘　瞻

完成时间： 2013 年

推荐学校： 四川大学

1 学生参与“国创计划”项目情况

在“国创计划”和母校四川大学的支持下，我于 2012 年创立了睿鑫咨询公司，2013 年创立了“天罗地网”数据挖掘平台，并成为“2013 福布斯 30 位 30 岁以下创业者”榜单全国最年轻的提名人。2015 年，在英国帝国理工学院硕士毕业后，与同学、曾经的创业伙伴再次创业，在深圳创立“高木学习”——基于人工智能和大数据的个性化学习平台，获得国内著名投资基金两轮千万元级风险投资，吸引了来自英国帝国理工大学、美国斯坦福大学、巴克莱投行、谷歌总部的技术精英，并成为全国顶尖的智能化教育创业公司。2017 年，公司获得了来自 8 个省份的 300 多家机构客户，以及近 20 万学生用户。

参与“国创计划”的三年，是我成长最快、感悟颇多并引以为豪的时光。这个过程塑造了我的创业者性格，对我后续的人生选择及“高木学习”创立和发展产生了非常重要和深远的影响。

1.1 富贵险中求，敢为天下先

“富贵险中求”，四川大学校长谢和平院士在鼓励我们参与“国创计划”时毫不避讳地指出创业的风险，但是更以过来人的身份告诉我们“无限风光在险峰”。

参与“国创计划”之前，大多本科生的想法往往比较单纯和“正统”，通常是想通过四年的努力，考证、考级、考研，积累知识、技能、学历，好让自己有更高的起点和更稳定的待遇。总的来说，就是通过努力消除、减少生活中的不确定性。但“国创计划”培养了学生的创业和风险意识，敬畏却不惧怕风险，让一部分学生尝试利用不确定性，创造更多、更大的可能性。

2011 年年底，我们团队的产品在一次商业大赛中得到了大赛评委的赏识，评委作为成都市一家金融企业的负责人，想要委托我的团队开发一款产品。通过此事，我们发现了金融企业中数据定制、技术外包的商机，旋即成立了成都睿鑫咨询公司，开始商业运作。在同学们看来，这可能是一个鲁莽而不自量力的决定；但在学校和恩师的鼓励下，我们快速组建了一支本硕博学生团队，走出了第一步——开发了国内第一款“婚姻保险”，并联合保险公司推向市场。紧接着，就接到多家大型企业的开发订单。

2012 年 6 月，团队成功申请了“国创计划”，并获得当时最高级别“大学生创业实践”10 万元的项目资助和大量技术资源支持，度过了最艰难的创始期，开启了蓬勃发展的一年。

1.2 任重道远，百折不挠

“士不可以不弘毅，任重而道远。”参与“国创计划”并启动第一次创业之前，尚不足以充分理解这句烂熟于心的名言。当时睿鑫团队尚不成熟，虽然吸引了不少优秀技术人才，但市场和项目经验尚不丰富，面临诸多挑战。

2012 年夏天，我们完成了第一个项目的交付，并将该项目的全部利润 12 万元自信满满地投入到另一个重大项目的投标中。结果由于经验不足，在合作中被对方欺骗，从创意、设计到代码全部被抄袭、盗用。项目失败，虽然资金损失不大，但使得大家白忙活了整整 3 个月。当时的我，由于将整个团队拖下水而背上了巨大的心理包袱。每晚都在巨大的压力下，熬夜赶下一个项目的方案。白天我还要鼓舞士气、提振团队信心。

直到 2012 年年底，我们又顺利交付了一款“股指期货量化交易策略系统”的开发项目，公司逐渐走上正轨。

2013 年年初，我们逐渐有了自己的产品思路，基于公司在数据挖掘技术方面的优势，决定向“数据定制”方向发展。我们非常认可企业数据定制的前景，但是该业务在当时既没有“定制开发”的高额利润，又限于通用性，难以规模化复制。对于这种只有“前景”的项目，得摸着石头过河，一个团队要坚持下来是不容易的。经过 8 个月的苦苦探索，我和坚持下来的成员终于在“电商数据挖掘”这个细分领域获得了成功。这个细分领域相对容易产生收入，服务又比较标准化，可以规模化输出。所谓“风物长宜放眼量”，无论是否坚持到最后的团队成员，都明白了这个道理。

1.3 为有牺牲多壮志，敢教日月换新天

“国创计划”的经历，对我后续创业及人生选择，起到了巨大的影响。我意识到，不敢承担风险，害怕牺牲，难成大事。

2015 年，我从英国帝国理工学院硕士毕业，进入伦敦风险投资机构实习并被高薪录用。这时我面临一个重大选择：是回国创业，还是在海外发展？我在帝国理工的同学孙鑫也面临同样的选择：是留在巴克莱投行伦敦总部做量化投资，还是成为我的合伙人回国艰苦创业？毕业于斯坦福大学、任职于谷歌总部的张允彬也有同样

的纠结。作为中国人，在英美获得国际顶尖公司的高薪职位，须打败同样优秀的白人，实属不易。而回国创业，一旦失败，便会使得多年的努力化为泡影，也很难再回到之前的职业路径。

过往的经历让我对机遇更为敏感和狂热，也磨炼了抗压的心性，因此毫不迟疑地选择了回国创立事业。同时，我的决心也感染了曾经的技术合伙人陈鹏和同学孙鑫、张允彬，他们均放下正在进行的事业，陆续加入到新的事业中。

回国的第一时间，我拜访了初中时期的恩师——湖南师大附中首席名师唐老师，并汇报了用人工智能和大数据实现个性化学习、智能化教学的创业思路。没想到，恩师不但非常认同，甚至毅然加入了我们的事业。两年来，唐老师一直利用自己的休息时间，不求回报地付出，为高木学习的内容体系打下了坚实的基础；每遇危机，恩师都事必躬亲，挺身而出，排忧解难。但非常不幸的是，2017 年 3 月初，唐老师竟突发心脏病去世，年仅 45 岁。我们无比悲痛地送别了恩师，同时继承了他春风化雨、润物无声的教育情怀，以及不怕牺牲、排除万难的坚定决心。

2 学生后续创业发展情况

K12（幼儿园、小学及中学阶段）教育是一个拥有 2.83 亿学生受众、超过 5000 亿元市场规模的巨大市场。在这个阶段，每个孩子都希望自己的个性化需求被关注、被满足，但现在普遍的集体化教学模式以数十人为一班，实行“一对多”“一刀切”教学，造成了部分学生“吃不饱”，部分学生又“撑死”的现象，教与学效率低下。并且，传统的填鸭式教学忽视了孩子们的兴趣开发，无法调动他们的主观能动性。

由此高木学习初创团队讨论和研究后发现 K12 学生真正的痛点在于：无法自主合理规划学习内容，容易陷入低效率的题海战术；教师无暇因材施教，不能精准诊断学情和引导每一名学生。这些问题导致忙碌却徒劳，努力却无法提高的学生比比皆是。那么如何才能解决这一痛点呢？ Tesla 的 CEO 埃隆 • 马斯克所说可谓一针见血，一旦你了解了问题所在，答案就变得相对简单了——学生们的问题就在于找不到问题，而我们要做的就是用技术帮助他们了解问题所在，并高效地引导其解决问题。

在这种理念的引导下，我们使用大数据分析、人工智能等技术，结合国际先进教育理念和国内一线教学经验，打造了人工智能教师，充分地实现学生的个性化学习和教师的因材施教。

2015 年，高木学习创立之时，公司只有我，以及我在帝国理工学院的数据技术“大牛”孙鑫，之前的创业伙伴、有着国家安全部技术背景的人工智能专家陈鹏、国内上市教育集团股东周大灵，斯坦福毕业后曾在谷歌任职的张允彬。而现在，高木这棵小树苗吸引了越来越多能人志士以不同的身份加入到这项事业中来：有着 30 年政府公关、项目营销经验，现任国内某大型民企集团董事、副总裁的彭灿华先生出任高木学习的CMO；国内某律所合伙人，省政府法律顾问邹红艳以投资人和顾问的双重身份为高木添砖加瓦；投资人的阵营中除了专业的VC，也出现了我的故交及大型上市公司的身影。

我认为一项事业的创始人最重要的能力并不是面面俱到，能够把所有的事务一肩挑。本科在四川大学时，耳濡目染了许多武侯诸葛亮的事迹，他是川蜀名相，军国大事自不必说，料敌机先，运筹帷幄乃是他所擅长的，也是分内之事。练兵屯田，休养生息的内政事务可以看作蜀国方针“汉贼不两立，王业不偏安”的补足，也勉强算作丞相的事务，要做好如此两件事务已经足够让任何治世能臣焦头烂额了。可是丞相在此之外还要操心诸多事务：发明运粮工具木牛流马、研制新型兵器诸葛连弩、承刘备白帝托孤之愿教导幼主读书，甚至百姓撤退还要他坐摆空城，抚琴退敌。也难怪一代名相在初次北伐，曹魏无防备的大好局势下因识人不明，痛失街亭。最终落得个出师未捷身先死的遗憾。创业之前我就经常想，我们做不成诸葛亮，也不能做诸葛亮。一个创业者即使能力再强，精力再充沛，也不能事无巨细，大包大揽。创始人最重要的是要像汉高祖刘邦那样，有“夫运筹帷帐之中，决胜于千里之外，吾不如子房；镇国家，抚百姓，给饷馈，不绝粮道，吾不如萧何；连百万之众，战必胜，攻必取，吾不如韩信。此三者皆人杰也，吾能用之，此吾所以取天下者也”的胸襟和知人善任的能力。正是怀着这样的想法，高木学习吸收着来自各界的力量和关注，正茁壮成长为一棵参天大树。

如今的高木学习在未开放自由注册，纯ToB的营销模式下，已拥有12万高质量的种子用户，与300所学校建立合作关系，其中不乏如湖南师大附中、深圳中学等的国内重点中学。在初期65个试点班中，试点班在年级排名平均进步1.6个名次；在半个学期内，试点班75%的学生在年级进步超过20个以上的名次。因此，高木学习广受学生、教师和家长的好评。同时，2017年中考更让高木学习大放异彩：我们将某市九年级高木学习用户作为观察对象，根据其在平台上的学习行为数据，评估其对2017年该市中考考点的掌握度，进而预测每位学生的中考得分。预测相似度能够达到85%以上。

技术方面目前高木已经建立了智能算法、数据结构化工程、先进教育技术三大核心竞争力。在智能算法方面，高木学习在帝国理工大数据实验室的支持和郭毅可教授的指导下，独创了针对我国K12的自适应学习算法。目前高木已经构建了一套包含非线性逻辑回归、贝叶斯框架、非线性降维度分析、关系挖掘分析的框架结构。纵观国内，能够将自适应学习算法应用于K12并成功验证效果的唯有高木一家。即使在世界同行业公司中高木也处于领先地位。

目前高木采用代理商和城市合伙人模式进行市场推广，在湖南、广东、海南、江西、浙江、江苏、河南、陕西8省拥有城市合伙人，并与已与江西省电教馆、新华书店、浙江教育频道、潇湘教育等多家具有重大影响力的省市级代理商签订了合作协议。已签约的渠道覆盖全国超过 5000 所学校。

高木学习的人工智能教师并不局限于任何学科和阶段，本质上是学习方式的变革和学习效率的提升。三年内，高木将走出 K12，进入泛教育领域，实现全面的数据驱动型学习。

3 主要经验和启示

从本科时期开始，老师同学们对我的评价是“一台永动机”，就连共处一室四年的宿舍舍友在大多时候也都是在凌晨看见我匆匆归来，一觉醒来又不知所踪。

创业是一场孤独的朝圣，对于 CEO 尤甚。目前大多同龄人将大把的时间花费在了社交软件上，而微信、QQ 等社交软件对于我来说只是一张工作名片和工作沟通工具，面对动不动就积累数十条的未读消息和捉襟见肘的时间，我只能优先处理公司相关事务，想着个人社交就暂且放放等得空再一一回复吧。这样的后果就是我的未读消息列表中还保留着几周前的信息。记得有一次，一位研究生时期的好友去香港参加一个活动取道深圳，于是约我会面。我忙完后回复今晚下班后一起吃夜宵，结果他遗憾地告诉我他已经返回英国快一周了。因此许多亲戚朋友都笑言微信对于我不是个即时通信软件，而是比邮政信件还慢的延时通信软件。

对于这种说法，我欣然接受并且满怀歉意地告诉关心着我的人们：或许这种情况还会持续很久。因为创业本身就是一场残酷的战争，打仗的人是孤独的，因为他不敢有任何的空闲，除非他有一天真的“休息”了，例如春雨医生 CEO 张锐的不幸去世，否则这场战争永不停歇，即使你做到了行业第一也是一样。

涉世未深之时，我曾抱有一丝侥幸：努力将事业做到行业第一，让一切都能有条不紊地进行，那我就能闲下来点了吧。可是创业界的事实否定了我的想法：当优酷和土豆合并，占据在线视频行业 90% 的市场份额后，大家都觉得视频创业故事就此收场，成为定局，谁知以爱奇艺、ACFUN、B 站等为代表的细分领域霸主又异军突起；美团、大众点评合成新美大之后，王兴和马化腾也万万不会想到他们合谋踢出局的阿里巴巴会转而支持饿了么再次染指外卖市场。

我的社交圈中确实同行业或者行业相关的伙伴居多，但是要说到相处时间，那一定是公司的合伙人和员工们了。徐小平曾笑言他创业之初一天至少 16 个小时与合伙人待在一块，而远在异国他乡的家人他只能两个月见一面。这也是我工作生活的常态。

在这种创业常态下，我们要给予创业伙伴、投资人十足的信任并付诸真心相交，但一定要时刻牢记那句古话：在商言商。之前王功权曾说：在看完陈年的自传后他特别受感动，然后也就在那时他决定不再投资陈年。情怀不等于商业，CEO 永远要在公司中扮演一个黑脸的角色，好人的背后需要有“棍棒”来支撑。没有面包，何谈何理想？

正因如此我随时承担着来自各个方面的压力，有来自亲朋好友的，有来自旧时故交的，也有来自会让我“但为君故，沉吟至今”的能人志士的。我需要在这些压力中独自做出艰难的抉择，这些抉择有些会让我沉吟多年；有些会让我在做出决定后即刻捶胸顿足，甚至痛心疾首的。但是我不后悔，既然选定了目标，那留给世界的就只能是一个踽踽独行的孤独背影。

参与“国创计划”的三年，让我体验了追求伟大事业带来的巨大幸福感和自我价值实现的极大满足，让我更加坚定了未来创业的道路。现在的我学会了忍受孤独、承受压力，有着“不畏浮云遮望眼”的志向，这是过去的我所想象不到的。如今，我正走在一条正确的道路上，团结一切可以团结的力量，激励团队与我一道下定决心、不怕牺牲，排除万难，去争取胜利。

把握时代脉搏，成就创业梦想

项目名称：动漫特许经营和品牌授权

完成者：金银辉　蔺红华　郎雅琳　余　航　郭鹏坤　李潇潇

完成时间：2016 年

推荐学校：天津工业大学

1 学生参与“国创计划”项目情况

“动漫特许经营和品牌授权”项目于 2014 年 10 月立项，2016 年 6 月结项。本项目主要在天津工业大学创业园内完成。项目的主营业务是原创动漫形象品牌授权和特许经营，面向 15 ~ 35 岁的群体销售动漫衍生产品。公司以天津市场为依托，未来策划通过动漫形象品牌授权和特许经营服务，全面提升公司的品牌知名度和美誉度。

2 学生后续创业发展情况

“国创计划”项目结束，但创业并未止步。在“国创计划”实施过程中汲取经验，在师生的帮助下，我的创业之路愈挫愈勇。目前我创立天津锦银有限公司已两年多，从最初的 9 人发展到如今 20 余人，业务范围包括科学研究和技术服务业，信息传输、软件和信息技术服务业，租赁和商务服务业，居民服务、修理和其他服务业，批发和零售业等多个领域。

3 主要经验与启示

大学已经不再是一个单纯学习知识的地方，同时，我们也要学会生产知识。我们已经不再局限于做一个学生，同时也想自己亲身能为社会创造价值。动漫产业的蓬勃发展和国内动漫行业的巨大发展空间可谓机遇，但我们的发展有着很多困境和挑战，比如技术力量薄弱，缺少资金和设备等。“国创计划”项目“动漫特许经营和品牌授权”将专业和社会实践相结合，为我们提供了一个实践平台，使我的创业之路有了更为清晰的方向和更坚实的后盾。“国创计划”既给我们指导也给我们提出要求，按照这份要求，我度过了最迷茫的创业初期。通过有目标地补充团队漏洞，有计划地规划公司发展，以发展性的眼光拓展业务范围，我们的创业得以“软着陆”。如今我在继续创业的过程中，依旧坚持着“国创计划”曾带给我的经验——学会计划、制定目标并不断反思，公司也在良性的轨道上不断发展，而这一切都源于“国创计划”、受益于“国创计划”。

3.1 “国创计划”成就我的创业梦想

从选择成为一名创业者或者说我意识到自己是在创业的很久以前，为了生活我就做过很多工作。上高中开始我就在建筑工地和学校间往来，2013 年 9 月来到大学办理完助学贷款之后我便找到送水的第一份工作。后来，我发现外卖在校园很流行，转而成为一名外卖小哥，看到复印很红火便开复印店。但那时候这些工作只是平凡生活的一粥一饭，而我就像汪洋大海中随波漂荡的一叶小舟，只是盯着下个月的生活费而忙东忙西。然后，是“国创计划”改变了我庸庸碌碌的这样一种状态。2014 年 2 月，在老师的推荐下，懵懵懂懂的我参加了大学生创新创业训练计划，开始与创新创业结下不解之缘。

3.2 “国创计划”推动我前进

“国创计划”对我的帮助就像是哺育一个新生儿。开始的我不懂什么叫创业，不知道创业中还需要思维和方法，需要专业力量和政策扶持，需要行业规范和长远打算，只是凭借一种本能来做。准备“国创计划”项目和思考课题之时恰逢我在北方电影集团实习归来。实习期间，我和几名同学负责一组 FLASH 动画制作，加班加点的工作没有让我疲累，能够将专业技术资本化的商业模式反而让我激动不已，专业和创业的结合点第一次无比清晰地呈现在我的面前，这种资本转化模式正是我所摸索却未果的“有含金量”的操作模式。回到学校我就立刻联系了老师和同伴，在老师的指导下选择了和自己专业相关的“动漫特许经营和品牌授权”这一课题。是“国创计划”让我迈出这第一步，开始结合自身专业特长，从审视大学生创业的特点和要求开始，从更加注重科技与创新的时代特征入手，摆脱过去单纯的体力劳动，进入一个我不曾触碰的专业领域。

迈出第一步已经让我激动不已，注册公司对于当时的我来说好像是遥不可及的，但又正是“国创计划”推着我向前走了第二步——注册公司。“国创计划”的创业实践项目需要注册公司进行实际经营，而且为大学生提供了政策支持，比如被媒体称之为“1 元办公司”的注册资本认缴登记制，解决了我们的资金难题，我们第一次感受到大学生的创业激情与万众创业的时代带来的实际好处。借助西青区提供的免费注册地址、软件园内工作室和天工大提供的办公场地，2015 年春，锦银科技有限公司诞生了。

在办公司的过程中，也是“国创计划”通过它的一系列要求督促我更深更广地学习。跑银行、税务、工商，写计划、算成本、人事管理，这些琐碎的事情通过“国创计划”项目完成的阶段性要求，推动我走过了公司发展最困难的时期，“国创计划”提供的政策扶持和指导帮助让我的团队在一个又一个不眠之夜之后看到曙光。同时也是通过创新创业策划案、商业计划书、市场分析报告等文字材料让不善逻辑和文字的我开始梳理对于创新创业的认识，系统地思考一些东西。

创业的首要任务还有组建团队。在项目开展中我结识了许多志同道合的朋友。锦银科技有限公司初创时就有来自管理学院、文法学院、计算机学院、环境学院等多个院系的同学，跨专业、学科背景的合作让我们每一个人的所学都有所用。如今公司更是吸纳了更多的人才，规模已从最初的 9 人发展成如今的 20 余人。

诚然，创业这条路太苦了，但“国创计划”让这份苦有了苦尽甘来的希望，让创业之路有了更为清晰的方向和更坚实的后盾。开始的我们什么都不懂，有激情也有惰性，“国创计划”既给我们指导也给我们要求，按着这份要求，我们度过了最迷茫的创业初期，有目标地修补团队漏洞，有计划地规划公司发展方向，用发展性眼光拓展业务范围，让我们的初期创业能够“软着陆”。

我对于“国创计划”最有感触的也是在这个阶段。我的成长经历和大部分学生都不同，为了生计我做过许多工作，但那些工作的目标过于短浅，停留在单纯的体力工作。如果不是“国创计划”，我觉得我也会一直自己做些小生意，像是一个小老板的模样，然后在一块两块的计较中碌碌此生。也许动画专业的学科背景和大学生的身份与我的谋生之路并不会发生什么关联，我的思维和眼光局限在那贩卖和讨价还价之中。“国创计划”让我终于走出了那种状态，让我明白了大学的意义，未辜负父母的期望。我将眼光放长远，将创业立足于专业实践，把科技革命、创新革命和飞速发展的时代特征纳入思考范围，这种思维的转变让我的平凡生活开始不只有一粥一饭，还有不甘妥协和微弱却不灭的创业梦想。我不再计较于眼前的蝇头小利，我梦想着能为自己的未来做些什么，能为这个时代做些什么，我开始拥有最遥远的梦，同时做着最脚踏实地的事。“国创计划”从一份计划书，甚至更早的一则启动通知开始，一步一步推着我改变、前进、跌倒、爬起。

3.3 “国创计划”扶持我发展

度过艰难的创业初期，这份事业就要开始走上正轨了。这时我和我的团队对创业尤其是大学生创业也有了更深刻的认识，当然也遇到了更多的问题。动漫产业的蓬勃发展和国内动漫行业的巨大发展空间可谓机遇，但我们的发展有着很多困境和挑战，比如技术力量薄弱，缺少资金和设备。这时学院就给我们提供了及时的帮助，给我们提供技术指导，帮助我们联系有实力的制作公司开展合作。借助高校资源，公司运营成本较低，我们也获得了许多初创企业难得的好机会，拿下部分影视作品后期制作项目，接单高校宣传片，并涉足微视频市场。我们终于有了产品输出。

“国创计划”作为国家级的大学生创新创业计划，在思维高度上一直具有领先地位。它对于大学生创业团队有着创新思维和创新意识的要求，这一要求渗透在我的团队发展的整个过程中。我们更关注时代发展和科技发展的新气息，只有不断更新的发展思路才能跟上不断前进的时代脚步。“互联网 +”便是那个时候的一个时代新脉搏，为了抓住这个机遇，我们积极开发微信表情定制服务，“国创计划”的学习之路上我们明白了只有拥有足够吸引人的创意和设计作为内核，才能将商业模式的运作进行下去，在“互联网 +”时代知识资本和大格局尤为重要。拥有了原创的动漫形象之后，在“国创计划”的一次经验分享上我们又萌发了动漫周边和衍生品推广的新思路，这个发展方向也是我们公司现在主推的方面之一。原创的力量是无穷的，因为有原创我们的发展更有底气，我们能更加不在乎一次两次的商业竞争，因为我们有原创的产品和原创的能力，这份动力是不竭的。“国创计划”给我们带来思路的拓展和眼界的提高，我们抓住这份机遇，就能拥有更多格局更大的东西，包括更大的格局在内都是“国创计划”为我们大学生创业团队提供的火种。

创业中期，公司不断铺开业务范围，资金回笼不够及时，一度也遇到了“经济危机”，“国创计划”的扶持基金也恰好在这个时候雪中送炭。

在这个阶段我们有了什么想法、遇到了什么问题可以去“国创计划”的相关扶持中找寻帮助，或者在“国创计划”的某些活动或文化中迸发新的灵感，我们和“国创计划”有了扶持前进的感觉，创业更有主动性也更有干劲了。对于创业，也许有一天我们能看到敲钟那一秒的辉煌，而为了这一秒，多少人陨落深坑，无缘握锤。在创业者无怨无悔地踏入创业的深坑之前，“国创计划”就为我们编制了一张绵密的网，为我们保驾护航；同时它也以各种要求和指导的方式为我们亮起了指路的明灯，让我们的大步前进更有方向、更有目标、更有安全感。

3.4 “国创计划”指引我阔步向前迈

在我们的创业不断前进的过程中，我们也能感受到“国创计划”本身的不断完善，它提供更加全面的指导，同时也提出更高的要求。当第一家关于动漫品牌的公司逐步走上正轨，我们就开始思考能否也帮助更多想要投身创业的同学，就像“国创计划”扶着我走过那段最艰难的时光那样。于是我们成立了第二家公司，主要为同样有志于创新创业的同学服务，也向符合要求的同学推荐“国创计划”。怀抱这样的想法，2016 年我的第二家公司——工创客大学生创业联盟正式成立。这家公司目前主要做大学生创业孵化，旨在帮助同样有志创业但还准备不足的创客们。做各种创业初期的办事讲座，邀请创业大咖座谈，将我们虽然微薄但诚挚的力量传播出去。“国创计划”带给我的成长不仅是关于创业的，也有品格上的约束和提升，接受了那么多帮助之后，我心怀感恩并也想把这份善意传递下去，我也很庆幸在“国创计划”的帮助下我尚有能力尽些绵薄之力。

“国创计划”让我明白了就动漫产业发展乃至所有的创业项目而言，原创的力量都是无穷的，创新的力量都是不竭的。创业路虽漫漫但并非不可及，只要我们能够抓住这个充满机会的时代提供的机遇，保持创新思维和创新意识，利用知识优势，把握时代发展的脉搏，配合努力和执着，创业梦想，虽远必达。

2016 年 6 月递交持续两年的大学生创新创业项目结题申请书时，我的心情是复杂的。一方面，为自己和团队在两年里的收获和两家公司的健康成长而开心；另一方面，也对帮助自己迈向新的人生篇章的“国创计划”深深地感激和不舍。而这个过程中我也从未放弃学业上的进步，将产品输出转化为知识生产，在老师和同学帮助下多次发表论文，也多次接受媒体专访，将自己的经验与更多创客分享。

对创业和“国创计划”我有很多话要讲，回首过往，我也时常惊异于自己的改变，如今这一切要感谢我的伙伴们和“国创计划”，哪怕梦想还没有抵达，但这一路拼搏的感动、收获就足够慰藉。接下来的日子，我会与锦银科技有限公司和工创客大学生创业联盟一起，为大学生创业做的更好贡献一份力量。最后，创业很苦，但坚持很酷，希望同样有幸入选“国创计划”的“创客”能抓住良好机遇，激发自身的创新思维和创新意识，突破创业迷雾，更加坚定地沿着创新创业的道路不断前行，越走越宽。

连续创业，货通全球

项目名称： 潍坊德弘人力资源信息咨询有限公司

完成者： 韩震宇　吴开文　谭慧敏　万发明　姚　冰　刘　忍

完成时间： 2016 年

推荐学校： 潍坊学院

1 学生参与“国创计划”项目情况

2015 年，我们的项目潍坊德弘人力资源信息咨询有限公司获批为“国创计划”创业实践项目。

我是韩震宇，男，汉族，出生于 1993 年 10 月，中共党员，毕业于潍坊学院经济管理学院市场营销专业。自入校以来，任 2012 级市场营销一班班长，班级工作成绩突出。历任学院体育部部长、学生会主席、十佳学生分会主席，在校期间获得国家奖学金，荣获山东省委统战部、山东省人社厅泛海扬帆大学生创业行动资助项目二等奖，第七届全国大学生网络商务大赛全国特等奖，社科奖第六届全国高校市场营销大赛全国总决赛一等奖，山东省大学生创业大赛三等奖，潍坊市优秀大学生创业者。同时积极参加志愿者活动，被评为社科奖第六届全国高校市场营销大赛优秀志愿者。

在“国创计划”实施期间，通过不断提升自身创业意识和创业技能，我实现连续创业，事业发展不断开创新局面。2015 年 9 月在潍坊学院大学生创业孵化基地创办潍坊柏年书仁电子商务有限公司，带领团队专门针对潍坊市昌乐县鄌郚镇的电声乐器开展跨境电子商务出口业务。创业期间，中宣部副部长孙志军来潍坊到公司调研，省委常委孙守刚、潍坊市委书记刘曙光陪同；2017 年 4 月“泛海扬帆大学生创业行动”首届创客节期间，省委统战部常务副部长赵强莅临公司听取跨境电商出口项目汇报。

2 学生后续创业发展情况

2.1 为同学找兼职，巧成最初创业机

我是个性格外向、做事干练的人。在大学期间，我通过调研发现很多大学生渴望在校期间能多参与社会实践，这样既能提前接触社会，同时也为自己赚取一些零花钱。于是为大学生提供兼职的中介公司如雨后春笋不断涌现，但大多数是以克扣

学生工资作为利润点。如何在众多中介公司中找到自己的特色，为同学们提供更有保障的兼职平台，一度成为我思考的重点。后经过多次考察后，我和同学一起收购了“远达兼职”公司，并更名为“潍坊德弘人力资源信息咨询有限公司”，自己当上了老板。学校成立大学生创新创业孵化中心后，我们团队在经过认真准备后顺利入驻孵化中心。孵化中心的优惠政策为公司的快速发展提供了保障。公司主要针对大学生岗前就业培训，公司的主旨就是保证所有的培训者都能找到好的工作。潍坊德弘人力资源信息咨询有限公司项目获批为2015年“国创计划”创业实践项目，通过“国创计划”平台，让我的创业梦想更加坚定。

2.2 主办“德弘杯”全民创业公益大赛，激发新的创业想法

当别人将赚了钱放到自己口袋的时候，我们团队一致同意将初期赚到的利润回馈社会。所以，我们公司举办了“德弘杯”全民创业公益大赛。“通过举办这次‘德弘杯’全民创业公益大赛，来帮助更多的大学生点燃创业激情，实现自己的创业梦想。”这是我们主办这次大赛的初衷。在互联网时代的大背景下，新媒体也成了不少企业的“宠儿”。公司主办的本次“德弘杯”全民创业公益大赛也是紧跟时代的潮流，微信作为O2O商业模式（线上线下电子商务）的典型，为比赛增添了趣味性和时尚感，吸引了更多的年轻群体参与进来。比赛的主要宣传阵地和操作流程都是在微信平台上进行。这次大赛的成功举办也给我带来了新的创业启发。于是我调整自己在潍坊德弘人力资源信息咨询有限公司的角色，保留自己股东的身份，而将公司的日常管理交给项目小组其他成员，自己投入到新的创业征程中。

2.3 创业再起航，开辟跨境电商创业新局面

2015年5月，《与全世界做生意》纪录片在央视首播，记录了改革开放以来我国对外贸易、文化输出、海外基建等发展状况，描述了被中国制造改变生活后的外国人的生活方式。片中朱定定老师把一双双山区老人手工缝制的绣花鞋卖向欧洲的片段让我对跨境电子商务产生了浓厚的兴趣。适逢学校大学生创业孵化基地正式投入运行使用，我从学校获知国家及学校出台的各项针对大学生创业的扶持政策，与专业相结合的创业项目也是学校重点扶持的方向。国际营销，作为一个新的创业想法深深扎进脑海。跨境电商的巨大市场前景及学校提供的良好创业平台坚定了我的创业信念！

3 主要经验与启示

3.1 有了金刚钻，再揽瓷器活

2014年跨境电商在中国进入了高速发展阶段。南方跨境电子商务发展迅速，尤

其是新型的跨境电商城市杭州，然而北方跨境电子商务发展一直面临着人才的瓶颈问题。工欲善其事，必先利其器。我刚开始并没有急于开始跨境电子商务业务，而是在“五一”假期之后迅速找到阿里巴巴国际站潍坊办事处，向他们了解跨境电子商务发展的情况，经人介绍又辗转去到杭州、青岛和济南对跨境电商平台的运营实操进行深度的学习。求学路漫漫，两个月的南下学习让我熟练掌握了最新的跨境电商平台实操。2015 年 7 月我开始着手组建自己的团队，团队由四名大学生组成，分别为国际经济与贸易专业和市场营销专业。我们的团队成了潍坊本地最年轻、最有活力的跨境电商团队。之后我又积极参加学校创业基地为创业大学生举办的创业训练营，通过与创业导师和其他创业团队的积极互动，在项目的商业模式、公司运作、行业前景规划等方面对自己的项目进行了系统梳理和调整。我们团队于 2015 年 9 月入驻潍坊学院大学生创业孵化基地，潍坊柏年书仁电子商务有限公司正式成立。考虑到公司运行期间有较多的业务员、实习实训人员参与，也有诸多客户来访，办公区域须设置样品展示，学校专门为我们提供宽敞独立的办公室，满足公司业务开展需求。

3.2　从农村来，到农村去

我从小就出生在一个农村家庭，总是希望可以通过自己的所学所长为农村和农民做一点贡献。2015 年 9 月开始我们团队对潍坊周边各个产业带进行了梳理，寿光的生鲜蔬菜、台头的防水材料、高密的劳保手套、诸城的食品机械、寒亭的杨家埠年画……一直到当年 11 月底我们对潍坊的每一个产业都系统梳理了一遍，选择一个好的产业和适销对路的产品尤为重要。坐标最后定位在昌乐县鄌郚镇，这个小镇上的大大小小的乐器及配套工厂超过 100 家，产业集聚度好，产品适销对路，政策支持力度大。最终的 SWOT 分析结论让我们喜欢上了这个小镇，吉他小镇，美丽鄌郚。这里的工人全是地地道道的农民，当看着这一把把销往欧美的电吉他是出自这些勤劳农民的手中时真的非常震撼。他们是农民，可他们有一双勤劳的手；他们是农民，他们有一颗创业的心。通过讨论分析我们认为有信心把这些精致的电吉他电贝斯产品卖向全球。经过一个月的磨合期，潍坊柏年书仁电子商务有限公司与潍坊大唐乐器发展有限公司实现了股份制合作。一个集生产、研发、销售、品牌推广的新公司成立。

3.3　梅花香自苦寒来

一个好的销售员一定是一个好的产品经理。2016 年 1 月，团队搬入工厂，进行为期两个月的产品学习，熟悉产品生产流程，完善产品英文介绍。学习的经历是充实的，但是晚上的宿舍仿佛冬天的风可以破窗而入，身上的被子似乎没有一点保温作用，工厂弥漫的木屑会让人产生呼吸困难的状况，然而这一切都没有击退我们。每一个零部件的中英文对照，每一个配置的替换差价，每一个使用过程中的易损件，每一个行业标准，团队中每一个人都铭记在心。2016 年 2 月 11 日团队的阿里巴巴国际站上线，第十天团队第一单和英国客户成交，这个速度是阿里巴巴潍坊地区成交最快速度；2016 年 7 月在阿里巴巴后台的优质供应商排名中我们团队做到了行业 TOP2；2017 年 3 月，经过长达 6 个月的研发，终于与美国亚马逊共同开发出了全球首款触摸屏 Pad 电吉他；2017 年 4 月在德国法兰克福国际乐器展上获得了西班牙客户 200 万的订单。目前我们团队的产品已经在全球 21 个国家采用代理商的形式销售，并且开始尝试高端私人定制业务。创业期间也得到了各级领导政府的关怀与帮助，中宣部副部长孙志军来潍调研期间到公司调研电声乐器文化产品跨境电商出口项目，山东省委常委宣传部部长孙守刚、潍坊市委书记刘曙光分别陪同；2017 年 4 月“泛海扬帆大学生创业行动”首届创客节期间，省委统战部常务副部长赵强莅临公司听取跨境电商出口项目汇报。

3.4　柏年书仁，百年树人

饮水思源，知恩图报。在公司业务逐渐走上正轨后我们清楚记得曾经在创业路上帮助过自己的学校领导和老师。公司在命名时就使用了与“百年树人”谐音的“柏年书仁”，想用自己的行动影响一批批热衷于跨境电子商务的学弟学妹，让他们在这跨境电商的浪潮中做一个弄潮儿。在积极拓展公司自身跨境电商业务范围的同时，自 2017 年开始团队积极投身跨境电商人才培养项目中，依托自身在潍坊学院打下的扎实专业知识基础及创业过程中积累的丰富实践经验，团队相继为诸多潍坊地方高校学生提供跨境电商相关实训课程，给学生提供在校期间顶岗实训实习机会，为当地企业输送跨境电商综合素质型人才。2017 年 3 月我们与阿里巴巴国际业务部合作在潍坊学院举行第一届跨境电子商务人才企业双选会，帮助 30 家企业搭建外贸团队，为 46 名应届毕业生找到自己满意的外贸工作。目前，柏年电商已经成长为一家专业的跨境电商整体解决方案服务商和跨境电商人才服务供应商。

3.5　寄语明天，砥砺前行

时间如白驹过隙，转眼间创业已经两年，我为自己没有在创业路上碌碌无为而感到欣慰，为自己能够为父老乡亲解决收入问题感到骄傲，为帮助培养一批批跨境电商弄潮儿感到自豪；同时，回首两年创业之路，我深深感谢创业之路上陪伴引导帮助自己的学校领导和老师，感谢潍坊学院为众多大学生提供了设施优良、服务到位的创业平台，没有了后顾之忧，创业之路才能斗志昂扬。然而今天的成绩是对过往的认可，也是对未来的激励和鞭策，我只能将这满心的感激化作继续前进的动力，在未来的创业道路上不懈追求。

“国创计划”激发创业热情

项目名称：Soul 工作室的分析与推广
完成者：邓明亮　丁　锐　杨小曼　熊　乐　郭　蔚
完成时间：2017 年
推荐学校：武汉大学经济与管理学院

1 学生参与“国创计划”项目情况

1.1 创业项目背景

随着我国改革开放的逐步深入和国民收入的增加，人们逐渐不再单纯追求物质生活，对精神文化的需求也不断提高。当代大学生的追求也在逐步转变，当下大学生越来越注重个性的展现，追求独特。各类 DIY 产品逐步兴起，并深受以大学生为代表的当代青年的喜爱。在此背景下，我们成立了 Soul 工作室并开始了创业训练之旅。

Soul 工作室创业训练团队成员对以漫画为代表的文化周边产品有着浓厚的兴趣，对于创业训练有着强烈的渴望，也正是在这一背景下，团队成员走到一起，组成了 Soul 工作室。对于漫画的喜爱和创业的热情，同样使工作室选择了文化周边产品作为创业训练的项目方向，在创业训练过程中能够积极解决问题，完成创业训练的事务。

Soul 工作室创业训练团队成员均为武汉大学经济与管理学院的学生，学习完成了大量经管类课题，在解决创业训练过程中的问题方面具有一定的优势。大量的专业知识储备，保证了工作室创业训练工作的顺利进行。同时，Soul 工作室成员丁锐擅长绘画，在文化周边产品的设计完成中起到了至关重要的作用。

1.2 创业训练项目创新点与特色

Soul 工作室创业训练项目的目标在于熟悉创业流程、学习创业方法，积累创业经验，在创业训练过程中采用以下方法和手段。

首先从组建创业团队开始，设计完成商业计划书，制定创业训练战略计划，在可能的情况下进行实际运营实验，在创业训练过程中不断检查修订商业计划。Soul 工作室创业思路中充分整合文化礼品设计、配送等多种业务，为客户提供全方位一体化服务。在一定程度上调节市场供给予需求的矛盾，扩大 Soul 工作室的品牌影响力。减少市场供求双方的寻求成本，节省了时间，同时又提供了优质的服务。同时，为大学生营造了一个便利兼职的平台，为大学生市场化创作牵线搭桥，使人力资源通过市场的力量得到合理有效配置。Soul 工作室的创业方法，开拓了一种新的生产营销模式，为大学生创业提供了新的思路和经验。

其次，Soul 工作室创业过程中，通过对于 DIY 文化市场的进一步调研，来深入了解现今的市场结构，对于 DIY 文化市场的需求和供给方（出售自己作品的大学生数量）的情况有一个更加清晰的认识。在经过一段时间亲身实地调查研究之后，进一步论证 Soul 工作室计划启动的可行性和将来在市场上占据份额的程度。同时在对市场的调查之后，创业团队能进一步完善计划书的细节部分，将调查之前没有考虑到的部分加入到商业计划书中。

1.3 项目实施情况

Soul 工作室自成立以来，经历了近一年的创业训练之路，这一路走来，从一无所知到颇有心得，从一无所有到拥有自己的作品、自己的团队、自己的各项规章。Soul 工作室创业虽然处于初始阶段，属于创业训练项目，但同样经历了组建团队、设计商业计划书、实践运营、参加比赛、市场调查和检查计划等过程。以下就是本次创业训练的过程记录。

1.3.1 团队组建

2015 年 3 月，邓明亮、丁锐、杨小曼、熊乐组建了 Soul 工作室最初的创业团队，邓明亮是团队的主要负责人，丁锐为创业团队的技术负责人，杨小曼则负责创业过程中的商业宣传，熊乐主要负责创业过程中的销售和售后服务。作为大学生创业训练项目，Soul 工作室作为一个创业小团队，团队成员中并未做出非常细致的任务分工，创业团队的工作任务较少，各成员共同负责各项事务，换句话说就是有事大家一起上。2015 年 5 月，郭蔚加入 Soul 工作室主要团队，主要负责 Soul 工作室的财务计划工作，至此，Soul 工作室组成了完整的核心创业团队，这一年的创业工作中，五人的创业团队一直经历下来。

Soul 工作室主要经营文化周边产品的设计和销售。虽然创业团队中丁锐主要负责相关产品的设计和生产，但是作为一个文化创意公司，Soul 工作室产品的制作和创新仍需要通过组建自己的生产团队来完成。Soul 工作室创业过程中，产品的制作团队由丁锐负责招募，2015 年 5 月，Soul 工作室创作团队初具规模，以来自国内各大高校的在校大学生漫画爱好者为主。为提高创作团队的产品设计能力，由丁锐负责，在创业过程中不断对创作团队成员进行技能培训，不断提高 Soul 工作室创作团队成员的创作能力。

Soul 工作室创业团队包括创业核心团队和创作团队两支，核心团队是整个创业过程中战略设计和运营的核心，创作团队主要负责创业过程中的产品设计和生产。Soul 工作室创业团队成立较早，一直注重团队成员整体素质的提升，有效地保证了整个创业活动的完成。

1.3.2 设计商业计划书

商业计划书是创业活动的蓝本，也是企业获取投资的基础。Soul 工作室一开始就设计完成了商业计划书，创业过程中不断检查商业计划书，根据创业团队对于文化周边产品市场变化的了解和对于创业政策的学习，不断检查并修改了商业计划书。

2015 年 3 月，Soul 工作室核心创业团队成立之初便着手创业计划书的设计和撰写。2015 年 3 月的商业计划书完成了基本的框架设计，为整个创业训练过程搭建了商业计划书基本框架。这份商业计划书里，系统分析了 Soul 工作室创业训练的背景环境、大学生创业优惠政策，选定了 Soul 工作室的主营业务，设计完成了 Soul 工作室的营销模式和具体营销方式，初步完成了 Soul 工作室创业训练过程中的融资计划，最后制定了市场调查和后期创业训练详细计划。

2015 年 9 月，Soul 工作室根据前期市场调查和实践运营的情况，检查了商业计划书，更改修订了现有商业计划书。本次修改中，Soul 工作室加入了武汉地区为主的市场调查情况，使得商业计划书更加贴合市场环境；同时 Soul 工作室对于发展战略做了完善和修改，明确提出 Soul 工作室创业训练的前、中、后三个不同阶段的创业发展战略；对于主营业务，Soul 工作室将“微商”公众号运营代理加入，作为后期 Soul 工作室创业发展的一大业务；财务计划方面，Soul 工作室在原有计划的基础上进行了修改和完善。

2015 年 11 月，Soul 工作室再次检查了商业计划书，综合了东部地区市场调查的情况，对原有商业计划书进行进一步的丰富和完善。作为文化创意公司，知识产权的界定至关重要，本阶段工作室拟定了相关法律合同，为 Soul 工作室的创业打好基础；Soul 工作室在本阶段的商业计划书中进一步完善了财务计划，系统性地预测了 Soul 工作室创业之初三年的财务运营状况，同时制定了前三年的融资计划。

2016 年 2 月，Soul 工作室综合所有市场情况，根据创业训练过程中的感悟和对于大学生创业新的认识，完成了最后一次商业计划书检查，形成了最终的商业计划书。本次商业计划书的检查修订着重于更加规范和完整，按照规范的商业计划书格式和要求，对相关信息进行重组，得到一份更加切合市场需求的商业计划书。

商业计划书作为整个创业训练的设计图，Soul 工作室成立之初便十分注重商业计划书的制定，经过一年的创业训练，Soul 工作室最终完成了商业计划书的制定，形成了一份完整的商业计划书。

1.3.3 实践运营

创业想法必须落入实践中，通过实际运营才能真实地了解市场需求。虽然是创业训练项目，但是 Soul 工作室为真实了解校园文化周边产品市场的价格反应度，证明市场对于 Soul 工作室产品的认同感，于 2015 年 7 月进行了实际市场运营。

Soul 工作室完成创业过程中的基本准备后，将早期准备的产品放入学校摊位试卖。受到创业团队现有产品设计能力和生产能力的制约，本次试卖所用的产品主要为 Soul 工作室设计的日本漫画主题明信片。同时由于处于市场实运之初，工作室明信片以单张出售。由于 Soul 工作室产品的选择较少，同时 7 月的武大校园学生较少，因此从销售额来看，实际运营效果不够理想。

但是通过本次实践运营，Soul 工作创业团队积累了很多创业经验，为后期创业训练工作起到了重要的作用。从价格来看，本次实践运营证实了 Soul 工作室制定的明信片价格能够被市场接受；从目标人群来看，本次实践运营证实了 Soul 工作室明信片应主要针对当代青少年。

本次市场实际运营操作中，Soul 工作室漫画明信片作品受到了很多青少年的关注，这一市场反应证明了当下符合青少年口味的文化周边产品市场预期良好。实际运营取得的成果增强了工作室创业团队继续后期工作的信心，也认识到 Soul 工作室产品自身的不足和后期发展应注意的问题。

1.3.4 参加比赛

为了进一步提高 Soul 工作室核心团队的创业能力，与其他大学生创业团队进行交流，2015 年 6 月，Soul 工作室参加了武汉市大学生沙盘创业大赛。经过充分的准备，Soul 工作室团队取得了本次比赛的第四名。

参加比赛的过程中，Soul 工作室成员再次认真仔细地学习了创业训练过程中各项事务的解决，在商业计划书的撰写、财务计划的制定方面取得了一定的收获。与此同时，比赛中评委专家对 Soul 工作室的创业想法提出了许多建议，对于 Soul 工作室的主营业务设计均给予了可行性较高的指导意见。根据这些意见，Soul 工作室核心团队重新考虑后期发展战略，开始学习了解“微商”对于公众号宣传运营的需求和具体实施的条件，对后期发展起到重要作用。

本次参加大学生沙盘创业大赛，既给了团队学习交流的机会，锻炼了创业团队的实际工作能力；同时，创业比赛中评委老师的指导意见给 Soul 工作室后期创业训练提供了指导；Soul 工作室通过创业还得到了市场文化公司的邀请，充分肯定了 Soul 工作室的创业想法；通过比赛，Soul 工作室获得了 1000 元奖金，为后期创业活动提供了一定资金。

1.3.5 市场调查

创业想法来自市场，创业战略针对市场，创业产品消费于市场。因此创业过程中必须时刻把握市场变化、了解市场需求，并根据市场变化时刻调整公司战略。为了解校园文化周边产品的市场情况，Soul 工作室完成了我国东部、中部、西部三个地区的市场需求情况调研。

2015 年 7 月，Soul 工作室根据制定的调查问卷，以武汉各高校为调查地点，进行了实地市场调查，调查过程中 Soul 工作室了解了武汉市青少年的对于校园文化周边产品的需求状况。2015 年 11 月，Soul 工作室核心团队采用线上和线下相结合的方式对我国东部地区进行了问卷调查，形成了东部市场调查报告。2016 年 1 月，Soul 工作室同样采用线上与线下相结合的方法完成了我国西部地区校园文化周边产品市场调查。

根据不同地区的市场调查，Soul 工作室了解到了不同地区的市场需求，同时也能够根据市场情况制定相应的发展战略。为 Soul 工作室的创业工作奠定了基础，提供了依据。

1.3.6 检查计划

随着市场情况不断变化、创业政策不断更新、创业思路不断成熟，因此在创业训练过程中，Soul 工作室创业团队必须不断检查商业计划，并不断根据情况变化对企业战略和计划进行修订。近一年的创业训练过程中，Soul 工作室从设计完成商业计划书至今，一共完成了三次商业计划的检查修订。

2015 年 3 月 Soul 工作室完成了商业计划书的最初设计，为创业训练提供了蓝本。2015 年 8 月，Soul 工作室第一次较为完整地检查了商业计划，并对后期业务进行了修正，如对于主营业务，Soul 工作室后期开始注重“微商”公众号的运营代理业务；2015 年 11 月，Soul 工作室第二次检查了商业计划，对商业计划书中创业工作的完成计划进行了清理，按进度确定下一阶段的创业计划；2016 年 1 月，Soul 工作室最后一次检查了商业计划，为后期的创业训练计划提供了依据。

创业阶段中的三次检查商业计划，有效地保障了 Soul 工作室商业计划的实施，同时有利于新时期创业计划的实施。

以上就是整个创业训练过程中，Soul 工作室核心创业团队的具体创业过程。整个过程中，Soul 工作室成员制定并逐步完成了创业训练计划，取得了较好的效果。

2 学生后续创业发展情况

Soul 工作室创业训练团队共五人组成，均为武汉大学经济与管理学院 2013 级本科生，系统学习过管理学、会计学、计量经济学、微观经济学、宏观经济学等经管类课程，对市场分析，商业模式运营有一定的了解。

经过这次创业训练，团队对于创业有了更大的热情，同时也明白真正在市场中站稳脚跟，取得更好的发展，还需要进一步的学习和研究。因此，团队成员选择了一边继续深造一边探索创业的商机和方法，如今团队中邓明亮、熊乐、杨小曼选择了继续攻读研究生，丁锐和郭蔚则选择了出国深造。虽然暂时告别创业训练项目，但是团队有一个共同的承诺，那就是学成归来再携手，要一起实现这个创业梦想。

3 主要经验与启示

3.1 项目实施收获

本次创业训练过程中，我们 Soul 工作室核心团队成员通过不断努力，达到了不错的效果。综合本次创业训练的计划和实际效果，本次创业活动取得了以下收获。

首先，从创业训练本身来看，我们通过一年的创业训练工作，完成了商业计划书和市场调查报告，同时完成了 Soul 工作室五期产品的设计制作。根据创业训练情况，证明了 Soul 工作室创业思路具有一定的可行性，但是作为在校大学生，受到时间、精力、资金等条件的限制，Soul 工作室创业想法变为现实也存在一定的困难。

其次，从创业团队能力培养来看，本次创业训练工作，通过比赛和实际工作训练，我们一方面切实提高了自身工作能力，能够解决实际问题，在了解市场情况变化、查询相关政策的能力得到了极大的提高；另一方面，我们长期共同工作，进一步相互磨合，能够相互配合，共同完成相关任务，创业团队整体工作能力得到了极大的提高。

综合本次创业训练工作，我们 Soul 工作室核心创业团队取得的创业成果主要包括创业本身和创业团队两个方面。无论是创业方面完成详细的商业计划、设计完成五期产品，还是创业团队能力的提高，本次创业训练均取得了很大的收获。

3.2 项目实施体会

Soul 工作室创业训练已近一年，期间有过焦虑，也有过成功的喜悦，回想起这段时间的创业训练历程，我们感慨良多。

首先，想法比做法更重要。从马克思主义实践论来看，思想意识对于实践活动具有指导作用。无论是创业思路，还是科研创新，一个好的想法是一切工作的开端。我们团队无论是在实际整理材料，准备创业的过程中，还是在参加创业比赛与其他大学生创业团队交流的过程中，我们团队最深刻的感触就是“想法真的很重要”。一个好的想法，能让创业团队具有强大的竞争力；而一个欠缺的想法，则会导致创业活动一开始就可能误入歧途。而在大众创业如火如荼的今天，无论是兴起的电子商务，还是传统行业，只有创新服务，创新商务模式，创业活动才能在市场中取得成功。而有了完善的创业思路、缜密的创业计划，之后的创业工作就能按部就班，根据创业计划战略，一步步进入市场，最终取得创业成功。

其次，计划和检查修订计划都很重要。“谋定而后动”是众所周知的古语，在创业过程中，一个缜密的商业计划是成功创业的关键。本次创业训练过程中，我们核心团队一开始通过仔细商议制定了详尽的商业计划书和三阶段详细的创业计划。正因为这些计划，我们创业过程中能够按部就班，根据计划完成相应的创业训练工作。与此同时，随着事情不断发展，促成创业工作出现新的进展的条件也在不断改变，而创业过程中也会不断出现新的预期、产生新的目标，因此在创业计划不断得到实现的过程中，还需要不断检查最初制定的商业计划，看相关计划是否真的得到实施。同时根据新的情况，不断修订计划，使我们的创业计划能够符合新的市场环境的要求。

再次，团队协作是创业成功的重要因素。所有的创业活动均有自己创业团队，创业工作纷繁复杂，创业活动需要团队的共同协作。本次创业活动中，无论是最初的商业计划，还是后来的创业比赛，抑或之后的创业检查，我们团队不断磨合，通力合作，形成了自己团队的默契，也因此能够很好地完成相关工作。因此对于整个团队来说，增强合作能力应该是我们最大的体会。

最后，增强个人综合素质是成功的关键。创业训练中需要处理各种各样的问题，无论是团队协作还是当机独断，都需要个人才能得到体现。本次创业训练过程中，我们虽然能够解决相应问题，但是还是能够感受到团队成员的综合素质仍需要继续提高。只有创业团队成员个人综合素质得到提高，整个创业团队的工作能力才能得到提高。努力学习专业知识，积累创业经验，培养解决问题的才能，提高自身能力，是我们整个创业团队成员在创业训练之后最大的体会。

近一年以来的创业训练工作，无论是创业团队还是创业个人，均有深刻的体会，可以预见到这些创业训练感悟，对我们后期发展将起到极大作用。

立足实践，实现梦想

项目名称：休闲吧的可行性研究

完成者：刘子源　赵海燕　高　楠　白琼瑶　许颖佳　李　娜

完成时间：2014 年 12 月

推荐学校：武汉大学经济管理学院

1 学生参与“国创计划”项目情况

伴随着社会生活节奏的加快和人民生活水平的提高，越来越多的群体将消费投向休闲娱乐上，咖啡厅等休闲吧的服务需求日益增加。但目前在武汉大学校内的休闲吧存在分布不合理、经营产品雷同等不足，难以满足师生的需求。本项目以此为突破点，在市场调研和实地考察的基础上，用全新的运营理念和模式模拟创建具有特色、符合师生需求的休闲吧。此举为我校休闲吧文化的可持续发展提供切实可行的借鉴意义，进而在政府出台的关于大学生自主创业政策的支持下建立实体店。本项

本项目 SWOT 分析：

内部因素 / 外部因素	优势	劣势
	1. 创业角讲座，HR 培训等多样文化交流活动 2. 咖啡饮品小食种类多样且成系统 3. 提供勤工俭学机会与岗位	1. 缺乏相应实体经验，没有开店经历 2. 缺乏品牌效应，较难吸引新的顾客
机会	SO	WO
1. 艺媒楼拥有大量人流，且缺乏休闲吧咖啡厅等设施 2. 国家制定政策鼓励大学生创业，并给予经费支持 3. 艺媒楼拥有一定空闲场地，可以进行创业活动	1. 向广大学生招募勤工俭学机会 2. 与艺媒学院达成合作，提供丰富的讲座活动，吸引顾客	1. 加大宣传，并在宿舍楼进行一定的海报粘贴与宣讲活动，增加客流量 2. 与外部咖啡馆进行合作，加盟该品牌，从而扩大品牌效应
风险	ST	WT
1. 休闲吧咖啡厅较多，且还在增多 2. 顾客对外送咖啡需求增加 3. 星巴克等知名品牌的冲击	1. 创造我们自身的咖啡文化与店面文化 2. 小范围的在某一价位上提供外送咖啡服务，并不加收服务费	进行品牌加盟，并保有自己的特色，展现独特文化

目的市场定位集阅读、休闲、饮食、娱乐于一体，以消费者可接受的价格提供一种精神享受的场所，针对学生群体适当实行低于同行的价格，并针对学生习惯建立运营的经营模式。

项目的实施主要通过市场实地调查、探讨自身运营模式，从而进行实体运营。我们团队针对武汉大学内和其他高校市场的休闲吧的经营状况进行实地调查，广泛调研和收集资料，总结现存休闲吧在经营管理过程中存在的优势和不足，并对高校市场上休闲吧的商业经营模式进行分析和总结。同时深入学生、教师等消费群体，了解他们对于现有市场所提供的产品和服务的评价及需求变化，分析市场需求。然后根据北京、武汉、广州等地各大高校校内休闲吧的经营经验，结合武汉大学校内的具体情况，提出自己的商业运营模式，并对选址、产品服务、经营特色等方面提出了具体的构想，随后在校内通过深入访谈、问卷调查等方式了解师生的反响，为后续的模拟企业运营提供指导建议。通过了解企业的成立流程和相关的法律法规及大学生创业的相关优惠政策，积极参加武汉市科技局组织的高校大学生创业培训活动，了解法律风险，提升团队成员自身的企业经营能力，进行实体运营。最后分析企业的运营状况，为高校实体休闲吧的运营提供建议和指导。

2 学生后续发展情况

刘子源在项目中发挥自身营销专业优势，将市场营销专业优势与项目高度结合，探索出了一条有效的营销方式。并通过本项目在国家级大学生创新创业中的历练和实践，他于 2014 年在武汉市洪山区创建了自己的公司，即武汉鸿源思创科技研发有限公司，出任公司总经理。通过在“国创计划”项目中的学习和实践，使得公司在前期项目的有效开展、公司的运营及商业模式中发挥了基础性的作用。现公司通过“启承•叶画”项目致力于创意性、公益性的非遗文化传播，努力让叶画非遗产品走进寻常百姓的日常生活。刘子源申请通过了国家发明专利三项，软件著作权一项，外观及使用新型等多项专利成果。通过开展多项针对启蒙式公益活动及办学，形成高、中、低三维度叶画相关文化创意产品。公司采用 B2C2O 的商业模式，形成高端产品与珠宝奢侈品结合模式、中低端产品设计、线上教学盈利、数据派生及推广的现金流闭环，实现“线上引流线下，线下反哺线上”的渠道格局。公司服务于热爱传统文化、热心公益、支持创新的顾客群体。

武汉鸿源思创科技研发有限公司是以武汉大学圈的大学生为主要人员的文化创意服务公司。公司将非遗保护与创业实践相结合，组织开展关于叶画的系列活动，并为公司高效的市场运作而努力。公司秉承着通过市场化策略使非物质文化遗产得以传承和发扬的宗旨，打通非遗市场，让优质非遗产品、服务走进生活，实现非遗的保护性开发，推动非遗产业发展，呼吁更多人参与到非物质文化遗产的保护与开发中。

“启承 • 叶画”不同于以往的非物质文化遗产保护，而是结合“互联网 +”大背景，搭建一个创意型、公益性的非遗文化传播服务平台。“启承 • 叶画”主要以叶画为核心优势产品，在与传承人达成合作协议的基础上，借由线上网络平台完成叶画的公益化推广和现代化再创新。一方面，产品有针对性启蒙式公益活动的办学（如：线下体验式教学、定期开展相关讲座、举办展出活动和收费式线上线下教学等）；另一方面，有叶画相关文化创意产品（如叶画挂件、书签及其他日常生活用品和高艺术价值叶画作品等）。

公司以提供非物质文化遗产叶画的产品和服务为基础，通过前沿的互联网技术匹配叶画传承人、设计师、商业合作方三者需求，搭建结合非遗保护和创业实践的创意型、公益性的叶画非遗文化传播服务平台。通过连接多方资源，对叶画进行创新，实现叶画与时代发展相适应，叶画与现代审美相适应，为叶画注入新的活力，让叶画在发展中得到保护与传承，真正走向社会大众。

宏观来看，文化产业的发展近年来一直受到政府的支持和鼓励，叶画曾多次作为市礼赠予外宾。我国目前经济保持高速稳定状态发展、收藏市场快速发展、礼品市场需求旺盛，国民购买叶画等艺术品能力和意愿增强。市场上非遗文化产品的从业企业数量较多，但是力量都偏薄弱，行业分散，大多是地方性企业，影响力较低。通过市场分析发现，来自现有企业间的竞争最为激烈，来自替代品的威胁次之，来自潜在进入者、供应商、顾客的威胁较小。因此，公司在制定竞争战略时着重考虑现有的竞争对手及替代品提供企业。

“启承 • 叶画”项目采用 B2C2O 的商业模式，线上同线下协同带动实体店铺与网络平台的共同发展，使得平台和店铺达到共赢。经过前期市场调研，公司调整产品切入点，以校园大众市场为起点，由公益和教学带动叶画产品的推广，强调叶画产品的独特性、人与自然的结合、叶脉的独一无二，以此推动精英线产品的个性化定制和销售。

项目采取分版块的盈利方式，主要来源于精英线产品抽成、大众线产品抽成、平台抽成三方。精英线产品主要盈利来源于抽成消费者和叶画传承人及其弟子的中间环节，即将定制产品的不同价位按比例自动收取一定服务费。同时，公司自主研发、独立设计、生产出了一系列绢叶 DIY 作品和小型叶画作品，将价格控制在百元内，并把叶画体验的难度降低到零基础，此部分的盈利将全部作为项目盈利。项目还在线上平台开设叶画讲座、课程等教学活动，通过线上教学实现一定比例的盈利。充分利用平台形成规模后的多重数据库，在对用户消费偏好等数据的搜集、储存、分析后，挖掘潜在客户需求，为业务拓展提供可靠的支持，为公司寻找新的利润来源，为传承人、平台和用户等多方创造更多价值。

叶画及相关文化创意产品的价格策略，按照各阶段，以不同售卖方式和不同售卖对象进行价格策略的制定。在初期，主要采取水平渠道模式。原料采购及批量生产由合作商负责完成，由公司负责产品设计及推广，销售由终端合作商完成。后期将逐步进行渠道的垂直整合，增开线下专卖店和线上网店。坚持“实用 + 非遗”的商品原则，商品陈列主次分明，终端人员专业化，终端产品高性价比，终端库存体系完善，终端宣传精准到位，实现最有效的终端促销。

随着公司销售市场不断打开，销售收入将逐年上升，公司从 2017 年开始盈利，且随着公司后期宣传及销售力度的扩大，市场不断扩大，利润额和利润率还会进一步扩大和提升。公司 2017 年引入投资，解决流动资金的问题，之后会引入风险投资来分散风险并降低风险程度。公司此次还进行了市场调研和研究，对项目的回报期、回报率和风险程度有一定程度了解，并进行规避和防范。

成员介绍：

赵海燕，武汉大学硕士，读书期间在《金融研究》《系统工程理论与实践》这两个 A 类权威期刊上各发表一篇文章，曾获得第十二届“花旗杯”金融创新应用大赛入围全国前十、第十一届“挑战杯”大学生课外学术科技作品竞赛湖北省特等奖等多项荣誉；毕业后在长江证券股份有限公司从事食品饮料行业研究员的工作。正是通过在校期间参加的“国创计划”项目才更加深刻地意识到实践出真知的道理。

高楠，武汉大学本科毕业后任腾邦集团有限公司市场部专员，与上游渠道酒商洽谈合作事宜，策划公司大型品酒活动，推广公司品牌；董事局秘书、副总裁助理，负责下属子公司的新三板挂牌业务，协助集团副总裁进行集团投融资事宜。现阶段在深圳市简丹珠宝有限公司负责天猫店铺的日常运营管理工作。

白琼瑶，目前在武汉大学经济与管理学院就读市场营销硕士，主要研究移动营销情境下地理流动性对消费者互联网使用偏好的影响，已发表论文《基于地点特征的移动互联网营销研究综述与展望》；同时也积累了丰富的实习经历，曾在新浪湖北效果营销中心微思敦自媒体、北京淘漉文化传播有限公司编辑部和招商银行武汉分行公司业务部实习。

许颖佳，目前在武汉大学经济与管理学院就读人力资源管理硕士，主要研究互联网背景下新生代员工工作重塑的理论动因及其影响。曾帮助师兄调研武汉市内以光谷创业咖啡为首的十几家创客空间，整理资料，构建创客空间领导者基本能力架构。曾在武汉金谷国际酒店人事部和长江证券股份有限公司实习。

3 主要经验与启示

回顾项目开展的整个过程，我们团队成员激烈讨论熬夜苦战、奔波各地调研访问的情景仍然鲜活生动。在此次“国创计划”项目中，我们收获了很多。

众人拾柴火焰高，一个人的力量总是有限的，只有团队合作才能集合所有人的力量去更好地完成一件事情。在项目实施过程中，我们根据不同人的特点，进行了分工，明确了各自的责任。有的同学文笔较好，擅长写作，就负责各种材料的撰写；有的同学能言善辩，就负责与老师、店主等人沟通；有的同学负责实体店设计、宣传材料设计。正是小组内的具体分工，使我们意识到组内成员之间互补互助、协同合作的必要性，擅长的人做擅长的事，才能使得本次项目顺利地完成。

从同一种声音中倾听不一样的声音，才能及时找出项目运行中出现的问题，找到新思路。正是在团队成员的求同存异中，项目才能不断完善。在项目实施过程中，我们在具体的咖啡店定位上产生了分歧，有人提出要把老师及行政职员纳入我们的目标顾客群体；但是也有人指出，教职工和学生的消费水平有着较大差异，同时兼顾着两个目标群体是否合理。正是这样的观点冲突和思维碰撞让我们开始更加全面和细致地思考了我们的目标顾客和市场定位。

实践是检验真理的唯一标准，只有将理论与实践相结合才能转化为自己的经验。经过两年的认真学习，小组成员已经具备了扎实的专业知识基础和较强的科研能力，还有着刻苦钻研的精神和执着踏实的作风，因此我们想要通过具体的科研项目将所学知识付诸实践。整个项目实施过程主要分为前后两个阶段。前期以实地调研为主，团队成员利用空余时间分别对高校、旅游景区、文化产业园区等地的咖啡店进行了实地调研。后期则主要是咖啡店的实体运营，选址、和校方沟通商讨、装修、聘请员工、购买原材料，就这样一步一个脚印，将我们的实体店正式投入运营。通过前期调研，我们认识到高校咖啡市场和普通咖啡市场具有差异性，因此我们获得的数据并不十分适用。这也告诉我们很多时候现实远比想象的要复杂，事先准备好替换方案就显得尤为重要。而通过调研总结别人的经验及自己亲身参与实体店的管理，我们认识到咖啡店的经营管理也是一门很重要的学问，理论和实际之间还是有着一定的差距的。而作为在校大学生的我们，虽然对管理经营课程有所学习，但真正运用到实际的时候还是遇到了一些问题，怎样管理和激励员工、怎样培养忠诚顾客、怎样树立自己的品牌、怎样打造个性化服务，这些都需要我们在接下来的不断实践过程中摸索和学习，把我们所学的理论知识和具体实际情况相结合。只有真正做到了理论和实际相结合，我们的咖啡店才会持久经营下去，才能够真正实现我们这个项目的长远意义。适时总结整个项目实施过程中的成功经验与失败教训，把理论和实际相结合，灵活地将书本上的知识运用到实际中去，将为我们未来开展各种学习和工作提供正确的指导。

国创梦想，点亮世界之光

项目名称：基于人脸表情捕捉的 3D 动画模型驱动技术研发

完成者：杨 涛

完成时间：2012 年

推荐学校：西安交通大学

1 学生参加“国创计划”项目情况

创新创业，从来不是一件容易的事，却是这个时代赋予我们的使命。它不仅需要我们每一个人的全情参与，需要社会和市场进取包容的氛围环境，还需要长期鼓励支持创新创业的“幕后推手”——“国创计划”就是这样经年累月默默付出的有力大手，助力我们每一个创新创业的大学生走得更远。

机缘巧合，在大一我就有幸开始参与光学三维检测的实验室工作。从一些力所能及的小事，到由浅入深的真正研究，老师带领我和小伙伴正式踏上了科技创新的征途。那时，《阿凡达》把 3D 技术带入了大众视野，“3D 打印”开始被冠以“第三次工业革命推动者”备受追捧，身处全球科技前沿的感觉令热爱理工技术的我们倍感兴奋。从那时起，本科的三年多里，无论周末还是寒暑假我们大多都在实验室里度过，晚上也都是临熄灯才回到宿舍，还有很多个夜晚是睡在实验室的沙发上，虽然也会累，但始终觉得很充实。

就这样，本科三年，以光学三维扫描为核心领域，我陆续申请并负责了 3 项大学生科技创新创业项目并获得资金支持，包括西安交大大学生创新实践基金、国家大学生创新实践项目、国家大学生创业训练项目，并获得第六届全国大学生创新创业年会“最佳创意奖”和第七届全国大学生创新创业年会“创业项目奖”。“国创计划”见证了知象光电的科研从零到一，支持了知象光电的行动步步为营；更重要的是，给予了我们莫大的鼓励，让我们感受到了当下的行动是符合国家趋势的，每一步努力付出的成果是被社会认可的。

2 学生后续创业发展情况

依靠着“国创计划”项目的锻炼和认可，我和小伙伴在本科期间发表了 2 篇 SCI 论文，获得了包括“创青春”全国大学生创业计划竞赛金奖在内的国家级竞赛奖励 4

次，陕西省“挑战杯”大学生课外学术科技作品竞赛特等奖在内的省级竞赛奖励3次。一路走来，“国创计划”项目给知象光电团队的是稳扎稳打的坚实技术。项目制鼓励我们在“干中学”，为解决实际问题和达到更高水平，主动学习新知识，尝试探索新方法，不断取得新成果。如今，知象光电的技术水平已经达到国际领先水平，而当年通过“国创计划”所获得的积累，正是知象光电发展创新的立身之本，决定创业的自信之基，再攀高峰的勇气之源。

回望来路，我发现“国创计划”不只是征服星辰大海的起点纪念，也是后来通关探路的密钥法宝。因为有了“国创计划”的平台和认可，我们仿佛打开了一扇门，迎来了一个又一个不断发展自己的好机会。2012年开始，我有幸先后参加了清华大学、浙江大学、上海交通大学等东部发达地区高校举办的创业训练营活动，接触到了很多具有创业激情的老师和同学，并被这种氛围所影响。在清华大学创业夏令营中，认识了很多成功的创业者，他们年龄小、点子新、执行力强，让我很受触动。在上海交通大学创新学院培训的一个月，老师们精心设计的各种“陷阱”让我每天“如履薄冰”，教会了我们很多创业理念。一系列创业活动在我心里种下了创业的种子，也为后来创业带来了各种资源。这些活动聚集了志同道合的优秀伙伴，搭建了路演展示的优质舞台，邀请了创业投资的资深前辈，为我提高综合素质提供了锻炼的课堂，为知象光电团队进一步创新创业铺平了道路。2014年，知象光电正式注册成立，2015年获得数百万元天使轮投资，2016年获得国内顶级风险投资机构数千万元A轮融资，“国创计划”授予知象光电的光环为我们照亮前路。

一直以来，老师都给团队注入着一种“做有用的研究”的基因，提倡开展有应用价值的研究。受电影《阿凡达》面部表情捕捉技术应用的启发，我们决定开始与此有关的技术攻关，最终开发出一套面部3D表情捕捉的设备，希望能解决国产3D动漫原型制作效率低，动漫表情僵硬的问题。后来我们自行设计开发的3D实时扫描仪便诞生于此，其扫描仪结构、光学、电子、软件都是同学自己动手完成的。

技术问题解决了，学术论文发表了，比赛奖项拿到了，但我们深知，想要实现“技术改变生活”的梦想，前路还很漫长。通过技术转化的方式并不能充分发挥研究价值，于是我们决定多次参加“国创计划”等创业比赛，听取专家评委的意见不断完善自己的创业计划，正式创立一家公司，将科研成果商业化，以产品方式发挥科研价值。我并非一个天生的狂热的创业者，知象光电也并非为了创业而创业。从科技创新到科技创业，我们只是很想做好一件事，创业只是其中的一部分。

从无到有，做出批量产品，然后推广销售，实在是很平淡的一件事，我从来没有觉得很容易，但现实比我的想象更加不容易！一个学生团队往往要面临工作、考研、出国的考验，团队人员的更新换代与传承积累是不得不面对的问题；做产品远没有做实验那么容易，实验成功并不等于产品成功。组建专业团队，引入社会资本，定位产品市场，建立国际合作，我想创业和其他很多事一样，都遵循坚持和积累这个成功法则。这大概正合了母校的一则校风：艰苦创业，就如同一代代交大人开拓新专业领域的研究，就如同交通大学西迁兴庆再造著名学府。从 0 到 1，总是“万事开头难”；从 1 到 100，更是“难于上青天”。可是，总要有人去开辟新的道路解决新的问题，这个社会才能有所进步变得更好。我想，这也是“国创计划”的目的所在吧。

3 主要经验与启示

从某种程度上来讲，“国创计划”就好像如今“大众创业、万众创新”的前奏序曲，为了更多学生的创新创业意识得以启蒙成长，为了企业真正拥有面向全球化的核心竞争力，为了国家经济以创新发展战略驱动转型升级，创造氛围培育土壤，播撒种子光照滴灌，不计回报，耐心栽培，真正是国家的种子期孵化计划。

正如西安交通大学的校歌《为世界之光》里所唱“实业扩张，进步无疆。实学培国本，民族得中兴”，先辈们希望交大学子以实学干实业，振兴国家民族，创造世界的光，成为世界的光。“国创计划”也许就是星星火种，帮助我们成为世界之光。国际展会上，有外国公司对知象光电产品性能、工业设计、用户体验极为满意，当即就要买走我们展览的样机，更是坚定了我们拓展国际市场的决心。如今公司已经从架构、资金、人员方面进行了充分的准备，新成品将国内外市场同时发售，不知道可否算作距离世界之光又近了一步呢？

“国创计划”支持梦想，青年创造未来。创新创业发展，共同书写历史。愿为中华圆梦，点亮世界之光！

知是行之始，行是知之成

项目名称：袜赛科技有限公司——迷你管式臭氧洗袜机及单衣升级版设计

完成者：王聚星　刘佳祺　俞　宁　刘晓欣　王曦照　邓欣禾　罗逸凡

完成时间：2017 年

推荐学校：西南财经大学

1 参与“国创计划”项目情况

古人云，筚路蓝缕，以启山林，描绘的就是创业的艰辛。在当今经济化的浪潮下，大众创业成为一种普遍的现象，作为社会新一代担当的大学生自然也应紧跟时代的步伐，将书本知识融入创业实践之中，将知识转化为生产力。

自进入了西南财经大学，从此开启了商业财经的新生活，创新创业便成了我们学习生活中重要的组成部分。我们参与过的创业项目大大小小，有失败有成功，切实体会到了创业的艰辛与喜悦。

在日常生活中，袜子对于我们来说是不可或缺的，但袜子的清洗却成为众多人十分头疼的问题。如今洗衣机尽管已经广泛被普及，但由于袜子与其他衣物一并混洗容易发生交叉感染，同时洗衣机的转筒也并不能将小型的袜子清洗干净，因此每天穿着的袜子仍然需要进行手洗。但手洗需要消耗较多的时间与水资源，给生活带来一系列的不便利，在这一块市场空缺我们设计生产出一款能够解决这一问题的洗袜机（如图 1 所示）。

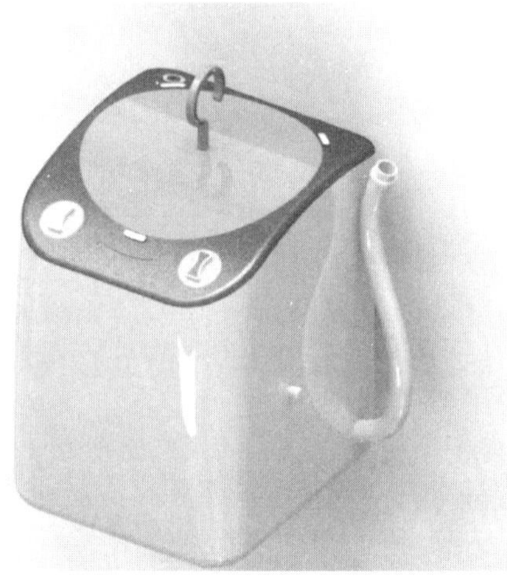

图 1　盖体可悬挂式臭氧洗袜机

盖体可悬挂式臭氧洗袜机结构简单，使用方便、安全，可完成对袜子、内衣等小型衣物洗涤和杀菌消毒，并且具有省水、省电、洗涤效果好等优点。可以满足人们对洗衣设备占用空间小和可以对袜子等进行消毒且又节能环保等要求。

洗袜机臭氧装置所产生臭氧溶入水中可对衣物进行杀菌和消毒，有效地避免了衣物在洗涤过程中交叉感染，使洗涤过后的衣物更加干净和卫生。洗袜机技术结构合理，成本低，在使用过程中既省电、又省水，而且不污染环境，特别适用于袜子等小物件的洗涤。

2 学生后续创业发展情况

经过之前几个“国创计划”项目的实践之后，积累了一些经验，又陆陆续续创立了几个项目，比如 ILIS 和 WeDID。

2.1 智能物流信息系统（ILIS）

智能物流信息系统是在参加美国大学生数学建模后，我们发现埃博拉药品运输问题的解决可以应用到实际之中，将物流的优化问题转化为实际生产力。参考几位已创业学长的物流项目，参与创业大赛，我们基于优化算法 TSP 旅行商模型、动态交通仿真模型、遗传算法（GA）等数学模型建立了智能物流信息系统（如图 2 所示），从理论上可以降低 40% 的物流成本。

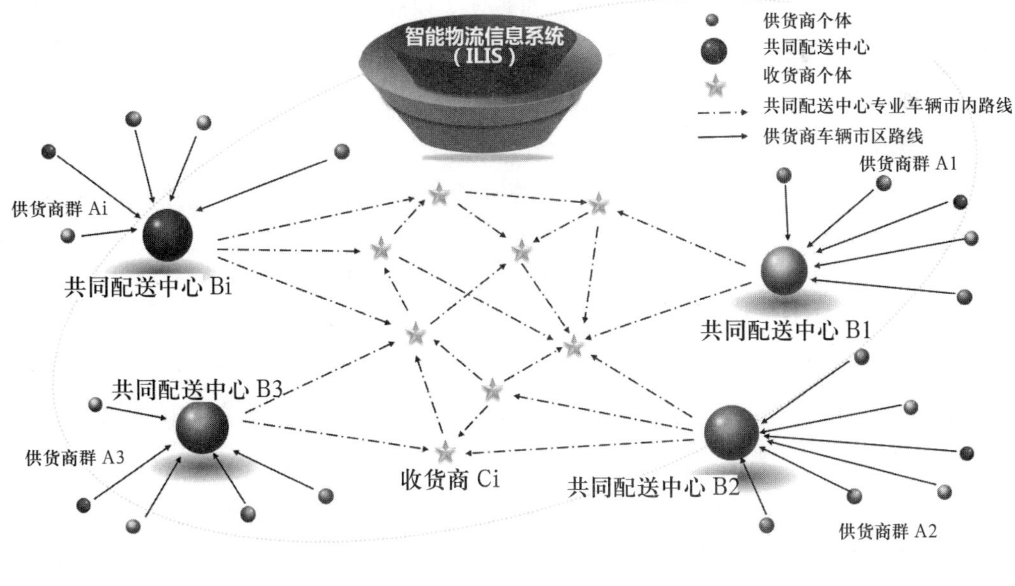

图 2　智能物流网络实际运输图

智能物流信息系统（intelligent logistics information system）是用智能信息技术将供货商、配送中心及门店的信息整合起来，综合分析后向各方提供优化的路径及方案选择。能够根据交通部门所提供的道路交通信息、交通管理、车辆控制等信息服务，对车辆位置状态的实时跟踪，随时掌握货物在途中的状态。同时，接收供货商与收货方货物信息，为物流运输计划、仓库存货战略的确定提供依据，基于数学算法，指导完成最短路径、合适配送时间、最省成本的最优物流运输计划（如图 3 所示）。

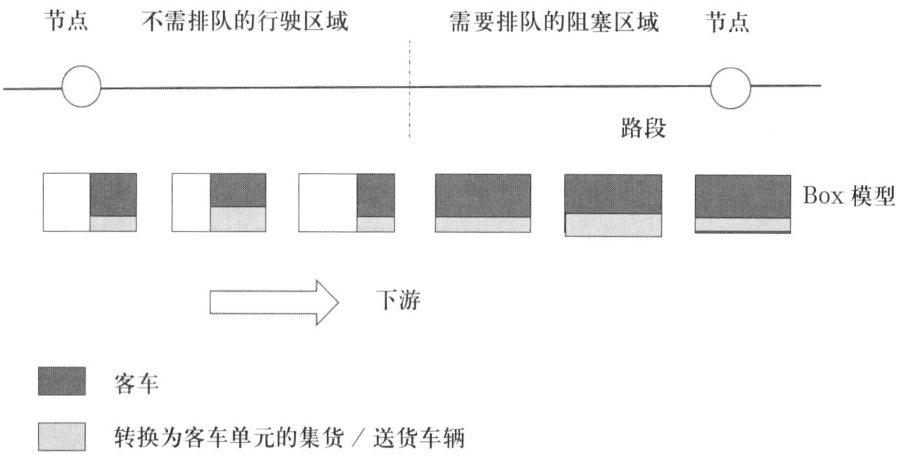

图 3　利用修正后的 Box 模型来表示的路段

智能物流信息系统以信息处理平台为载体、以物流各方信息为介质，将供货商、共同配送中心、收货方门店这一实物供应链用信息链衔接起来，旨在打造一个智能化的信息交互平台。构成该信息系统最主要的介质“信息”贯穿于城外供货商、城郊共同配送中心、市内收货门店及交通管理部门，确保 ILIS 的正常运营，及 ILIS 的运行过程中发货阶段、共同配送中心智能管理阶段、车辆调度最优路线规划阶段、货物接收阶段的有序进行。

2.2　微行（WeDID）创意工作室

我们经常帮学校、学院做一些海报、视频之类，在广告设计方面有一些小特长，就有做广告设计的想法。正好碰上梦想帮创业大赛，于是找到学校里技术比较娴熟的同学一起组建了小工作室。

有一天，会计学院的老师就建议我们可以将技术创意市场化，提供了一个空置的实验室供我们使用，转型成了实践团队，利用一个暑假的时间成功做出并完善了 ERP 国家级精品课程的系统、视频、网站，迈出了成功的第一步。

微行 WEDID 创意工作室是一个以广告宣传设计和提供信息服务为主体业务、集线上平台体验服务和实体服务于一身的公司，淘宝店铺也已上线，工作室 LOGO 立体演绎视频截图如图 4 所示。

图 4　WEDID 微行工作室 LOGO 立体演绎视频截图

公司以网络信息平台为媒介，为用户提供所需的业务功能，以大学生学习生活中最常见需求为开发基础，提供真正为大学生量身定制的服务。公司提供平面设计、视频设计、公文排版、推广、辅导规划等多方面的学生日常生活学习过程中所需的技术支持和信息服务，并通过整合赛事、通知公告、政策等多方面信息努力建立一个系统化、完备的信息平台。拥有优秀的技术团队和设计团队，专业的技术和资深的经验将最大程度地满足客户的需求。

3　主要经验与启示

路在人走，业在人创，事在人为。当下中国，有无数的小微企业，由小变大、由弱变强，逐渐成长为“巨人”。大众创业、万众创新，作为当代最有活力的青年大学生，也要坚持创新，不断发展进步，肩负起自己的责任与担当。

国创伴我行

项目名称：多民族亲社会偏好项目
完成者：孙丰伟　王潇潇　杨茂睿
完成时间：2016 年
推荐学校：西南民族大学（经济学院）

1 学生参与“国创计划”项目情况

我承担了 2015 年所申请的“大学生创新创业训练计划”国家级项目“多民族亲社会偏好项目”（项目编号：201510656008）。2015 年 5 月至 11 月，我进行了该课题的文献调研，对已有文献进行了总结，并形成了自己的研究着力点。在 2015 年 11 月中旬，在实验室进行了该项目的实验，完成了数据收集。2015 年 11 月下旬至 2016 年 2 月进行数据分析工作。2016 年 2 月至 5 月，完成了中英文两个版本的论文撰写工作。

2 学生后续创业发展情况

由于本研究属于创新课题，以及我未来的意向是继续攻读更高学位，以科研为目标继续自己的学业。因此，我在完成该课题以后，继续对该课题进行了深入的研究。一方面增加了实验数据，以获得更为稳健的分析结果；另一方面，基于“国创项目”所撰写的论文成果，应邀参加了经济学专业全球顶级的经济学会议——美国经济学年会（2016 年），并在会议上作了报告，得到了该领域诸多研究者的建议。基于这些建议对论文进行了修改，修改后的论文有幸被外文期刊 *Journal of Economicsand Behavioral Studies* (JEBS) 录用。我现在继续该领域研究并励志攻读该领域更高的学位。

3 主要经验与启示

大学生创业创新教育是以提高大学生自我创业能力为目的，是一个复杂的人才培养过程，该过程最终要由学生主体来完成，外在的因素只是起到引导、启发的作用。因此，培养大学生创业创新能力，必须坚持“以人为本”，转变教育思想观念中不利于创新创业人才培养的观念，牢固树立创新教育、创业教育、素质教育、终身教育、开放教育和个性教育的新型教育理念，坚持“以人为本”，重视受教育者的主体价值的实现，重视大学生的能力培养，重视激发学生的主观能动性，一切工作以服务学生为宗旨。大学生创业创新能力的培养包含着思维能力、判断能力、选择能力、创造能力、观察能力、实践能力等能力的系统训练过程。

倾听大地的呢喃

项目名称： 大地呢喃地学科普训练营

完成者： 赵鹏飞　徐　勇　闫佳鑫　胡阳鸣　刘松岩　杨张瑜　袁亚丽

完成时间： 2016 年

推荐学校： 中国地质大学（北京）

1 学生参与“国创计划”项目的情况

从当初不成熟的念头到现在小有名气，几个志同道合的地大本科生用一年的时间仔细琢磨，把想法转化成实践，一步一步地将想法打造成一个初具雏形的创业项目——大地呢喃地学科普训练营。

远行的路，风雨飘摇。创业的路上也需要一名意志坚定的领路人，而赵鹏飞扛起我们训练营这面领队大旗。不管是赵鹏飞，还是我们，都是机缘巧合下才决定在地学科普这片土地上远征，一步步向前迈进。

地学结缘，始于赵鹏飞的公益初心。因为自身的成长得获诸多的帮助，赵鹏飞在本科四年学业之余，花了大量的时间和精力在做社会公益上。“人们常常无奈于社会的冷漠，可当真正有人需要他的时候，他却退缩了。我希望做一个社会的创变者，用自己微小的力量去做一点点的改变。”基于此，赵鹏飞在地质大学申请成立梦暖童心公益社，关注中西部留守儿童，为北京启智特殊儿童学校创新引入现实场景陪伴志愿模式，在家乡成立都县大学生志愿团发动近 200 名返乡学子致力于家乡助老助残、学子帮扶等公益事业。

2015 年 9 月，赵鹏飞听说学校新开了一门叫“旅游地学”的专业。当时的他对此非常感兴趣，通过进一步课程学习和收集资料，他了解到旅游地学学科近三十年的发展历程，同时也知道了一名德高望重的中国地质科学院的一位老专家——陈安泽先生。几经周折，赵鹏飞联系上了陈老，并于 2015 年 10 月 28 日上午 9 时半，在中国地质科学院陈老的办公室见到了陈老。陈老出于对年轻人的关爱，与赵鹏飞谈了近一个半小时。而这不仅是赵鹏飞人生中重要的转折点，也是我们大地呢喃地学科普训练营的起点。

会谈中，赵鹏飞了解了旅游地学的开端，他认识到地学科普的重要性，要使之平民化、大众化，将艰涩难懂的地学知识转变成大众所喜闻乐见的体验和感悟，才能让人们真正了解地球，理解人地关系，从而更愿意去保护地球。

将自身所学与公益相结合，在陈安泽老师、许涛老师、孙洪艳老师的指导和支持下，赵鹏飞在学校创办了以地质公园为基地，面向普通民众进行地学科普，以促进大众对人地关系理解为宗旨的旅游地学公益社。社团带动了学校及附近高校百余人加入到地质公园科普的活动中。公益社与全国13家地质公园建立了联系，在学校举办了多次科普讲座及在世界地球日组织了全国地质公园文化展，并在暑期组织了四支团队分别赴广西乐业凤山、云南石林、安徽黄山、广东丹霞山进行地学科普宣传。

随着社团的发展，赵鹏飞越来越发觉仅通过社团形式的影响范围过于有限，为了使地学科普进一步发展，赵鹏飞设想成立全国性的大学生地学科普宣联，形成地学专家与地学专业大学生的联动。将二者结合起来，在较高层次上成立一个具有专家顾问团队和大学生执行团队的全国性大学生地学科普联盟，则必能发挥巨大的能量，极大地促进地学科普的发展，同时也促进专家们地学思想的传播，为大学生与专家们搭建起一个新的交流平台。这种想法得到了很多专家和领导的赞赏，其中包括刘嘉麒院士、王训练校长。但又因为涉及范围太广，只能暂时搁浅。

在整个地学科普事业发展过程中，赵鹏飞接触到通过商业的手段去推动公益事业发展这样一个全新的理念。这种商业模式，相对于公益会更有力量，也会更灵活。在“大众创业，万众创新”的大环境下，赵鹏飞开始探索运用商业的力量去推动地学科普发展。国家大学生创新创业训练计划的实施对我们项目发展有着重要的意义，它不仅是大学生创业创新的重要载体，也是大地呢喃地学训练营得以开始的平台。国家大学生创新创业训练计划让我们这支经验欠佳的大学本科生团队敢做梦、能做梦、实现梦。从申请了大学生创业项目、得到前期支持，到设计、打磨大地呢喃地学科普训练营，在计划中借鉴前人创业经验，各项目不断切磋取经，接受培养和指导，国家大学生创新创业训练计划为我们项目插上了腾飞的翅膀，也提供了前行的助力。因此，我们项目在各方大力支持和团队自身的努力下取得了可观的成果。项目获得“创青春首都大学生创业大赛”北京市银奖、“创青春全国大学生创业大赛电子商务专项赛”优秀奖、“北京市大学生优秀创业团评选”北京市二等奖、“北京市大学生创业设计大赛”三等奖，并作为唯一团队代表中国地质大学（北京）参加2016年在厦门举行的第九届全国大学生创新创业年会。

今年初，我们团队获得了项目启动资金及办公场地的支持，在北京市教委支持下，进驻大学生创业理工园，注册了大地之旅（北京）科技有限公司。我们推出了大地呢喃地学科普训练营首个品牌项目，主要面向中小学生人群，一方面打造地学科普公开课、开放性实践课程等，另一方面与教育部大力推动中小学生研学旅行的政策结合，与地质公园及国土资源科普基地合作打造中小学生地学科普研学旅行。在山水行走间激发孩子们对自然科学的兴趣，通过系统的训练让其掌握科学的思维，同时在营地活动的深度体验中学习野外生存的技巧、培养团队合作的能力。目前我们已经在北京15所中小学开展地学科普系列公开课，同时与北京第一七一中学合作开展了承德丹霞地貌国家地质公园研学旅行，与房山世界地质公园合作开发地质公园中小学生研学旅行路线、研学手册等产品，并在北京门头沟灰裕、北京房山十渡、天津蓟县等地开展地学科普研学旅行。惠及中小学生4300余人。

我们的项目包括科普讲座、博物馆半日教学、野外研学旅游等室内室外项目，结合专业特色及高校人才资源等优势，打造以地球科学为特色，融合自然教育、野外生存、拓展训练等内容的中小学生地学科普研学旅行产品，旨在面向中小学生通过集体旅行、集中食宿等方式开展的科普地学知识、弘扬地学文化和环保生态理念的研究性学习和旅行体验相结合的校外教育活动。大地之旅科技有限公司拥有行业领域内专业的青少年地质科普活动师资团队和成套规范化活动流程、活动策划、活动实施能力。现与国内23家地质公园开展过合作并有长期合作意向，项目得到中国地质大学和中国旅游地学与地质公园研究会的大力支持。

“科技创新、科学普及”是实现创新发展的两翼。赵鹏飞坚信地学科普对于人与地球具有重要意义，值得广大地质工作者去奉献时间和精力。而对于科普从业人员的专业性考虑上，他依然期待自己之前的设想能够成真，地学专家能够和科普执行人员形成联动，在专家们的指导下共同促进地学科普的发展，形成一个真正的地学科普大联盟。

回首求学、创业的经历，赵鹏飞始终怀揣着投身地质事业的信仰。地质之梦，当是青春之梦，积极为我国地质事业的发展担负起历史赋予的光荣使命，是每个地大学子肩头的重担。大地呢喃，地大情深。生灵懂得诉说，山水皆有情谊。讲好地球的故事，让更多的人了解地质、热爱地质也是大地呢喃科普训练营一直以来没有改变的初心。也正因为如此，正确的方向、有力的领队、坚定的团队执行，才使得我们的创业项目一路走来得到诸多支持，道路愈发宽阔。既仰望星空，又脚踏实地。知世界的浩瀚，明青春的昂扬。未来是年轻人的，是我们的。接下来，等待我们的是更需要思考的未来，但也是属于我们的广阔世界。

2 学生后续创业发展情况

2017年3月入驻北大科技园进行为期一年的项目孵化，并于2017年6月获得种子轮投资。

所获荣誉：

2016年创青春首都大学生创业大赛北京市银奖；

2016年创青春全国大学生创业大赛电子商务专项赛优秀奖；

2016年北京市优秀创业团队评选中二等奖；

2016年北京市大学生创业设计大赛三等奖；

代表学校参加第九届全国大学生创新创业年会创业训练项目推介。

新闻报道：

项目获《中国青年报》、《中国国土资源报》、北京市海淀区新闻中心等媒体报道。

3 主要经验与启示

首先，对于创业心态，我主要以锻炼自己出发，而不是非得要把项目做起来。其次，可能很多同学都面临着想创业，但不知道选择什么方向的问题。我觉得创业方向的选择，要么从你喜欢的领域入手，或者说是从你最擅长的领域入手。比如我现在是学地质学的，那么我选择的方向，最好是能结合我现在所学的地学知识，发挥我的优势，一方面是知识的优势，另一方面是资源的优势，所有地学方面的老师和同学，都有可能成为我创业路上的资源。比如前段时间“互联网 +”这么热的一个概念，之前大家都在走线下的方式，那么你现在能通过一个新的方式去实现它，而且能让大家觉得更方便，这就是一个很好的切入点。其实我还是挺希望作为大学生能够充分发挥自己的创造力，还有热情去做一些事。更广泛地来讲，创业是对现状的一种改变和优化。现在这种模式不是特别好，我就用创造力去把它改进得更好更方便。创业确实能够促进社会的变革，所以我觉得我们有机会还是可以尝试一下这样一个过程。

我们的创业之路

——基于 BD2/GPS 的同步时钟显示仪

项目名称：基于 BD2/GPS 的同步时钟显示仪

完成者：刘玉祥　汤　融　严鑫恝　刘亚文

完成时间：2016 年 5 月

推荐学校：中国民航大学

1 学生参与“国创计划”项目情况

在大学期间我就对各种科技竞赛和创新创业项目感兴趣，从大二开始就参与实践项目，学到了很多课本上学不到的知识与技能。一次偶然的机会，在老师的带领下，我接触到了“同步时钟”这个项目，这可以说是我创业故事的开始。因为所在大学及所学专业都与民航有很大关系，所以对民航及民航类相关产业都很关注，下面我就来谈谈这个产品及项目。

随着民航机场快速发展，飞机数量越来越多，高频率的起降、滑行给塔台等工作人员带来巨大的压力。而时钟系统的稍微不同步可能会带来不可预估的后果。一旦工作人员发布的指令时间与实际标准时间不同，可能会造成飞机不能及时进入航线，甚至在高峰期可能引发飞机碰撞。因此研制一种低成本多功能 BD2/GPS 同步授时时钟装置。该装置具有多种对外授时接口，在外网、局域网下均可对外授时。授时精度达到几微秒级别，失锁现象大大减小，可靠性高。相对于当前市场的同步时间产品，都存在价格低精度低或精度高却又价格昂贵的问题，团队设计制作的基于 BD2/GPS 的同步时钟产品在授时精度达到几微秒级别的基础上也极大地降低了产品的成本，并能实现规模化生产，所以该时钟的设计与制作具有重大的实用意义并受到了市场的欢迎。

找到这个研究方向，我们几位同学就组成一个团队与老师一起展开了研制的工作。我们以设计一种低成本、可提供标准时间、可对多种外部设备授时的同步时钟装置，不断完善授时精度，以能使用于民航行业为最终目的。

现在很多自动化系统中或者民航方面等都需要更准确的时间，精确度也越来越高。可能很小的时间误差会带来巨大的损失，而现在很多时钟都有较大的偏差，这样在故障分析中，失去了时间基准，无法分析先后顺序，给故障分析带来了困难。随着自动化水平的提高，迫切要求使用系统统一时钟，特别是涉及各种保护和故障录波的装置。在民航方面对于系统统一时间来说也至关重要，但是我国现在大部分机场的时间都统一度不高，而且不是很精确。当今有很多已成熟的 GPS 同步时钟，且有多种不同的授时方案设计。常见的授时方式有串行通信接口方式、脉冲中断方式及两种方式的结合。它们的计数器构成毫秒级的计时单元，利用 GPS 同步时钟定时应用在事件顺序记录中。在不同传输条件下还有时间误差，所以对于一些时间统一要求精度高的自动化系统来说根本达不到要求。针对高要求装置的时间信息精确到 1 毫秒以内，时钟精度的要求达到微秒级，行波测距和行波保护对时钟精度的要求则高达 1 微秒。然而考虑到 GPS 时钟在卫星失锁或卫星时钟实验跳变的条件下，误差达几十毫秒，甚至上百毫秒；而且 GPS 信号是由无线电波传送的，不可避免地会受到各种干扰，甚至可能中断：所以，必须考虑 GPS 信号的稳定性和失效情况下的对策问题。对此有一种很好的授时方案，采用提出了一种利用 GPS 时钟同步信号实现高精度时钟的新方法。该方法利用 GPS 秒脉冲精确测量晶振时钟实际频率，对晶振信号误差进行在线修正。在 GPS 正常工作时能够保证其精度稳定在 0.1 微秒，且不受 GPS 信号短时失效的影响。在保证系统测量精度时，GPS 信号失效情况下的稳定工作时间长达 6 小时。但是该方案修正的数据量大，计算量大，对 CPU 处理要求较高，所以也存在一定缺陷。更精确的 GPS 同步时钟方案还有很大的发展空间。

我们团队当初基本设计思路是，BD2/GPS 时钟同步系统主要通过对北斗卫星传来的信号予以接收，系统接收到北斗卫星传输的信号后，其 CPU 中央处理单元通过预设的算法对信号进行转换，从而使信号满足 RS232、RS422 和 RS485 等接口标准的相关要求。BD2 时钟同步系统主要由北斗卫星信号接收部分、输出 / 扩展部分、CPU 部分及电源部分和人机交互模块共同构成。

基于该想法我们设计提出新的授时算法。根据 BD2/GPS 时钟信号和晶振时钟信号精度互补的特点，我们提出了一种利用 BD2/GPS 时钟同步晶振信号实现高精度时钟的新方法。该方法利用 BD2/GPS 秒脉冲精确测量晶振时钟实际频率，对晶振信号误差进行在线修正，使 BD2/GPS 正常工作时能够保证其精度稳定在 10 微秒，且不受 GPS 信号短时失效的影响。

针对不同地区北斗时钟和 GPS 时钟信号强度不同的问题提出了解决办法。GPS/BD2 信号接收正常时，根据相关模块的数字锁相原理产生高精度同步时钟；GPS/BD2 信号接收不正常时，CPU 调取存储的分频系数控制产生高精度时钟，能够对空管模拟机授时。为了适应民航行业类的要求，我们根据现有需求特别设计了能够对空管模拟机等特殊设备的授时的接口，扩大了适用范围；能够对局域网授时我们研制的装置可以在局域网下提供电子器件的授时接口，达到时钟的精确同步。在局域网内选用一台计算机作为服务器，通过串口连接一个 GPS 时钟，通过软件使系统时钟同步达到 GPS 时间。并安装一个 NTP 服务器软件，响应其他客服端的时间同步器请求，就能建立自己内部的时间服务器。局域网内的其他计算机安装 NTP 客户端软件，定期向内部时间服务器主机发送同步时间请求，借助 LAN 局域网从时间服务器那里获得时间信息，计算并校正本地时间，在同步周期之内，利用计算机内部时钟守时，从而实现整个局域网的时间同步。

我们已经研制了基于 BD2/GPS 高精度授时系统样机。可以使该样机产品化生产。目前市面上的 BD2/GPS 模块制作的同步时钟产品非常少，大多数都是使用 GPS 模块或者原子钟进行制作，并且使用 GPS 模块的同步时钟多数精度在毫秒级。我们利用 BD2/GPS 制作的同步时钟样机精度在 10 微秒左右，从精度、成本上在同类产品中占有优势。

按照民航行业要求，设计了输出功率合适、做工精细的印子电路板，通过控制硬件成本来降低整个产品的生产成本。

以上就是对我们所研究产品的主要介绍。我们做成成品后，在参加的挑战杯及省级创业大赛中都获得了相当不错的成绩，后来举办的全国大学生发动机比赛所采用的测时设备就是我们的同步时钟产品，这足以说明我们取得了很不错的成果。后来，空管局联系到我们，想让我们生产一批该设备供他们使用，至此，我们的创业之路更进一步了。

2 学生后续创业发展情况

现在国家鼓励大学生自主创业，学校也大力提倡，创业的氛围很浓厚，所以我也问我自己，为什么不也来尝试一下呢？现在产品也有了，而且都有单位联系我们要采用我们的产品，我们有这个条件去创业了。所以，我们一边开始申请专利，一边筹备办网店。慢慢地，网店成形了，虽然卖的东西不算多，但还是有人来询问、购买。万事开头难，只要着手去做，坚持下去就好！后来，专利成功申请下来了，我们又和老师商量，准备申请公司——天津航讯科技有限公司。

是的，不知不觉，创业的路已经走了这么远，我成功注册了公司，开始一步步地打理。扩增产品、公司成员。下面来介绍一下我的公司吧。

本公司核心产品主要应用于民航业。目前主要销售且较受欢迎的产品是“基于 GPS/BD2 的精确同步时钟显示仪”，其有多种对外授时接口，可以在成本相对较低的情况下提供非常精准的同步时间。时钟系统统一是民航机场高效运行的重要保障，时间上一丝一毫的误差都会带来不可预估的后果。目前，华北空管局、各机场已购买并使用该产品 10 余套；此外，天津市公安局、各高校重点实验室等也相继购买了该产品；其还应用到全国重大赛事，如全国高职发动机维修大赛上，对统一赛事时间发挥了重要作用，并得到一致好评。在产品的前期推广中，本公司会通过渠道拓宽更多的市场。由于民航业工作性质的特殊性，而本公司产品具有的高精度、高稳定性的特点满足了其行业需求，目前本公司形成了以面向民航业为主、其他行业为辅的发展战略。公司初期成员较少、规模精简，但都拥有不同专业优势，职责明确、配合默契，吃苦耐劳、具有创新精神！因此，无论是从公司的硬件设施，还是团队能力及精神上来看，公司发展潜力都十分之大。

3 主要经验与启示

这就是我的创业之路，虽然不是规模最大、最成功的，但对我的影响很大，意义非凡！现在的我已经毕业了，但这些创业经历却是无比宝贵的。它教会了我要努力拼搏，不抛弃不放弃，吃苦耐劳，坚持不懈，勇于创新！在以后的日子里，我也会努力一直学习和保持这种创新创业精神，并鼓励更多的人参与进来！

我的创业故事

项目名称： 万花哥特体简体中文字库开发，“字心坊”工作室创业方案研究
完成者： 刘振华　李　林　刘继优　张　腾　赵　磊　杜翼坤　李　林
完成时间： 2014 年
推荐学校： 中国民航大学计算机学院

1 学生参与“国创计划”项目情况

2011 年，我进入大学。出于对书法的喜欢，我想设计出属于自己的一款字体。当然此时并没有创业的想法。之后对市场进行各种研究，同时对字体字库开发的相关技术进行研究。网络上能得到的相关知识很少，我就对字体行业内能联系到的人进行各种请教。

2012 年，学校推行“全国大学生创新创业项目”，我第一次有了创业的想法。于是 2012 年，和同学组成团队参加学校首届“大学生创新创业项目”创新训练项目，成立万花哥特体简体中文开发项目，并成功开发出字体字库，建立字心坊网站。2013 年，参加学校第二届“大学生创新创业项目”创业训练项目，成立“字心坊”工作室创业方案研究，撰写商业计划书。

2 学生后续创业发展情况

2015 年，我们大学毕业，团队成员各奔东西。我进入上海春秋航空任职设计师。对于这个不可避免的情况，我早已预测到，并为之早就做好相应措施。这也是我迟迟未注册公司的原因。

进入春秋航空后，创业项目并未停止，我利用工作之余继续开发字库，并为之建立各种人脉，学习各种字库行业内部技术，慢慢积攒能量。在春秋航空公司里我也不断学习公司的企业文化及企业管理，这点是非常重要的。所以我建议一些创业大学生，在创业之初或者创业过程中要学会沉淀，把握去大公司学习的机会。

至 2015 年 6 月份毕业，我的第一套字库发布已有 2 年时间，字库软件在网络上已得到大量传播，这是很多产品所需的沉积期和传播期。然后至 2016 年中旬，一年时间里，我以个人身份先后与江苏卫视、上海高格文化创意设计有限公司、湖南中南天使有限公司、香港英皇娱乐、上海新派系文化传媒有限公司、《爱情公寓》电

视剧制作方、《最强大脑》栏目组、《神漫》漫画期刊、艺人陈伟霆等签订合同。

2016年，建立公司的时机已水到渠成。于是9月我从上海春秋航空有限公司辞职，回山东烟台成立烟台字心坊创意设计有限公司。之后通过之前积攒建立的人脉关系，与上海锐字工房创意设计有限公司建立战略伙伴关系。公司也慢慢步入正轨。

从2012年开始创业，至2016年年底正式成立公司，这期间我整整准备了4年时间。这4年时间遇到过各种困难，但是坚持下来。4年的沉淀，4年的努力，时间告诉我，谁都不可能随随便便成功。

3 主要经验与启示

3.1 创业中的挫折与困难

在前几年的创业过程中，遇到的问题很多，主要包括以下几点：

（1）相关技术匮乏。对创业项目所需技术欠缺，开始开发字库对相关技术一窍不通，在网上查找到的东西也很少，各大字体公司对相关技术都处于保密状态，只能自己一点点地进行自学和摸索。

（2）缺乏市场经验和竞争经验。在字体开发成功之后，会出现许多没有预见到的问题和状况，没有有序性。对于整个区域市场的动向把握，在招揽客源上，缺乏经验和必备的技能。

（3）产品单一，市场营销技能缺乏。在前期的整个市场营销过程中，举步维艰，产品单一，同时缺乏相应营销经验。与同行业者相比，他们在产品数量上处于明显优势，客户群体上实现了多元化，并且建立了较为完善的差异化经营制度，对我们构成了较大的挑战和威胁。

（4）实现盈利周期长。这个需要时间来验证，产品发布后，长时间处于无盈利状态。这对自己是一个考验。后来我慢慢懂得开发的产品需要一段时间的沉淀和传播，这段时间熬过了，可能就是海阔天空，也可能依旧是一败涂地。

3.2 创业感受和总结

创业需要个人具有一定的思维高度与坚定的信念和决心。创业之路注定不平坦，崎岖坎坷。每一个创业者都必须要有对理想的坚定执着和对创业的坚定决心，才能够克服在创业过程中的种种变故与风险，坚定地继续创业之路。

创业，不是只靠一腔热血，而是要有一定的基础。准备充分，才能事半功倍。要创新创业，必须扎扎实实做好充分准备，非常重要的一点就是明确自己要做什么，并为之不断坚持奋斗。

创业是一个很长的过程，既是一个完善自己的过程，也是一个融入社会、认知社会，把握行业动脉的过程。不论是以我自身的创业经历来看，还是纵观无数创业者的经历，我们都可以得出以上的结论。创业者必须具备这些，才能成为一个真正的合格的创业者，才能够为创业之路铺平道路。

脚踏实地，稳步前行

——记兔巴电子产品服务平台创业项目

项目名称： 兔巴电子产品服务平台

完成者： 徐思源　李　谦　吴本美　宁　阳　黄渊龙　肖　黎

完成时间： 2017 年 11 月

推荐学校： 中国人民大学

1 学生参与“国创计划”项目情况

我们项目的核心是校园电子产品 O2O 服务，为大学生解决手机、计算机等电子产品的维修和回收难题。通过兔巴的微信服务号和订单管理系统，客户可以实现在线上自助预约下单、与我们客服实时沟通订单问题与订单价格，然后线下全职工作人员上门维修或回收，打造温馨的电子产品服务，有效地节约了用户的时间成本，价格与服务相较于传统模式优势明显，有效地提升了用户体验。我们应对竞争的核心在于团队拥有丰富的校园资源及团队的执行力，我们用三个月时间将用户量从 2000 提升到了 8000，成了目前最大的校园电子产品服务平台，业务覆盖了北京市十所高校并且还在高速扩张。

项目创始人兼 CEO 徐思源，负责主管市场推广和维修服务质量，来自中国人民大学 2013 级经济统计专业。曾任职统计学院团委常务委员，青年志愿者协会会长，校宿舍管理委员会公关部部长等学生干部职务。

项目的产品开发负责人李谦，来自人大 2014 级信息资源管理专业。在开拓校园市场方面也有着自己的能力优势。

项目于 2015 年 6 月参加 2015—2016 大学生创业训练计划，经过一年的项目训练后，于 2016 年 5 月经过项目评审，入选进入实践阶段并获得 10 万元资助。

2 学生后续创业发展情况

我们的项目“兔巴数码管家”，致力于打造“以租带购，以租带卖，以租带修”的闭环式 3C 数码管家服务平台。我们通过将维修保险和回收打包进租赁这个消费环节，转变服务商形式，以租促购，上游通吃，切入后再整合维修加回收服务。同时，自建 IT 达人联盟社群，与高校官方计算机答疑社群合作，打造电子产品爱好者年轻人的交流群，为维修、回收、租赁的订单导流。

目前兔巴微信服务号总计拥有 5 万优质大学生的粉丝，加上 10 万左右高校计算机协会联盟社群的影响力，以及作为 20 所学校官方学生会推荐的 3C 服务平台，线上服务号月流水达 40 万人。目前已经是绝对领先的年轻人数码管家服务平台，维修 + 回收 + 租赁订单量方面，可以达到每日 40 ~ 50 单。项目于 2016 年获得北大光华创新创业计划大赛一等奖（第一名）和北京市创业设计竞赛一等奖。

3 主要经验与启示

该项目作为典型的大学生创业项目，主要在于商业模式的建立。先期已积累大量高校学生客户，在继续原有业务的基础上需要不断优化服务产品，并且形成标准化服务、建立口碑，才能进一步占据高校市场。

笔尖上的北京城

——记四九城创业项目

项目名称： 四九城

完成者： 李寒邻　王　喆　蒋子旭　买迪努尔·赛地艾合买提

完成时间： 2016 年 6 月

推荐学校： 中国人民大学

1 学生参与“国创计划”项目情况

“四九城”项目坚持原创，“好玩儿”和“干货”，强调集聚性与时效性，做立足于北京文化的高质量图文信息及视频类内容的微信公众平台。2015 年 6 月项目团队负责人带着运营时间超过一年的“四九城”点子来到了“大学生创业训练”的课堂。在课堂中，项目团队的各位团员相互结实，并形成了深厚的革命友谊。在为期半年的学习生活中，不但了解到了关于我国创业创新的形式，聆听了多领域专家令人醍醐灌顶的讲解和介绍，而且还在专家的提示下发现了微信公众平台“四九城”的商机所在，并由此逐渐梳理出了四九城微信公众平台的长期运营思路。在创业训练的一年过程中，项目立足“原创”二字，尽全力拓宽运营渠道，并成功做到了文字、摄影、专题短片、专题采访、美食推荐、活动推荐、音乐节推荐、美术展览放映会推荐等关于北京本地的文化传播，咨询提供服务的推送。这一年中，“四九城”微信平台实现了粉丝数的翻番，积累 3 万多人关注，其中有 4 篇点击量超过 10 万次的原创文章。同时，也与来自北京的演艺界、体育界、餐饮界等名人大咖建立了联系，与《北京晚报》、《北京青年报》、北京人民广播电台、中央人民广播电台、北京电视台等传统媒体保持了沟通，与很北京、国安是冠军、皇城根胡同串子等北京本地自媒体大号有过深度交流和有关内容的沟通。

项目于 2016 年 6 月经过项目评审，获得中国人民大学 2015—2016“大学生创业训练计划”项目最佳创意奖。

2 学生后续创业发展情况

至今我们一直坚持原创，保持每天推送一篇。项目负责人正在申请入驻人大学创园内，并准备成立公司开始商业化运作。

3 主要经验与启示

我们的微信公众平台，一直坚持原创，通过与各大号、媒体等合作，扩大影响力和阅读量，保证内容的多元化同时及时能抓住不同场景和热点，切入自身平台。内容的及时和独特对于打造微信公众平台是核心关键。

知行合一，勇敢逐梦

项目名称：新型抗磨剂的开发与市场推广
完成者：满　聪　温　洋　王晨辉　何　宽
完成时间：2015 年
推荐学校：中国石油大学（华东）

1 学生参与“国创计划”项目情况

1.1 知行合一的创业路，将梦想进行到底

2013 年初春，我们在课上与老师的激烈讨论中萌发了一个创意；2013 年盛夏，我们将创意落实到科研，研发出了第一款产品；2015 年，历经两年时间，从国家级创业实践项目的立项、中期检查到优秀结题；2017 年初春，历时四年，当年研发的新材料的发明专利的审批通过，我们不只完成了一个项目，还走上了人生之路的新征程——创业。

1.2 创意萌发——初生牛犊，大胆求知

2013 年，PM2.5 的概念在全社会被广泛讨论。一节课上，范维玉老师组织了一场主题探讨，如何用化学方法防治环境污染。同时为了活跃课堂气氛，给还是大三的我们讲了一下他的团队正在研发的一项针对柴油发动机使用的新型的抗磨剂。恰逢 PM2.5 的概念被提出，而范老师的这项新技术，就是为了解决这个问题专门研发出来的。我坚信这是一次非常难得的机会，组团队，找导师，要参与到项目中，将老师的技术真正地应用到市场中去。

1.3 潜心科研——知之愈笃，则行之愈明

我们想参与范老师在研课题，老师会不会允许我们这一帮初生牛犊尝试呢？会不会觉得我们太过莽撞？我十分忐忑地走向范老师办公室，让我没想到的是，范老师听了想法毫不迟疑地一口应允，还亲自安排了罗辉老师对团队进行详细指导。罗辉老师事无巨细地将所有的细节从头到尾讲解了一遍。随后，我们团队在老师们的带领下，正式进入实验室跟进项目。长达一年的做实验、做调研、写报告等工作，是几个大学生求知路上极为重要的阶段。在这个时期，我们通过一次次失败的痛苦磨炼了意志，沉淀了性子；也通过一些小成功感受到了坚持的意义和收获的喜悦。第一批产品研发成功，我的心里并没有任何放松，因为我深知，这只是一个好的开始，

万里长征才走了第一步，我们需要去迎接更大的挑战。

1.4 两年“国创”——行之愈明，则知之愈笃

产品做出来了！如何实现自己最初市场应用的想法呢？开公司！

但是一窍不通的我们被难住了。资金支持从哪儿来？注册公司的这些事情怎么跑？后期市场资源如何对接？一个个难题摆在眼前。这时有老师推荐我们申请大学生创业实践项目，我们看到了希望。

经过两个月的紧张筹备，完成了工商注册、人才招聘和产品的最终检测与市场准入证的办理。同时，我们以《新型抗磨剂的开发与市场推广》申请了国家级的大学生创业实践项目，着手对产品应用方即柴油生产企业等进行产业环境调查，对项目产品的推广方向，推广模式进行评价；进行了实验性生产；还逐渐着手对消费者进行接洽，努力寻求产品可应用的市场。

2014 年，产品投入市场实测，我们寻找一切机会实地测试，进行一系列相关实地物性检测，经过检测完成适合该公司柴油产品的的抗磨剂的配型。同时，与消费者建立长期友好的合作关系。根据我们的实践经验，对本公司产品的销售模式、应用模式进行进一步的分析调整，完成初步的推广流程设计，并确定了产品下一步的推广方向。

产品经过沧州石化和青岛大炼油的工厂测试，均表现良好。完成了 A21、A22 型产品包装的设计，大型机械试用；将产品试用包装分为六份寄送至保定市兴源机械供应站，分别由六种大型机械进行产品试用。在完成对于市场的完整分析和销售策略的制定后，发表了两篇相关论文。我们团队对上自中石化集团公司负责采购的副总裁蔡希有，下至加油站和长途汽车站的支队长和卡车司机均进行了面对面采访。对于山东省多家化工生产企业进行了实地调研。之后对于产品的推广和销售方式进行了详细的策划。与山东康成石化股份有限公司达成合作意向。我们团队不放弃每一个可能成交的机会，终于在经历了一次次的奔波，一夜夜的失眠，一回回的改进后，成功签订了第一单！

这一单，对我们而言，不仅意味着消费者接受了我们的产品，更代表着这个社会接纳了我们的年轻、懵懂、执着和勇敢。这个过程中，学校对创业项目的支持和鼓励，老师对我们的指导与关心，帮我们渡过了一次次的难关。

国家和学校对年轻人的支持和鼓励，是我们生在这个时代的幸运。

2 学生后续创业发展情况

2.1 境地两难——坚守者在，涅槃重生

我们团队在这两年多的锻炼中不断成长成熟起来，对创业的梦想更加坚定。但是，

问题也渐渐显露出来，抗磨剂市场行业壁垒极高，大批实力强劲的竞争对手如昆仑能源、壳牌等涌入市场，这对于经验不足与资金不足的团队来说是致命一击。这时，团队进行了综合性的评估，不得不中止抗磨剂项目，团队士气大打折扣。

曾经离梦想那么近，现在跌落谷底，团队内开始有了质疑的声音。两年来坚持的，都还值得吗？一路走来，有得有失，还有意义吗？

给自己留后路，等于是让自己不要全力以赴。在两难时，依旧有坚守者在，依旧有梦想者在，依旧有同行者在。涅槃重生，重新起航！

2.2 五年创业——知行合一，勇敢逐梦

我们团队的核心成员都没有因为抗磨剂项目的结束而解散，相反，我们都更坚定了创业的信念。2014 年满聪毕业，留在团队继续坚持；2015 年何宽毕业归国，留在团队继续坚持；2016 年朱博涵和肖艳毕业，留在团队继续坚持。对我们而言，不是放弃了高薪的工作，不是放弃了稳定的生活，做出创业的选择是对个人人生的负责，是对梦想的坚守。当年的创业实践项目虽然在实操中淡去，但是宝贵经验和意志磨炼聚起的一群有志青年，在后来的三年中发热发光，显得格外珍贵。

经过第一次创业的失败，我们没有选择停下脚步。我们总结经验教训，重新出发的我们将创业的切入点放在了对高校课题组的服务上，通过盈利先将我们的基本生活保障问题解决，保证团队不散。从 2014 年调整发展方向，经过 3 年发展，面向高校实验室，打造了三大服务平台：实验物资综合供应平台、综合性样品检测服务平台、危废物管理服务平台。

（1）实验物资综合供应平台。我们拥有稳定的客户群体，其中包括清华大学、中国地质大学（北京）、上海交通大学、中国石油大学（华东）、中国海洋大学、青岛理工大学、青岛科技大学、中南大学、中石化勘探开发研究院、中石油石化院等，已供应化学品 1800 余种（其中 200 余种为国内无货，国外进口），耗材 900 余种，设备 200 余种。2015 年营收 213 万元，2016 年实现营收 450 余万元。

（2）综合性样品检测服务平台。我们调研山东省内高校及研究机构 27 所，建立合作关系 11 所，其中青岛地区 3 所，调研全国范围内检测机构 230 余家，有业务往来 48 家，建立稳定合作关系 36 家。中国石油大学（华东）国家科技园的支持下，我们与南京大学检测中心签订了检测协助合作备忘录，正式走出青岛，走向全国开展检测业务服务。

（3）危废物管理服务平台。我们目前是中国石油大学（华东）、中国海洋大学的危险废物管理服务合作单位，负责两所高校全校的危险废物的管理工作。其他高校的相关服务工作正在洽谈中。

3 主要经验与启示

未来的我们，将依托三大平台的发展，实现对科研的全天候无死角的服务，建设基于物联网技术的危险化学品生命周期流程监控体系，搭建完整的科研一站式的综合性服务平台。

供应方面，实现对不同品牌试剂、耗材、设备的信息整合，客户在网站首页输入需采购试剂的关键信息，直接展现不同品牌试剂的价格、纯度等详细信息，同时显示我们提供的折扣价格，客户一键下单后无须处理付款等其他所有流程，送货到门，可以大幅减少客户的工作量，节约采购时间成本。

实现面向课题组的样品检测服务的网上预约功能，搭建全品牌系列设备维修保障服务“最后一公里”的沟通联系平台，为客户提供高质量的设备维护保养和故障维修工作。

加快危化品“云监管”的建设：根据实验室采购助理平台的数据收集和分析，针对危险化学品管控困难的情况，提出专业化的解决方案，实现危化品的“云监管”。

（1）购入：新购入的危化品，进行系统录入，进入云数据库。录入危化品名称、剂量、用途、售货方等相关信息。

（2）入库：进行信息录入的试剂由专业人员进行看管存放，实现试剂存放地方，看管人员精确可查。

（3）取用：获得许可的使用者可有权限对指定试剂的取用，在取用时将录入使用者相关信息，系统将记录试剂离库去向。

（4）使用：实时记录离库后的试剂使用情况，在“云监管”系统中可查试剂的用量、余量、每一次使用者的信息、用途等信息，全方位保证危化品使用安全。

（5）回库：用完后的试剂，需进行回库处理，再进行回库信息录入，等待试剂的合理科学处理。

（6）处理：入库后的试剂，录入处理方信息后，完成试剂在生命周期中的所有流程。

基于物联网技术的危险化学品生命周期流程监控体系，实现对危化品的实时监管，信息实时监控。为危化品的安全科学使用保驾护航！

回首这一路，是老师那一堂课给了我们创意，是“国创计划”给了我们契机，是同窗好友给了我们动力；更是每一位师生的信任和期待，是学校学院的支持和鼓励，是国家的引导和帮助，让我们由最初的小种子，生根发芽，茁壮成长。

我们仍是当年的那个赤子，怀揣着初心和梦想，满腔的激情和热血，肩负所有人的期待，用心地一步一步地前行着。在未来，我们将继续坚守，提升服务质量，整合社会资源，让科研减少等待！石大的复星，中国的石科，让我们拭目以待！

在创业之路上不断成长

项目名称：石油 Link

完成者：刘冠男　陈嘉玮　陈　琪　于　琦　班　晶　杨琛淇

完成时间：2017 年

推荐学校：中国石油大学（华东）

1 学生参与“国创计划”项目情况

石油 Link 项目于 2014 年底正式立项，并于 2014 年 11 月 18 日注册成立青岛中石云创信息技术有限公司。公司定位为一家垂直于石油天然气领域的创新型油服公司，2015 年正式推出石油 Link 自媒体品牌，经过一年发展已拥有约 11 万用户，成为石油圈第一自媒体。公司并依托自媒体为石油人提供公开课等在线学习服务，专注工程技术领域的内容创建与分享。公司针对油气企业自主研发了在线教育平台、培训管理系统，为企业量身定做个性化的培训解决方案，提供微信运营、数据调研、产品推广、咨询对接等新媒体服务，致力解决封闭的油气市场信息不对称、内容匮乏的痛点。

2 学生后续创业发展情况

目前公司已搬离学校孵化器办公运营，经营状况良好。部分学生选择去大公司就业或者出国深造，不参与公司具体业务。公司的运营仍由前期的联合创始人负责管理。

3 主要经验与启示

3.1 创业经验

（1）创业是一场持久的攻坚战，做好心理和身体上的准备，坚持到最后才有可能胜利；

（2）实践是检验真理的唯一标准，做好行动上的规划，不要空想或纸上谈兵，实际发生往往会超乎计划之外，有必要的话，准备另外一套 B 方案；

（3）注重结果与效率，核心是解决问题，实现目的。

3.2 创业感悟

2013 年 9 月步入中国石油大学（华东）的校门，我们成为一名准“石大人”，在授课老师石油情结的熏陶，与石大天然的石油血脉的感染下，我们自然而然成为一名未来的准“石油人”，准确地说是挖油的。曾经站在“创造太阳”女神雕塑下，毅然决然地认为今生将与“油”结下不解之缘，也立下志向“为祖国献石油”“为中国加油”。

而如今的我把创业当成了一种人生状态，对生活和工作有了更多思考，坚信终身学习不只是口号，而需要定期升级自己的操作系统，不断进化。有时也拿做产品的思维和态度对待身边的事儿，创业不是无休止地加班和熬夜，身体是本钱，远离亚健康。

我们的创业故事仍在继续。

风雨同路，勇攀高峰

项目名称： 泰岳地质旅游有限责任公司

完成者： 裴进峰　彭　捷　杨俊晖　梁莹蕾　欧阳旻

完成时间： 2017 年

推荐学校： 中国石油大学（华东）

1 学生参与“国创计划”项目情况

地质旅游是指具有旅游价值的地质遗迹开发与传统旅游业相结合的新型旅游模式。国内的地质旅游起步晚，发展慢。来自中国石油大学（华东）的恒盛地质旅游开发团队以“国创计划”为依托，以“互联网＋地质旅游”的新型旅游模式为创新点，将旅游的休闲趣味性与地质科普的知识性有机结合，开创了国内地质旅游的先河，为文化旅游行业注入了新的动力，在创造地学学科本科生就业岗位和推动地质旅游行业发展方面取得了较好的成绩。

随着国家对大学生科技创新投入的加大，我们能够感受到当今大学生所享有的科技创新条件越来越优厚。在李克强总理部署建设“大众创新，万众创业”支撑平台下，“国创计划”使得数以万计的大学生从中受益，培养了我们的基本科研素养、创新创业意识、创业实践能力。正是接触了“国创计划”，我们才能从一群能力平平的学生成长为同学眼中“创新创业标兵”的模样。

我们的团队名称叫作同路人，意味着一群在创业道路上志同道合的同伴。我们也确实做到了在创业路上同风共雨。我们团队的五个人只是普通的石油地质专业大学生，但是我们有理想、能担当，肯为我们的创业路程贡献自己。团队队长叫裴进峰，一名有抱负，不惧困难，能将理想和行动统一的人。他特别崇尚《孟子•滕文公章句上》中的一句话：“劳心者治人，劳力者治于人。”他认为学习是人进步的动力。学习先进思想，学习为人之道，学习科学知识。他同时也认为，只有充分发挥主观能动性，积极学习新理论、提高认知水平、广泛参与社会实践，才能做到“理论与实际结合”；只有在“领悟中学习，实践中成长”，才能锻炼自身的综合能力，塑造人格与品格，提升个人魅力。

在学习、工作及平时的交谈中，我们深深地感受到科技创新与创业的魅力。在课余，我们积极浏览最前沿的专业知识、科技要闻。通过浏览科技要闻网站，我们意外发现国外的地质旅游行业发展良好，例如美国黄石公园就有类似的项目：每个景点都有科普地质知识的标志牌，大学教授图文结合地为游客讲解知识。但中国尚未起步，这一发现令我们很是疑惑。在与多位专家交流后，我们才了解到国内地质旅游行业尚处于萌芽状态。国内仅仅有部分地区存在地质公园，而对于普通景点的地质现象，并没有旅游开发公司关注，例如泰山石的美丽花纹等。

2015 年的暑期，在队长裴进峰的号召下，我们组建了同路人团队，发起了对国内地质旅游行业的社会调研。调研现状不容乐观，我国疆域广阔，各类地形地貌一应俱全，地质旅游市场前景广阔，但勘探开发程度相比于国外极低。由此，我们希望能通过所学专业，让更多人了解地质知识，了解地质旅游，从而对自然保持敬畏之心。

同时期，团队以“泰岳地质旅游有限责任公司”为题，积极申报了大学生创新创业训练计划，获得了校级立项。依托于大学生创新创业训练计划，我们团队快速了解了国内的地质旅游行业现状，发现国内的地质旅游行业潜力巨大。类似于崂山、泰山、张家界等地质景点都是在不同程度上有等待开发，国内除大型地质公园以外的 3A 级以上的名山胜水景区，总共有 2600 余家，市场非常庞大。单单是山东省内，未来有望成为地质旅游景点的 3A 级（含）及以上景区就有 464 家。我们期待游客通过地质旅游，可以了解到地质遗迹形成的不易，感叹数十亿年来大自然的演化历史，在享受自然美的同时，从内心迸发出保护自然、爱护环境的意识。

时不我待，在了解到地质旅游市场前景广阔的同时，团队果断选择了进行创业初试。一直到现在，我们都清晰地记得在面对风投犀利的提问时窘迫紧张的状态，也清晰地记得人生中第一次商业路演失败的惨痛教训。我们认识到了自己的不足，在一段时间的沉淀后，我们毅然决然地在全校范围招贤纳士，壮大创业团队。之后，一次次公开向大家阐述我们的创业项目；一边走出校门，参加社会上例如路演 PPT 制作、培养创客思维等创业培训；一边到景区实地考察。一期一期的创业培训让我们逐渐掌握大学生创业的必备条件，一次一次的考察让我们对社会和旅游市场有个更清晰的认识。在一遍一遍的学习与改进中，团队褪去了稚嫩与青涩，迎来了成熟与成功。

创业路是一条曲折路，也是一条修行路。在大三这一学年，我们迎来了大学生创新创业训练项目的国家级项目选拔。经过前期的积累，我们顺利通过了选拔，获得了国家级立项资格，这无疑是对我们努力的极大肯定。

2 学生后续创业发展情况

与此同时，我们借助于“国创计划”的阶段性研究成果，参加了“创青春”全国大学生创业大赛，积极进行成果转化。在此过程中，指导教师董春梅教授带领研发团队先后 8 次赶赴黄岛景区进行野外实地考察，15 次修改作品，20 余次模拟答辩，

60 天通宵备战，最终，形成了 156 页商业计划书。金沙滩、银沙滩、灵山岛、小珠山、大珠山……各个地方都留下了我们地质人的足迹。那段时间，通宵变成家常饭，节假日变成奢侈品。当团队代表学校参加了第十届“创青春”全国大学生创业大赛并获得山东省特等奖、全国三等奖的成绩时，所有的团队成员相拥而泣。在之后，团队参加第二届“互联网 +”创业大赛、第五届中国创新创业大赛，接连斩获省奖三项、国奖一项。我们团队也在当年获得校年度“十大科技创新团队”荣誉称号。

在经历了前期的充足储备后，我们团队于 2016 年 4 月成立了青岛恒盛地质旅游有限责任公司。我们采用线上 + 线下的服务模式，并且以两项线下服务为主：对景区进行地质路线设计并提供地质景观标识牌设计等服务，对专业类及非专业类客户提供不同方式的地质旅游服务。具体方式为：针对游客对地质知识的需求及接纳能力提出因人而异的服务，主要承包地质勘探、数据代采集、接待旅游团、中小学生夏令营、景区地质知识讲解等线下服务。同时采用线上配合线下，搭建地质旅游网站，可以供游客实时查询相关景点、路线状况。

3 主要经验与启示

在公司成立之初，我们受到了许多来自父母亲友及同学的质疑，甚至有的队员被家里断了资金来源。但我们都没有放弃，坚持了下来。从注册之日起，创业团队便进入了比之前更加“水深火热”的日子。“没有启动资金，兼职挣或者奖学金伙食费来凑；不懂营销和旅游经济，那就自学；没有市场没有业务，自己去跑。”这就是我们当时的状态。作为一群当时才只有 20 岁的大学生，我们白天上课，晚上需要熬夜加班完善商业模式，周末、节假日跑市场。在学校的创客空间里，每晚凌晨 3 点依旧明亮的灯光是我们团队拼搏努力最真实的写照。由于地质旅游行业起步晚，再加上大学生创业者的身份，在外出谈业务的时候，碰壁对于我们来说是最平常的事情。但经过数十次的失败后，终于凭借我们的毅力与坚持，换来了青岛市五家景区单位的合作机会，争取到了包括金沙滩、银沙滩、大珠山、小珠山、灵山岛在内的五家景区单位的优先开发权。现阶段，我们创业团队针对山东省青岛市黄岛区特有的地质景观已进行了数十次景区实地踏勘，设计了 17 条地质旅游路线，并建立了庞大的地质资料数据库，搭建了国内首家地质旅游网站，取得了珠山景区及黄岛区政府的一致支持，《青岛日报》对此也进行了报道。

如今大学生享有国家提供的创新创业优惠政策，享有学校提供的创新创业平台和教学资源，我们应该充分利用这些便利条件，培育我们的科技梦想，结出科技创新的成果。从“国创计划”项目的立项、阶段性检查、中期验收，到升级为国家级项目、结题验收，这一路走来，我们非常感谢国家大学生创新创业训练计划这一创新创业育人平台。“国创计划”帮助我们快速成长，将第一课堂与第二课堂进行无缝衔接。从申报立项的成功喜悦、第一次创业路演的挫败，到注册公司正式运作的信心满满，我要真诚地对“国创计划”说一声：谢谢！

国创呵护，神农成长

项目名称：神农试药
完成者：宋炆桐　马兆君　杨　榕　段　然　董雅琪
完成时间：2017 年 4 月
推荐学校：中国药科大学

1 学生参与“国创计划”项目情况

1.1 项目背景

近些年，在国家对公共卫生医疗事业的大力支持下，医药行业飞速发展。其中新药研发更是惹人注目，而临床试验在新药研发中是必不可少的。临床试验需要有“试药人”参与以验证新药的安全性，而“试药人”也从中获得经济补偿。但是，关于他们个人身份信息和试药状况的数据还没有建立起完善的系统，导致“试药人”的质量标准得不到准确的控制。近年来，临床试验对“试药人”需求量越来越大，但市场却越来越混乱。主要原因有：① 国家在临床试验方面只出台了《药物临床试验质量管理规范》，其法律效力不强；② 职业“试药人”违规试药，直接影响临床试验数据的科学准确性，造成重大的不良影响，而这种现象似乎无法避免。

1.2 团队简介

神农试药团队就诞生在这样的节点上，希望能找到解决试药混乱的方法。团队初步的计划：打造一个第三方平台，连接研药单位和“试药人”。在本平台上，研药单位可以筛选出合适的“试药人”，以保证新药研发过程中的数据有效可靠；而“试药人”亦可以在平台上报名自己中意的临床试验，详细了解其风险，更安全并有保障地试药。

1.3 创业项目情况

1.3.1 初期调研阶段

项目伊始，团队成员不断查询相关法律规章，联系相关老师进行详细的询问，到处搜寻临床试验医院并和他们取得联系，希望能够得到最真实的调查数据。同时，为了让大家更好地了解到试药这一职业，也建立了微信公众号。

在暑假期间，团队进行了一次更深刻认识“试药”的调研。在指导老师的帮助下，联系到了南京江宁区的一家临床试验外包公司，并对公司一名临床检查员进行采访，对临床试验监察相关事宜有了了解。后来联系到了南京医科大学第二附属医院的老师，他同意团队进行临床试验基地的实况调查，并且接受了采访，对团队项目提出了几点建议，最终表示支持。除此以外，团队仍与南京军区总医院的相关临床试验老师进行交谈，了解了除药物临床之外的器械临床试验，这是我们之前所没有接触到的。除了这两家重点医院之外，还对江苏省人民医院等有关机构进行了调研。为此，团队成员一起制作了调查问卷，针对不同采访对象准备了采访问题。

经过查询得到结论：我国缺乏在药品临床试验过程中发生对“试药人”伤害时医疗补偿、人身保险和经济赔偿机制。因此团队开始联系保险公司询问，得到的回答是大型保险公司认为试药这一领域风险太大而不愿提供相关保险服务。团队辛苦找寻后，只发现某小型保险公司有针对研药单位的保险项目，而且还是在国家扶持下新出的。目前这一领域，法律的不完善性给保险行业、“试药人”和团队都带来了重重困难。

1.3.2 深度访谈阶段

10 月初，团队向指导老师李伟咨询了团队近期遇到的问题。老师建议团队由易至难，首先从风险小的着手，并且建议团队咨询在临床试验第一线工作的学者和研究相关制度的专家。在这一点上，“国创计划”给了团队很大的物质支持，让我们有机会期冀团队的进一步发展。在十月末，团队两名成员赴杭州分别向专家请教，得到了很多启发，也让我们更加重视宣传和团队的公关。医药领域的特殊性需要我们时刻保有危机意识。上海市肺科医院临床试验负责人张邦禹老师建议团队从风险较小的晚期患者着手，不单单局限于感冒药等日常用药，也可向大病重病“试药人”挺进。同时还提醒了罕见病用药测试时应注意的关键。北京食品药品监督管理局注册处工作人员商朴老师则叮嘱我们发布信息要经过伦理委员会的同意以降低舆论风险。在业内人士指点迷津之后，大家又重整旗鼓继续工作。根据专家们的意见，团队就未来规划和工作分配做了调整。毕竟困难茫茫不可知，真正试过才知道可行与否。

1.3.3 平台建设阶段

至此，团队的技术人员开始建立试药信息数据库，并对微信公众号及数据库进行测试，不断完善数据库系统及平台建设。

在数据库的建设方面，我们曾这样构思：搭建一个全国联网的数据库系统，记录临床试验“试药人”的个人信息，一方面作为“试药人”招募的考核标准，另一方面作为试药中心的数据记录平台，同时也作为相关的药监部门对于临床试验的一个考核标准。

但是，在具体实行数据库的搭建过程中，存在着“能否获取有效受试者的数据”这一问题。由于试药招募中介机构的不规范、国家相关政策的不完善导致了职业“试药人”的出现。职业“试药人”便是以试药为生的一群试药群体。他们很大一部分为了得到更多的补偿金，不惜体检造假，且常有在一定的时间段内同时进行多种药物的临床试验或频繁试药的行为，不仅对他们自身身体造成极大损害，也对研药单位的实验数据造成不可估量的影响。在数据库数据量还很小的情况下我们既不能系统地预测有效信息、保证信息安全，又无法合理规避这种现象，这让团队成员焦头烂额。

团队的初步解决方法是：通过学校医药的资源，医院和药企等需要临床试验单位的合作获取基本的招募信息，随着信息平台的运营，我们将取得一部分“试药人”的身份状况的基本信息，利用已有的信息建立初步的“试药人”数据库系统；同时我们会兼并小范围小规模的不正规的“药头”组织，获取更多的资源，统一收集“试药人”的个人身份信息，以及试药医院、时间、血脂、BMI（身体质量指数）、身高、体重、年龄等各方面信息，方便了解“试药人”的身体状况及试药的情况，最大程度地避免“试药人”为赚取金钱多次试药，降低了对于临床试验结果准确性和规范性的不良影响。随着招募平台的完善，信息大量的流通，我们的数据库将逐步延伸扩大至全国的范围，全国的“试药人”信息均包括在内，建立全国联网的信息数据库系统。随着数据库的完善，我们日后还可提供全国联网的信息数据库系统，为医院或科研机构等临床试验提供重要依据和来源，增强临床试验数据的公信力。

在软件方面：我们运用 Microsoft Visual Studio 设计法则，这有利于后期数据代码的管理。通过基于本数据库的外部软件，能够轻松地使用报表功能。与此同时，初步对数据库的权限进行管理，以有效保证本数据库中数据的安全性。不同的用户拥有不同的权限，不同权限人员只能看见自己队列的数据，在医学伦理方面得到了有效的保证。使用者可以在熟悉的 Windows 软件环境下清晰使用数据，为拓展数据库的其他应用打下基础。

2 学生后续创业发展情况

截至目前，本项目的数据库已基本按照设计计划搭建完成。根据试验信息的测试，数据库现状结果良好。我们希望建立保障“试药人”权益的保险福利和体检服务，保证试药过程规范有效地进行，成立一个真正保障“试药人”利益的第三方平台。现在我们的公众号已经开始运营，数据库和基金会也在慢慢成长。虽偶有意外，但修复补救之后又更加强。

在“国创计划”项目结尾的一段时间内，团队进行了一次招新，融入了许多希望为试药这一领域做出贡献的年轻人，完成了初步交接工作。

团队成员仍在不断通过调研、查询资料的方式对试药进行更深入的认识。

团队与多家研药机构进行了商谈，并且让他们了解到我们的存在，建立起一个良好的合作关系，以便日后的深入交谈。团队不断地与研药机构进行联系，开始着手利用微信平台发布试药信息，并开始对接“试药人”数据库系统。

团队目前正着手整理这一年中的调研结果，并发表为论文形式，让国人可以更好地认识试药。

3 主要经验与启示

我们在调查和采访中发现，我国群众对于试药存在排斥及畏惧心理，没有意识到它对于人类医药行业的重要性和伟大性，这种观念对于我们平台的推入造成一定的困难。作为医药类专业的大学生，我们可以多组织一些宣传活动，让人们更能科学地、理性地认识“试药”，为试药平台的推广铺平道路。

做“国创计划”项目的一年里，感受到团队成员的创意和热情，感动于指导老师的细致和耐心，见识过专家学者一针见血的犀利；也经历过频频碰壁失败与绝望，抱怨过繁杂的任务。可我们终究还是坚持下来了，在“国创计划”的陪伴下呵护着团队的小苗一点点成长。而今，神农试药初具雏形。

前期准备阶段，大量的阅读积累了不少的理论知识并将其运用在实践中，让项目进行得更加顺利。搜集现有研究成果，认真分析文献资料，成员之间相互交流意见，可以开阔整个团队的思路，提高团队应对可能出现的困难的能力。我们不仅在实践中了解社会现状，对医药领域的一些问题有了自己的认知和想法，收获了更多的知识，个人软实力也得到了很大提升。遇到问题，迎难而上，在实践中我们锻炼了自身的思维能力；勤思考，让我们在项目运行中少走了不少弯路；多次的调研与访谈也增强了团队成员的沟通能力与表达能力；与团队的成员讨论项目的问题、推进项目的实施，极大地提升了自己在团队协作能力。

回首来时路，心酸与成长只有自己知晓。感谢神农试药和项目成员，也感谢“国创计划”给了我们一个学以致用的机会，“纸上得来终觉浅，绝知此事要躬行”！

“国创计划”成就创业梦想

项目名称：华思实验硬件一体化服务平台

完成者：丛　玮　肖陆伟　孙世东　张远旭　段萌萌　覃瑞寒

完成时间：2017 年

推荐学校：中南大学

1 学生参与“国创计划”项目情况

我们是华思科技有限公司创业团队，我们团队成立于 2015 年 9 月，到今天走过两年时光，期间参与过各类创新创业大赛及论坛，我们以大学生的身份创业，在创业过程中，渐渐褪去了青涩，走向成熟。

1.1 队长谈感想

还记得大一的时候，面对着未知的大学生活，一切都充满了好奇与新鲜。进入大学就发现真的是与高中极大的不同，大学生活里自己可支配的时间真的是太多了。在一次与学长的交流中，看到了学长中卧虎藏龙，每一个都十分优秀，让人感到羡慕与尊敬，我也暗暗下决心自己也要像他们一样，在毕业的时候，能够不留遗憾！之后，我在学校选修了创新创业导论的课程，也很高兴在课堂上认识了一群有想法、志同道合的小伙伴。

记得一次自己做化学实验，发现实验仪器存在可以明显改进的地方，通过和老师交流了解到，学校现有的实验仪器并不能够完全满足实验需求，一直想创业的我仿佛意识到了什么，感觉一股热血往头上涌，仿佛找到了我一直在寻找的东西。

紧接着，我便就开始做调研，通过与老师及同院的研究生交流发现原来目前这个行业国外垄断，很多核心技术都掌握在国外企业手中，国内企业很难突破进入该行业，更别提我一个小小的大学生了。但我不能就这么放弃好不容易找到的奋斗方向，我觉得一定可以做些什么，于是我尽我所能组建了一个创业团队，开始往这方面进行深度调研，并在技术领域开展自己的研究。

之后我们参加了南京百度举办的创新创业交流训练营，认识了很多创业前辈，极大地开阔了眼界。最关键的是，通过这次训练营，我们认识了黄华，一位为人亲和，极具人格魅力，留学归来的物理化学专业的博士。我们向他阐述了我们的想法，表达了对化工企业目前国外垄断的看法，以及我们希望能在这些领域做些事情的态度。我们相见恨晚，于是我们便开始合伙创业，黄华老师拥有 11 项化工领域的专利技术，通过这些专利技术能研发化工领域催化领域的相关产品，其技术水平在国内外都处于领先水平。这样我们通过合作，便在技术层面上有了较为夯实的基础。但技术不等于产品，我们知道我们要走的路还很长。

2016 年我们通过对学校和高校研究院进行走访、调研，通过对一百多家单位的调研，我们的四类产品：反应装置，吸附仪，真空装置和原位检测装置，硬件上基本涵盖了化学工业中的催化领域。我们了解到一个高校一年维修需求有 30 万 ~ 50 万元，而相关仪器的租赁费用一年可达上百万元，我们看到了较好的市场前景。

2017 年我们扩充了团队，在高校招聘研究生兼职开展研究工作，同时组建了专业的维修团队负责售后维修服务。考虑到当前互联网的发展及国家对互联网 + 制造业的重视，我们决定线上线下同时进行，线下开发实验室自主的硬件产品，并在此基础上搭建线上的销售平台。

通过与学校老师的交流，我们的这个想法得到了老师的支持。但是问题来了，因为没有资金，很难进行。巧妇难解无米之炊，我想起当初上创新创业课程的时候，老师曾对我们讲过，绝大部分创业团队之所以夭折，其核心概括不外乎四个字：缺人，缺钱。所谓天时、地利、人和，我们目前在团队磨合上进展不错，大家相处十分融洽，缺的就是钱，钱的问题该怎么解决呢？

通过请教热情又有经验的学长，我们了解到可以通过学校的相关项目申报活动来进行资金筹集，同时也可以参加“互联网 +”大赛与天使投资人面对面接触，如果项目得到了“互联网 +”大学生创新创业大赛国家级金奖、银奖，得到了部分天使投资人的认可，就能解决所需的资金。

到目前，我们已经成立了我们自己的公司，其研发中心在北京，制造中心在长沙，一年销售额可达 1000 万元，一切处于稳步运营的状态。回首走过的两年，风风雨雨，我们团队中的每一个人虽早已褪去了当年创业刚开始的青涩，但当年的热情依旧，不忘初心，我们将在化工领域这条路上继续前行。

1.2 项目详细介绍

1.2.1 团队概况简介

湖南华思信息科技有限公司由中南大学、北京大学等 10 人于 2015 年 7 月成立，公司注册资本 200 万元。公司项目青普科技云平台建设是根据市场对移动互联网在实验仪器使用服务、智能化控制和实验科研大数据的市场空白，利用“互联网 + 仪器使用服务”的模式建立“智能实验室”和“科研大数据库”系统，通过 O2O 网上实验室开放高校、科研院与企业之间的实验仪器使用的网络交易，为用户提供全生命周期的硬件服务；同时，利用“实验室智能硬件”达到实验远程操作及建立实验大数据库的目的。

1.2.2 团队组建

华思创业团队自 2015 年开始自主创业，建设初期，由于各方面的限制我们根据公司的战略部署，采用直线职能组织形式：总经理下设三个副总经理，分管仪器设备的研发、生产，实验室智能化系统及平台研发、建设，产品的营销推广和企业管理。

其中，总经理覃瑞寒有清晰的逻辑思维和独特、敏锐的互联网嗅觉，敢于挑战，富有激情，在项目形成初期积极组织调动组员情绪，为后期的项目准确定位起到了关键性的作用；团队成员丛玮互联网思维成熟，网络知识面广，具有较强的设计制作能力及极强的执行力，是团队的信息中心总监同时也是推动项目的核心人物，正是有了技术保障才有项目的高质量完成。除此之外，团队其他成员各司其职又团结合作，从项目思路探讨到设计到人员财务管理，形成了成熟流畅的团队机制。

1.2.3 行业与市场分析

项目开展之前进行充分的行业与市场分析对于找准方向，改进产品、扬长避短十分关键。华思创业团队采取了 SWOT 分析法对于各方因素进行详尽的评估与分析。“SWOT”是对公司及产品自身“strengths（优势）、weaknesses（劣势）、opportunities（机会）、threats（威胁）”分析，其中，S、W 是内部因素，O、T 是外部因素。

优势分析（strengths）：政策保障、政府支持、学校支持的政策优势；现已申请发明专利 11 项，还有多项专利正在准备或撰写过程中的技术优势；软件开发及运营成员大多具有互联网与实业项目或者企业运营经验，而且基本上为校级学生组织负责人，能够在前期很好的推广项目的组织优势。

劣势分析（weaknesses）：首先，公司品牌暂时未打响——公司成立于 2015 年，“互联网 + 工业”的产品的推广及市场对公司的认知需要一定的时间，公司品牌的树立则更需要不断地积累，尤其是像互联网这样的新兴产业，想要建立公司品牌效应需要尽快扩大产品宣传，积极推广；其次，初期市场开拓与公关费用较高——在没有树立公司品牌形象的情况下，进行市场开拓和公关存在很大难度，尤其是此类新兴的互联网产业；最后，在创业前期越来越突出的问题——大学生团队缺乏公司管理经验。大学生在校生活中很少接触到有关公司运营和管理的相关知识，虽然持有相关专利技术和产品，但是在管理公司方面仍有欠缺。

机会分析（opportunities）：制造业是一个国家是否强大的一个重要的评判标准，而仪器则是一个国家科技是否强大的一个关键因素和指标。仪器行业的发展水平体现了科技的发展水平，进一步体现着国家的发展水平。钱学森先生对新技术革命有如下论述：“新技术革命的关键技术是信息技术，信息技术是测量技术、计算机技术、通信技术三部分组成，测量技术则是关键和基础。”国际上也将信息技术生产行业定性为计算机、通信、仪器仪表三个行业。因此，2009 年 10 月，仪器仪表被列入国家火炬计划优先发展技术领域；“十二五”期间，我国将把引领和支撑科技发展的科学仪器设备自主创新摆在优先发展位置。我国的高等院校实验室和国家、省级、部级、校级实验室或者研究所数量众多，对仪器的需求量较大，同时，国家现在开始大力支持“互联网 + 工业”发展及“中国制造 2025”，政策的支持和庞大的市场均为公司发展壮大的机会。

威胁分析（threats）：互联网产业及实验设备仪器制造业均为技术密集型产业，随着科学技术的发展，移动互联网企业的竞争浪潮愈发汹涌及工业化进程的不断推进扩大。国内企业若想在竞争中占据优势，无论是互联网产品与设备仪器的联系交互还是在仪器的技术改进、革新、开发都需遵循更高的要求，加大研发方面的创新力度。

此外，随着互联网仪器市场竞争的加剧，技术更新换代周期越来越短。新技术的应用与新产品的开发是“互联网 + 工业”企业核心竞争力的关键因素，如果企业不能保持持续创新的能力，不能及时准确把握技术、产品和市场发展趋势，将削弱已有的竞争优势，从而对公司产品的市场份额、经济效益及发展前景造成不利影响。

1.2.4　确立公司战略

华思如何在市场中找到自己的位置，给自己未来发展铺平道路？华思如何从小做大，高速成长，获得持续回报？这些问题是创业之初最急需解决的问题，也就是如何确立，以及怎么样确立公司战略。

公司在创立伊始的定位便是致力于成为一家集仪器研发、生产和销售为一体的创新型科技企业。所以公司产品将结合互联网技术，整合高校、科研机构及企业的实验室资源，搭建青普科技云平台；同时，以公司现有智能实验室及实业产品为基础，在打造新的互联网模式的同时，抢占互联网实验室硬件全生命周期服务体系的空白市场，开拓广阔市场，逐步完善科技云平台，创造企业最大效益。

在项目创立的初期公司推广策略核心是产品尽可能满足目标客户的差异化需求，利用互联网提供个性化增值服务，增强用户黏性，力争以最快的速度建立我们的品牌形象。在湖南省内建立以“实验室—企业—供应商”为核心的“科研社区”，逐步覆盖湖南的高校、科研型企业、仪器硬件供应商，实现全产业链覆盖，再将社区入驻华思青普科技云平台中的智能实验室板块，由“大平台”衍生“小板块”，实现实验室硬件的一体化服务。同时与湖南省各大高校、企业形成密切的合作关系，利用智能实验室为企业与实验室合作提供更多更优的选择。

2 学生后续创业发展情况

华思主创团队 8 人具有博士以上学历，6 人具有国外留学经历，团队成员一直从事于化学分析仪器的研发、生产、销售，在化学分析仪器制造方面取得原创性专利成果 11 项，研发的分析仪器性能指标达到国内最先进，部分核心指标达到国际领先水平，一年时间仪器的销售额便达 1100 万元。

经过这次创业训练，团队对于创业有了更大的热情，同时也明白真正在市场中站稳脚跟，取得更好的发展，还需要进一步的学习和研究。

最近，我们团队很荣幸代表中南大学参加在延安举办的第三届互联网 + 红色青年筑梦之旅活动，通过此次活动的青年乡村创客市集、参观延安革命纪念馆、寻访梁家河、聆听专题讲座、体验窑洞生活、重走长征路等系列内容，更加激发了我们对创新精神的追求、增强了创业能力的信心。中南大学历来十分重视对学生的创新创业教育，在接下来的日子里我们将继续前行，不忘初心，筑梦踏实，以实际行动为实现“中国梦”做出贡献。

团队将继续坚信知识就是力量，持续推广华思青浦科技云平台中智能实验室的各项服务，提高客户黏性与品牌影响力。通过进行产品让利、优惠活动等方式进一步开拓市场；同时利用国家投资，不断壮大公司发展。在此基础之上不断地吸纳更多国家重点实验室及大中型的研发型企业，让“智能实验室社区”逐步覆盖华中地区。与此同时，收集在智能实验室中不同领域的仪器供求数据，逐步建立“科研数据库”，实现平台数据共享，为华思的大数据系统与云实验室发展提供坚实的基础。

3 主要经验与启示

3.1 项目实施收获

总的来说，本次创业训练过程中，我们团队收获颇多，无论是从项目的改进还是创业团队的成长来说，都取得了显著的成绩。

首先从项目改进来说，之前我们一直专注于线下实验仪器服务，一方面摸清了实验仪器与其他领域不同的相关特征；另一方面积累了一定的种子用户，这一部分种子用户将成为我们从线下转向线上最基础的资源。因此，我们开始从线下向线上的改进，也就是打造“互联网 + 实验仪器”，力求借助互联网实现产学研创的全生命周期服务。互联网时代是机遇也是挑战，总的来说我们所理解的互联网，其本质意义是信息的传递成本更加高效快捷及成本低廉。而就实验仪器这一块来说，通过与互联网结合起来，打造科技云平台，在平台上发布相关信息，可实现高校及研究院，化工企业及仪器制造商的线上对接。同时基于我们线下的基础实现及销售、租赁、维修一体的实验仪器全生命周期服务，我们相信这一改进将取代以前的“跑业务”模式，极大提高业务运营效率，更好地服务大家。

同时，我们更深刻地理解了“技术不等于产品”的意义，我们虽然拥有11项专利，并且相关技术在国际上处于领先地位，但并不意味着我们能打造出一款合适的产品，市场、营销、品牌等因素与技术组合在一起，才能成为优秀的产品。

在团队方面，我们团队通过这几年创业训练，一方面对创业有了更为深刻直观的认识，对于我们的产品优势及不足，对于市场的分析与判断，都有了本质上的提高。

另一方面，通过在训练过程中进行的磨炼，成员们各自的专业素养有了本质的提高。相比以前，团队成员技艺更加精湛，并且更加符合社会需求。比如团队的赖朝凯同学之前在学校多个媒体中心担任摄影及美工设计，通过这次创业训练，他意识到在学校所做的事情与创业过程中要做的事情区别很大，无论是创作水平及创作效率都是全新的要求。

同时，通过训练期间的磨炼，团队凝聚力大大提高，大家成了革命战友。

我们相信在接下来的创业路程中，我们会更加努力，在实验仪器领域奉献我们的力量。

3.2　项目实施体会

我们的项目在整个创业训练进程中可谓是一把辛酸泪。习惯了学生角色的我们，面对实打实的市场竞争，先是一记闷棍，接踵而至的是各种麻烦，非常折磨人，不过我们熬过来了，熬到现在，大家可谓是感慨良多。

首先，执行力大于一切。很多优秀的想法最终夭折的根本原因在于执行力不够。所谓宁愿要三流的计划与一流的执行力，而不要一流的计划与三流的执行力。我们在前期调研计划中，明显感觉到大家因为繁重的调研任务而有些松懈，执行力明显下降，最终导致调研计划完成时间距预期时间要拖后了很久，影响了整个项目的进程。

其次，一定要搞清楚我们的对手是谁。之前我们简单地通过互联网搜索与我们业务相似的企业，获得了一些相关信息。可后来与西安电子科技大学相关老师进行交流才知道他正在做与我们极为类似的项目，其中唯一区别在于他们的项目是作为政府代理来搭建平台，与我们纯商业营利不同，但总的来说存在一定竞争关系。存在这样厉害的竞争对手，我们居然事先不知道，简直让我们大跌眼镜。通过与这位老师的交流，无论从战术战略上，我们都有了改进的方向，老师表示希望我们能把这个项目做好，因为毕竟有些事是政府部门不方便做的。

最后，我想说，感谢国家与学校为我们提供的这样一个平台，让我们有创业想法的同学能展示自己，锻炼自己，成长为更优秀的自己。这次创业训练，对我们团队是一次全方位的考验，也是一次脱胎换骨的修炼。我们团队获得了全方位的提高，期待在接下来的日子里，打破常规，立足未来，取得更加优异的成绩。

“国创计划”，我们创业之路的明灯

项目名称：校园知识经济共享平台

完成者：吕萝莎　喻秋鑫　袁　瑾　何翔宇　邹　倩
于立明　胡鳊霜　赵碧晗　刘智鹏

完成时间：2016 年

推荐学校：重庆大学

1 学生参与“国创计划”项目情况

我从大学开始便是一名传统意义上的勤奋同学，基本上一直在寝室、教室、图书馆开启我的大学生活，全部围绕在课程、实验、项目、竞赛、考证的多边前进路上，直至最后获得国家奖学金，保送研究生等。但我的创新创业实践之路是从国家对于大学生良好的政策激励开始的，我印象很深刻的是在 2015 年的暑假。我是一个计算机专业学科出身的同学，并无任何市场、商业、经济、管理的背景，但就是那个暑假的首届“互联网 +”大赛，让我第一次迸发了双创的激情，领略了团队、创新、实践所带来的一系列高速成长，最终也收获了重庆市银奖。

2015 年 8 月，当时我还处在本科已毕业、研究生未入学的“空窗期”，我与初始团队注册了“重庆你好勤奋蜂科技有限公司”，算是开启了双创实践的第一步。我们运作“零食蜂”微超市电子商务平台，第一次从宏观角度真正认识电子商务世界，并从供应链、物流、仓储、服务支持将自己所学知识和实践第一次融合，那是真正感受到的一次巨大提升。这一年，我和我的团队收获了许多，先后被评为“2015 年重庆市十佳创新项目”，教育部思政司与网信办社会工作局“大学生网络文化节全国优秀项目”“网络创新创业大赛全国二等奖”，还获得了“第二届创青春中国青年创新创业大赛（商工组）全国铜奖”。就是在这样一系列的进步、成长、收获的同时，我们也产生了很多疑惑，因为瓶颈很快显现。

当我们的项目范围扩大后，管理、创新、迭代都感觉力不从心，项目很快出现了一连串问题，包括设计时的漏洞。这个时候才发现，项目立项和不断的资源介入、指导介入是多么重要，项目应该是一个成体系化建设的过程。

恰巧此时，我在重庆大学结识了“国创计划”，很感谢“国创计划”对于我们的系统性的指导和长期性分阶段的支持。在上一个项目逐步落下的时候，整个团队进一步细化，成立了“勤奋蜂科技重庆大学工作室（CQU 工作室）”，寻找创新点和新项目。

就在一次火锅聚会上，团队神奇地达成共识，我们要做一个更有意义的项目——大学生学业与职业成长引导。这个时候我们充分研究后的结果落地成了最大的困难，特别是起始资金。有时机会还真是留给有准备的人——我们就带着新项目“Campus Say”参与了“国创计划”项目答辩，并顺利获得了“国创计划”5 万元的立项支持。

这次立项是除资金外还附带了不同阶段的评估和指导介入，这一点让人感触很深。每一期的检查，推动着我们不断完善自己的项目，不断优化技术，思考创新；同时每一期检查“国创计划”所请到的企业界、科研领域的专家、企业家总是能在检查答辩会中予以我们珍贵的指导与方向性引领，这一点对于我们不断加深双创本身带来的认识和知识体系都有十分重要的影响，这是一个思维启迪的过程。

2 学生后续创业发展情况

“国创计划”就是这样一边提供资金支持，一边将“智慧”予以启迪点播，这是一个良性循环。我想这更像是我们在双创实践的大海中，获得了一盏明灯。我们在“国创项目”的光环下，成长得更有自信，更加高效。在这一年，我们获得了第十届“挑战杯”全国铜奖、重庆市金奖、第三届“创青春”中国青年创新创业大赛（互联网组）全国铜奖、第七届中国大学生服务外包创新创业大赛全国一等奖等 8 项国家级科创奖项，产生软件著作权 3 项、动画版权 1 项，项目获得众多平台、领导、专家的认可。目前项目还在持续输出，累积影响超过 10 万大学生。项目给予大学生成长、求职、校园生活等多方面正能量引导，帮助许多对于学业与职业规划迷茫的大学年轻人。

我们的国创团队也从过去的几人变为了现在跨越多个高校，覆盖几十人，涉及八个职能小组的“大团队”。成员毕业后全部进入 IT 知名企业（例如阿里巴巴、腾讯、百度、京东、华为等），我自己也因为双创和项目本身的正能量效应，被团中央与全国学联评为了“中国大学生自强之星”“团中央践行社会主义核心价值观先进个人”。“国创计划”对我们的巨大支持，让我们在漆黑的创业初期无数次看到光明，感受温暖。

国创，谢谢你，在我们年华美丽的青春，驻留，见证我们的一路成长！

3 主要经验与启示

我在“国创计划”项目的支持和锻炼中，深刻感受到了整个团队，数位同学的全面提升。也正因为这种综合素质的提升，在去年校招季的激烈竞争中，我们全部获得非常多的知名企业的青睐，就业质量和数量都远远超越学校平均水平。我们对整体工作的熟悉能力，以及实践和探索思维，明显优于没有相似背景的同期应届生。

“国创计划”项目所带来的不仅仅是创新创业的训练，我认为更是一次大胆的、摒弃束缚的释放。我在其中感受到了真正的商业、团队、市场、创新所有维度最真实的驱动。通过“国创计划”项目从思想、财力、物资全方位支撑，我们逐步深入，打开思路，得到真正的全面锻炼。